C/C++-Workshop

André Willms

C/C++-Workshop

Übungen, Lösungen, Tips

ADDISON-WESLEY

An imprint of Pearson Education

München • Reading, Massachusetts • Menlo Park, California • New York • Harlow, England
Don Mills, Ontario • Sydney • Mexico City • Madrid • Amsterdam

10 9 8 7 6 5 4 3

03 02 01 00 99

Die Deutsche Bibliothek – CIP-Einheitsaufnahme

Willms, André:
C/C++-Workshop: Übungen, Lösungen, Tips /
André Willms. –
Bonn: Addison-Wesley-Longman, 1998
ISBN 3-8273-1290-6
(Professionelle Programmierung)

Lektorat: Tomas Wehren, Judith Stevens, Bonn

Korrektorat: Gisela Deutz, Bonn

Produktion: Michael Schack, Leipzig

Satz: Reemers EDV-Satz, Krefeld,
gesetzt mit FrameMaker aus der Palatino

Belichtung, Druck und Bindung:
Kösel GmbH, Kempten

Umschlaggestaltung: vierviertel gestaltung, Köln

Das verwendete Papier ist aus chlorfrei gebleichten Rohstoffen hergestellt und alterungsbeständig. Die Produktion erfolgt mit Hilfe umweltschonender Technologien und unter strengsten Auflagen in einem geschlossenen Wasserkreislauf unter Wiederverwertung unbedruckter, zurückgeführter Papiere.

Inhaltsverzeichnis

Vorwort

Dieses Buch wurde für all diejenigen geschrieben, die sich gerade die Programmiersprache C/C++ aneignen und in ihrem Lehrbuch entsprechende Übungen mit Lösung vermissen.

Das Buch fängt mit Aufgaben zu den einfachsten Elementen der Sprache an und steigert das Niveau mit Übungen, die Vererbung, überladene Operatoren und Rekursion enthalten.

Es ist deshalb auch für Personen interessant, die schon in C/C++ programmieren können, denen aber bei der Anwendung der Sprache die entsprechende Routine und Sicherheit fehlt.

Wegen der umfangreichen Thematik, die in den Übungen behandelt wird, eignet sich dieses Buch ideal für die Vorbereitung auf Prüfungen in C/C++-Programmierung.

André Willms, Oktober 1997

Die Icons in diesem Buch

Um Ihnen die Orientierung in diesem Buch zu erleichtern, haben wir den Text in bestimmte Funktionsabschnitte gegliedert und diese durch entsprechende Symbole oder Icons gekennzeichnet. Folgende Icons finden Verwendung:

Beispiele helfen Ihnen, Ihre Kenntnisse in der C++-Programmierung zu vertiefen. Sie werden mit diesem Icon gekennzeichnet.

Manches geht ganz leicht. Wenn man nur weiß, wie. **Praxistips** finden Sie in den Abschnitten, wo dieses Icon steht.

Achtung, mit diesem Icon wird eine **Warnung** angezeigt. An der markierten Stelle sollten Sie besonders aufmerksam sein.

Einleitung

Dieses Buch gibt Ihnen die Möglichkeit, Ihr erworbenes Wissen um die Programmiersprache C/C++ mit den Übungen zu testen, mit der praktischen Anwendung zu vertiefen und durch das Besprechen möglicher Lösungen neue Sichtweisen zu erlangen.

Obwohl in jedem Übungskapitel das für die Übungen notwendige Wissen kurz angerissen wird, versteht sich dieses Buch nicht als Lehrbuch der Programmiersprache C/C++. Es ist eine sinnvolle Ergänzung zu jedem C/C++-Lehrbuch und eine ideale Möglichkeit, die Sprache praktisch anzuwenden und die eigene Lösung mit der hier abgedruckten zu vergleichen.

Deswegen würde es auch den Rahmen des Buches sprengen, z.B. alle Funktionen der Standardbibliothek aufzuführen und zu erläutern.

Um Ihnen nicht immer die komplette Lösung „vorsagen" zu müssen, nur weil Sie vielleicht keinen eigenen Lösungsansatz gefunden haben, gibt es zu den schwierigeren Übungen Tips, die Sie langsam auf die Idee des Lösungsansatzes hinführen. Sie sollten bei Tips allerdings eine gewisse Selbstdisziplin üben und nicht alle Tips einer Übung auf einmal lesen. Denn die Hinweise werden von Tip zu Tip immer konkreter. Und vielleicht reicht ja schon der erste Tip aus, damit Sie eine eigene Lösung finden.

Jede Übung besitzt eine Bewertung der Schwierigkeit. Dabei gelten grob folgende Richtlinien:

- LEICHT. Die Übung besteht aus einfachen elementaren Konstrukten, die vielleicht sogar in ähnlicher Form bereits als Beispiel vorgetragen wurden.
- MITTEL. Die Übung verlangt die Kombination mehrerer Gebiete der Sprache. Dies können zum Beispiel Themen sein, die bereits in vorhergehenden Kapiteln besprochen und geübt wurden.
- SCHWER. Die bisher besprochenen Elemente der Sprache müssen kombiniert und mit ihnen ein Problem gelöst werden, welches ein gewisses Maß an Transferleistung erfordert. Das eventuell benötigte themenfremde Wissen zur Lösung der Übung wird in der Aufgabenstellung vermittelt.

Dabei geht die Bewertung davon aus, daß die jeweils vorhergehenden Aufgaben bereits gelöst wurden. Besitzt eine Übung z.B. die Bewertung MITTEL, dann kann die ihr folgende Übung, die sehr ähnlich aufgebaut ist, die Bewertung LEICHT bekommen, weil Sie bereits eine ähnliche Lösung gefunden haben.

Deswegen sollten Sie auch nach jeder gelösten Übung Ihre Lösung mit der im Buch abgedruckten vergleichen. Das gilt besonders bei Übungen, die aufeinander aufbauen. Denn ein kleiner Fehler kann sich über mehrere Übungen hinweg enorm folgenreich zeigen.

In den ersten Kapiteln werden die elementaren Kontroll- und Verzweigungsstrukturen von C/C++ behandelt. Weil diese auch ausnahmslos in C vorhanden sind, werden dort auch die für C typischen Funktionen *printf* und *scanf* verwendet. Erst wenn die für C++ typischen Sprachelemente besprochen werden, wechseln wir zu *cin* und *cout*.

Möchten Sie sich jedoch nicht mit der C-Ein-/Ausgabe beschäftigen, dann können Sie natürlich in Ihren Lösungen die C++-Ein-/Ausgabe verwenden.

1 Grundlagen

1.1 Basis-Fähigkeiten von C

Um überhaupt mit den einfachsten Übungen beginnen zu können, müssen Sie grundlegende Fähigkeiten von C beherrschen. Wir werden uns die Hauptfunktion *main* ansehen, ganzzahlige Variablen und Fließkommavariablen kennenlernen sowie uns mit den grundlegenden Ein-/Ausgabefunktionen beschäftigen.

main

Die Basis eines C-Programms ist die Funktion **main**, die beim Start des Programms automatisch aufgerufen wird. Eine Funktion besteht aus mehreren Komponenten, die in folgender Reihenfolge angegeben werden müssen: **Typ des Rückgabewerts, Funktionsname, Funktionsparameter in runden Klammern.** Eine typische Deklaration von *main* könnte folgendermaßen aussehen:

```
void main(void)
```

Das C-Schlüsselwort **void**[1] wird immer dann verwendet, wenn keine Parameter vorhanden sind. In diesem Fall hat die Funktion weder einen Rückgabewert noch Funktionsparameter.

Mehrere zu einem Kontext gehörende Anweisungen werden in einem **Anweisungsblock** zusammengefaßt, der durch geschweifte Klammern gekennzeichnet ist.

Syntax

```
void main(void)
{
}
```

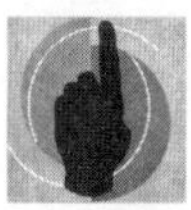

Achtung: Geschweifte Klammern fassen Anweisungen zu einem Block zusammen.

Die vorige Funktion besitzt somit einen leeren Anweisungsblock.

Im C++-Standard wird die obige Definition der *main*-Funktion allerdings nicht unterstützt. Dies kann zur Folge haben, daß sich ein Programm nicht auf jedem Compiler kompilieren läßt. Eine korrekte Definition von *main* unter C++ sieht folgendermaßen aus:

```
int main()
{
}
```

1. „void" ist ein englisches Wort und heißt zu deutsch soviel wie „leer".

Obwohl die Funktion definitionsgemäß einen Rückgabewert haben müßte, braucht bei der *main*-Funktion keiner angegeben werden, denn die *main*-Funktion besitzt ein implizites *return(0);*[1] . Da dies aber noch nicht von allen Compilern unterstützt wird, bietet es sich an, die *main*-Funktion immer durch ein explizites *return* zu ergänzen:

```
int main()
{

  return(0);
}
```

Um das Buch nicht unnötig aufzublähen wurde im Text auf dieses *return* verzichtet. Die auf der Diskette befindlichen Quellcodes wurden jedoch mit einem *return* ausgestattet.

Variablentypen

Ganzzahlvariablen

Fließkommavariablen

Kommen wir nun zu einigen Variablentypen, nämlich ganzzahligen Variablen und Fließkommavariablen. Als ganzzahlige Variablen stehen **int**, **short** und **long** zur Verfügung. Diese Variablentypen sind grundsätzlich vorzeichenbehaftet, können aber mit einen **unsigned** bei der Definition als vorzeichenlos definiert werden.

Tabelle 1.1: Ganzzahlige Variablentypen

Typ	Größe	Zahlenbereich	Formatzeichen
int	2 Bytes	–32768 bis +32767	i
unsigned int	2 Bytes	0 bis +65535	u
long	4 Bytes	–2147483648 bis +2147483647	li
unsigned long	4 Bytes	0 bis +4294967295	lu
short	1 Byte	–128 bis +127	hi
unsigned short	1 Byte	0 bis 255	hu

Für die Fließkommavariablen gibt es **float**, **double** und **long double**, die sich in ihrer Genauigkeit unterscheiden. Fließkommavariablen können nur als vorzeichenbehaftet definiert werden.

Tabelle 1.2: Fließkommavariablen

Typ	Größe	Mindestgenauigkeit (Nachkommastellen)	Formatz.
float	4 Bytes	6	f
double	8 Bytes	10	f
long double	10 Bytes	10	Lf

1. Zu diesem Zeitpunkt wissen Sie noch nichts über Rückgabewerte bei Funktionen. Was es genau mit diesem *return* auf sich hat, erfahren Sie im nächsten Kapitel.

Variablen-definition

In C werden Variablen definiert, indem man den Typ der Variablen gefolgt vom Variablennamen angibt. Des weiteren werden in C Anweisungen immer mit einem **Semikolon** abgeschlossen. Eine Integer-Variable namens x wird daher folgendermaßen definiert:

```
int x;
```

Variablen können bei ihrer Definition gleich initialisiert werden:

```
int x=27;
```

Variablen des gleichen Typs können auch in einer Anweisung definiert bzw. initialisiert werden:

```
int alter=27,groesse=185,x,s0,g=3,q;
```

Achten Sie darauf, daß Variablen zum Zeitpunkt der Benutzung einen vorhersagbaren Wert haben.

Achtung: Nicht initialisierte Variablen haben einen nicht vorhersagbaren Wert!

Namensvergabe

In C werden Namen von Variablen, Funktionen etc. nur anhand ihrer ersten 31 Zeichen unterschieden. Variablennamen, die länger als 31 Zeichen sind und in ihren ersten 31 Zeichen übereinstimmen, werden vom Compiler als gleich betrachtet.

Achtung: Namen müssen mit einem Buchstaben oder Unterstrich beginnen und dürfen weiterhin nur Buchstaben, Ziffern oder Unterstriche enthalten.

Groß- und Kleinschreibung wird unterschieden.

Zur Namensunterscheidung werden nur die ersten 31 Zeichen herangezogen.

Rechen- und Zuweisungsoperatoren

+, –, *, /, %, =

Zuweisungen an eine Variable werden mit dem **Zuweisungsoperator** = gemacht. Die normalen Rechenoperatoren sind **Addition +, Subtraktion –, Division /, Multiplikation * und Rest %**. Die folgende Anweisung bildet das Produkt aus *z*x* und addiert auf das Produkt *y*. Das endgültige Ergebnis wird *x* zugewiesen:

```
x=z*x+y;
```

+=, -=, *=, /=, %=

Des weiteren gibt es für jeden Rechenoperator noch eine Kombination aus Rechen- und Zuweisungsoperator: **+=, –=, *=, /=** und **%=**. Dabei ist z.B. für den Additionsoperator die Zuweisung *x=x+3* identisch mit *x+=3*.

++, --

C verfügt noch über einen sogenannten **Inkrementoperator ++** und **Dekrementoperator --**. Bei skalaren Variablen wie z.B. *int* ist *s++* identisch mit *s=s+1* und *s--* identisch mit *s=s–1*.

Die Inkrement- und Dekrementoperatoren können als Prä- oder Postoperatoren verwendet werden. Als Postoperator (z.B. *x++*) wird zuerst der Wert der Variablen verwendet und danach der Operator ausgeführt. Bei Präoperatoren (z.B. *++x*) wird zuerst der Operator ausgeführt und dann der Wert der Variablen verwendet.

Ein-/Ausgabe

printf, scanf

Um die Werte von Variablen oder einfach nur Text ausgeben zu können oder Eingaben des Benutzers zu realisieren, benutzen wir die C-Funktionen *printf* und *scanf* aus *stdio.h*. Später werden wir dann zu den C++-typischen Ein-/Ausgabe-Funktionen aus *iostream.h* übergehen.

```
#include <stdio.h>

int main()
{
  int x;
  printf("Bitte Wert eingeben:");
  scanf("%i",&x);
  printf("Der Wert von x ist %i\n",x);

}
```

Den Quellcode finden Sie auf der Diskette unter \KAP01\BSP\BSP01.CPP.

Achtung: Wenn Sie ganzzahlige oder Fließkommavariablen mit *scanf* benutzen, dürfen Sie den &-Operator nicht vergessen[1]!

Die zwischen den doppelten Anführungszeichen aufgeführten Zeichen werden auf dem Bildschirm ausgegeben. Eine Ausnahme bilden die mit % und \ eingeleiteten Zeichenfolgen.

Formatzeichen

Um den ein- oder auszugebenden Variablentyp in den Funktionen *printf* und *scanf* zu definieren, werden die sogenannten **Formatzeichen** benutzt, die mit dem Zeichen % eingeleitet werden. Für die bisher vorgestellten Variablentypen sind die Formatzeichen in den Tabellen 1.1 und 1.2 mitangegeben.

Steuerzeichen

Des weiteren gibt es noch Steuerzeichen[2], die mit einem \ eingeleitet werden und Einfluß auf die Ausgabe haben. Die verfügbaren Steuerzeichen sind in Tabelle 1.3 zusammengefaßt.

Tabelle 1.3: Die Steuerzeichen der Ausgabe

Esc.Seq.	Zeichen
\a	**BEL** (bell), gibt ein akustisches Warnsignal.
\b	**BS** (backspace), der Cursor geht eine Position nach links.
\f	**FF** (formfeed), ein Seitenvorschub wird ausgelöst.
\n	**NL** (new line), der Cursor geht zum Anfang der nächsten Zeile.
\r	**CR** (carriage return), der Cursor geht zum Anfang der aktuellen Zeile.
\t	**HT** (horizontal tab), der Cursor geht zur nächsten horizontalen Tabulatorposition.

1. Dies hängt mit dem Zugriff auf lokale Variablen anderer Funktionen zusammen. Später dazu mehr.
2. Steuerzeichen werden häufig auch als Escape-Sequenzen bezeichnet.

Esc.Seq.	Zeichen
\v	**VT** (vertical tab), der Cursor geht zur nächsten vertikalen Tabulatorposition.
\"	" wird ausgegeben.
\'	' wird ausgegeben.
\?	? wird ausgegeben.
\\	\ wird ausgegeben.

1.2 Übungen

Bei einigen Übungen werden Sie aufgefordert, Fehler in einem vorgegebenen Programm zu finden. Sie sollten das Programm erst dann starten, wenn Sie den Fehler auf andere Weise nicht finden konnten.

1. Übung

LEICHT

```
printf("Das Zeichen " heißt doppelter Anführungsstrich.\n");
```

Wo liegt der Fehler in dieser Zeile? Falls Sie ihn nicht finden, schreiben Sie eine *main*-Funktion, mit der Sie die obige Zeile testen können.

2. Übung

LEICHT

```
#include <stdio.h>

int main()
{
  printf("Hier stehen drei Zahlen untereinander: /n23/n55/n88");
}
```

Den Quellcode finden Sie auf der Diskette unter \KAP01\02A.CPP.

Warum stehen die drei Zahlen (23, 55 und 88) nicht untereinander?

3. Übung

LEICHT

Was ist an dem folgenden Programm falsch?

```
#include <stdio.h>

int main()
{
int a;

  printf("Bitte geben Sie eine Zahl ein:");
  scanf("%i",a);
  printf("Die Zahl lautet %i",a);
}
```

Den Quellcode finden Sie auf der Diskette unter \KAP01\03A.CPP.

Falls Sie das Programm starten, wird der Fehler nicht während der Kompilierung, sondern während der Ausführung auftreten.

LEICHT

4. Übung

Schreiben Sie ein Programm, das Sie nach drei Zahlen fragt (auch negative Werte sollen erlaubt sein) und dann die Summe der drei Zahlen ausgibt. Nachdem die Summe ausgegeben wurde, soll nach einer neuen Zahl gefragt werden, mit der die Summe dann multipliziert wird. Dieses Ergebnis soll ebenfalls ausgegeben werden. Die Ein- und Ausgabe könnte aussehen wie im folgenden Beispiel:

```
Bitte Zahl1 eingeben :4

Bitte Zahl2 eingeben :6

Die Summe lautet 10

Bitte Zahl3 eingeben :8

Das Produkt lautet 80
```

LEICHT

5. Übung

Geben Sie drei Möglichkeiten an, den Wert 1 zur Variablen *x* zu addieren.

LEICHT

6. Übung

Schreiben Sie ein Programm, bei dem drei Zahlen multipliziert werden, das aber nur zwei Variablen benötigt. Lassen Sie das Ergebnis ausgeben. Entwerfen Sie das Programm so, daß nur das Produkt noch weiter verwendet werden könnte.

MITTEL

7. Übung

Schauen Sie sich folgendes Programmfragment an:

```
a=12;
a+=++a+a++;
a=a+a;
printf("%i",a);
```

Welcher Wert wird ausgegeben?

SCHWER

8. Übung

Schreiben Sie die folgenden Zuweisungen so um, daß nicht mehr der Zuweisungsoperator, sondern die Operatoren +=, *=, /= oder -= verwendet werden. Werden mehrere Zuweisungen verwendet (wie z.B. bei 8.), dann sollten Sie versuchen, diese Zuweisungen mit oben aufgeführten Operatoren in eine einzige Anweisung umzuwandeln[1]. Überprüfen Sie in einem Programm, ob die Ergebnisse Ihrer Umwandlungen wirklich identisch mit denen der Original-Zuweisungen sind. Berücksichtigen Sie, daß es sich bei den verwendeten Variablen ausschließlich um ganzzahlige Variablen handelt.

1. `x=x+1;`
2. `a=a-8;`
3. `c=3-c;`
4. `s=r*s*t;`
5. `a=4*b+a;`
6. `a=a*4+b;`
7. `a=a*(4+b)`
8. `c=c-3;  c=c-6;`
9. `d=d*5;  d=d*e;`
10. `h++;  i=3*h+i;`
11. `a=a+3;  b=b+a;`
12. `x=x*y; y=y+1;`
13. `x=x*y; y=y+3;`
14. `a=a*4;  b=b+2;  c=a*c*b;`
15. `a=a+c++;  b=b+c;  a=a+b++;`
16. `a=a+c++;  b=b+c;  a=a*b++;`

1.3 Lösungen

Lösung zu 1

Der Fehler liegt darin, daß ein "-Zeichen innerhalb einer Stringkonstante als Ende derselben interpretiert wird. Wollen Sie ein " auf den Bildschirm ausgeben, müssen Sie dies mit dem Steuerzeichen \" tun:

```
printf("Das Zeichen \" heißt doppelter Anführungsstrich.\n");
```

Lösung zu 2

Die Zahlen stehen deshalb nicht untereinander, weil das CR-Steuerzeichen nicht richtig geschrieben ist. Es wird mit einem Backslash (\) eingeleitet und nicht mit einem Slash (/). Korrekt sähe die fehlerhafte Zeile so aus:

```
printf("Hier stehen drei Zahlen untereinander: \n23\n55\n88");
```

Den Quellcode des korrigierten Programms finden Sie auf der Diskette unter \KAP01\02B.CPP.

Lösung zu 3

In der *scanf*-Anweisung wurde vor der Variablen das &-Zeichen vergessen:

```
scanf("%i",&a);
```

1. Wenn Sie mehrere Operatoren benötigen, dann können Sie dies tun. Wichtig ist nur, daß es eine Anweisung ist.

Den Quellcode des korrigierten Programms finden Sie auf der Diskette unter \KAP01\03B.CPP.

Lösung zu 4

```
#include <stdio.h>

int main()
{
int zahl1, zahl2, zahl3, summe, produkt;

  printf("Bitte Zahl1 eingeben :");
  scanf("%i",&zahl1);
  printf("\nBitte Zahl2 eingeben :");
  scanf("%i",&zahl2);

  summe=zahl1+zahl2;
  printf("\nDie Summe lautet %i\n",summe);
  printf("\nBitte Zahl3 eingeben :");
  scanf("%i",&zahl3);

  produkt=summe*zahl3;
  printf("\nDas Produkt lautet %i\n",produkt);
}
```

Den Quellcode dieser Lösung finden Sie auf der Diskette unter \KAP01\04A.CPP.

Dies war die ausführliche Variante. Eine kompaktere, bei der drei Variablen gespart wurden, folgt:

```
#include <stdio.h>

int main()
{
int zahl, summe;

  printf("Bitte Zahl1 eingeben :");
  scanf("%i",&summe);
  printf("\nBitte Zahl2 eingeben :");
  scanf("%i",&zahl);

  summe+=zahl;

  printf("\nDie Summe lautet %i\n",summe);
  printf("\nBitte Zahl3 eingeben :");
  scanf("%i",&zahl);

  printf("\nDas Produkt lautet %i\n",summe*zahl);
}
```

Den Quellcode dieser Lösung finden Sie auf der Diskette unter \KAP01\04B.CPP.

Diese Lösung ist natürlich nur dann sinnvoll, wenn Produkt und Summe nicht weiter verwendet werden müssen.

Lösung zu 5

1. `x=x+1;`
2. `x+=1;`
3. `x++;`

Lösung zu 6

```
#include <stdio.h>

int main()
{
int zahl, produkt;

  printf("\nBitte Zahl1 eingeben :");
  scanf("%i",&produkt);
  printf("\nBitte Zahl2 eingeben :");
  scanf("%i",&zahl);

  produkt*=zahl;

  printf("\nBitte Zahl3 eingeben :");
  scanf("%i",&zahl);

  produkt*=zahl;

  printf("\nDas Produkt lautet %i\n",produkt);
}
```

Den Quellcode dieser Lösung finden Sie auf der Diskette unter \KAP01\06.CPP.

Lösung zu 7

Es wird die Zahl 80 ausgegeben.

Sie finden die relevanten Anweisungen eingebettet in eine *main*-Funktion auf der Diskette unter \KAP01\07.CPP.

Zuerst hat *a* durch die Zuweisung den Wert 12. Schauen wir uns die „interessante“ Zeile des Programms einmal gemeinsam an:

```
a+= ++a + a++;
```

Zuerst muß der Ausdruck auf der rechten Seite berechnet werden. Als erstes steht da *++a*. Es handelt sich bei diesem Inkrement-Operator um ein Präinkrement, daher zuerst inkrementieren: *a* ist 13. Rechts von der Addition steht a++, dies ist ein postinkrement. Daher wird der Ausdruck zuerst benutzt, *13+13* ist 26, und dann inkrementiert, *a* ist dann 14.

Der Ausdruck auf der rechten Seite ist nun berechnet und ergibt 26. Er wird entsprechend dem Zuweisungsoperator verknüpft, nämlich zur linken Seite hinzuaddiert. *a* ist 14, dieser Wert plus 26 ergibt 40, also ist a=40.

Durch die Addition in der nächsten Zeile erhält *a* den Wert 80.

Lösung zu 8

Schauen wir uns zunächst die Lösungen an. Danach wird auf einige Besonderheiten eingegangen.

1. `x+=1;`
2. `a-=8;`
3. `c+=3-2*c;`
4. `s*=r*t;`
5. `a+=4*b;`
6. `a+=a*3+b;`
7. `a*=4+b;`
8. `c-=9;`
9. `d*=5*e;`
10. `i+=++h*3;`
11. `b+=a+=3;`
12. `x*=y++;`
13. `x*=(y+=3)-3;`
14. `c*=(a*=4)*(b+=2);`
15. `a+=(b+=++c+1)+c-2;`
16. `a+=((b+=++c+1)-2)*(a+c-1)+c-1;`

Zu 3.: Wenn wir die Anweisung *c=3–c* in *c+=3–c* umwandeln würden, dann wäre dies nicht korrekt, denn *c+=3–c* wäre umgeschrieben *c=c+3–c*. Wir können aber die ursprüngliche Form *c=3–c* umformen, indem wir *c* addieren und wieder subtrahieren: *c=3–c+c–c*. Durch dieses Addieren und Subtrahieren wurde das Ergebnis der Gleichung nicht verändert. Wir können nun aber durch Umstellen der Variablen eine bekannte Form erzeugen: *c=c+3–c–c*. Dieser Ausdruck ist problemlos umwandelbar in den folgenden: *c+=3–c–c*. Durch vereinfachen erhalten wir *c+=3–2*c*.

Zu 6.: Diese Zuweisung wird ähnlich der 3. umgewandelt. Grundsätzlich kann man eine Zuweisung der Form *a=AUSDRUCK* immer umwandeln in *a+=AUSDRUCK–a*. Allerdings ist dies nicht immer sinnvoll. Auf diese Weise läßt sich *a=a*4+b* umwandeln in *a+=a*4+b–a*, und das ist *a+=a*3+b*.

Zu 10.: Es wurde *++h* verwendet, weil in der Originalform die Anweisung *h++* vor *i=3*h+1* ausgeführt wird.

2 Funktionen und Bedingungen

2.1 Grundlagen

Wie Funktionen grundsätzlich definiert werden, haben wir schon im vorigen Kapitel an der *main*-Funktion kennengelernt.

Kommen jetzt aber noch zusätzliche Funktionen hinzu, dann stellt sich die Frage nach dem Bezugsrahmen der verwendeten Variablen. Eine Variable, die innerhalb eines Anweisungsblockes definiert wird, ist nur in diesem Anweisungsblock gültig. Auf sie kann auch nur innerhalb dieses Anweisungsblockes zugegriffen werden. Eine solche Variable bezeichnet man als **lokale Variable**.

lokale Variable

Eine lokale Variable wird bei Verlassen des sie beherbergenden Anweisungsblocks gelöscht. Deswegen muß sie bei erneutem Eintreten in den Anweisungsblock neu erzeugt werden und besitzt daher nicht mehr ihren alten Inhalt.

Eine Variable, die außerhalb eines Anweisungsblocks definiert wird, bezeichnet man als **globale Variable**. Sie ist im ganzen Programm gültig, das heißt, es kann von jeder Stelle im Programm aus auf sie zugegriffen werden.

globale Variable

Eine Besonderheit unter den lokalen Variablen sind **statische Variablen**. Statische Variablen haben zwar den gleichen Bezugsrahmen wie normale lokale Variablen, sie werden aber bei Verlassen des Bezugsrahmens nicht gelöscht und besitzen bei erneutem Eintreten ihren alten Wert. Das bedeutet, daß eine statische Variable nur einmal erzeugt wird und daher auch nur einmal initialisiert werden kann.

statische Variable

Variablen werden durch das Schlüsselwort **static** als statisch deklariert.

static

Verzweigungen

Um Bedingungen zu realisieren, bietet C das Schlüsselwort **if**. Die *if*-Anweisung selbst besteht aus einer Bedingung und einem Anweisungsblock. Liefert die Bedingung eine wahre Aussage, dann wird der Anweisungsblock ausgeführt. Ist die Aussage der Bedingung falsch, dann wird der Anweisungsblock nicht ausgeführt, und das Programm fährt dahinter fort. Die Syntax ist wie folgt:

if

Syntax

```
if(bedingung)
{
}
```

Im Ablaufplan sieht die Bedingung wie in Abbildung 2.1 dargestellt aus.

Abbildung 2.1: Die if-Anweisung

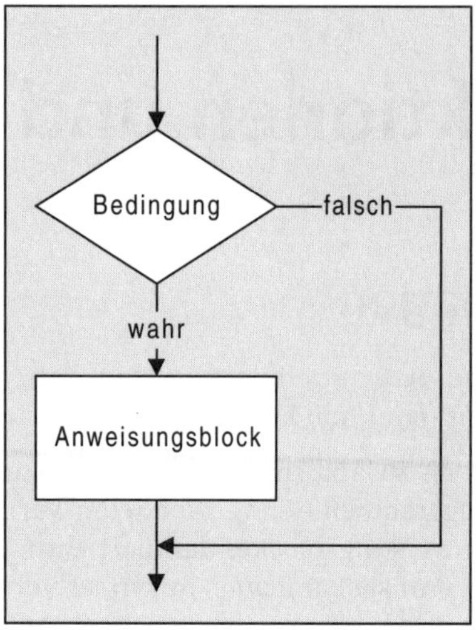

else Man kann *if* nun noch um die **else**-Anweisung ergänzen. Hinter *else* folgt ein Anweisungsblock, der genau dann ausgeführt wird, wenn der Anweisungsblock hinter *if* nicht ausgeführt wird. Also genau dann, wenn die Aussage der Bedingung hinter *if* falsch ist. Die Syntax folgt:

Syntax

```
if(bedingung)
{
}
else
{
}
```

Im Ablaufplan sieht dieses Konstrukt wie in Abbildung 2.2 dargestellt aus.

Abbildung 2.2: if und else

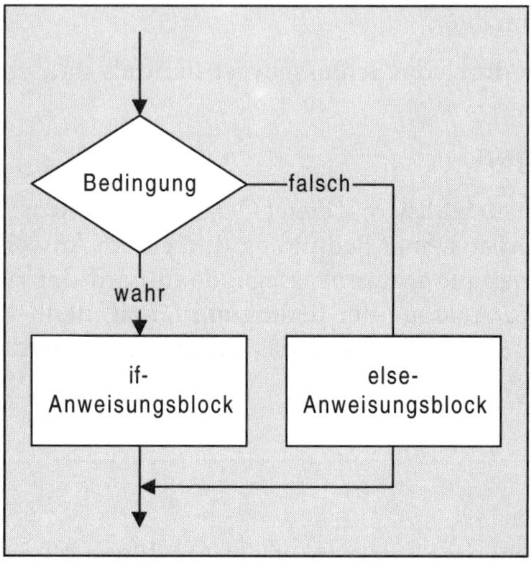

Vergleichsoperatoren

Eine Bedingung besteht im wesentlichen aus Vergleichen. Als Vergleichsoperatoren stehen die in Tabelle 2.1 aufgelisteten Operatoren zur Verfügung.

Tabelle 2.1: Die Vergleichsoperatoren

Operator	Bedeutung
<	kleiner
<=	kleiner oder gleich
==	gleich
!=	ungleich
>=	größer oder gleich
>	größer

&&, ||

Zur Verknüpfung zweier Bedingungen gibt es den UND-Operator && und den ODER-Operator ||.

UND

Das Ergebnis zweier durch UND verknüpfter Bedingungen ist nur dann wahr, wenn beide Einzelbedingungen wahr sind. In allen anderen Fällen liefert die UND-Verknüpfung ein falsches Ergebnis. Eine detaillierte Übersicht gibt Tabelle 2.2.

Tabelle 2.2: Die AND-Verknüpfung

Bedingung1	Bedingung2	(Bedingung1&&Bedingung2)
falsch	falsch	falsch
falsch	wahr	falsch
wahr	falsch	falsch
wahr	wahr	wahr

ODER

Das Ergebnis zweier durch ODER verknüpfter Bedingungen ist nur dann falsch, wenn beide Einzelbedingungen falsch sind. In allen anderen Fällen liefert die ODER-Verknüpfung ein wahres Ergebnis. Tabelle 2.3 zeigt die vier verschiedenen Fälle auf.

Tabelle 2.3: Die ODER-Verknüpfung

Bedingung1	Bedingung2	(Bedingung1||Bedingung2)
falsch	falsch	falsch
falsch	wahr	wahr
wahr	falsch	wahr
wahr	wahr	wahr

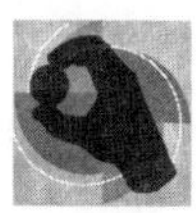

```
if((x>=80)&&(x<=100))
  {
    printf("%i",x);
  }
```

Im oberen Beispiel wird x nur dann ausgegeben, wenn x im Intervall [80,100] liegt.

?: In C/C++ gibt es zusätzlich noch den ?:-Operator, der wie in folgendem Beispiel verwendet wird:

```
x=(a>10)?2:1;
```

Dies entspricht mit *if* formuliert der nachstehenden Anweisungsfolge:

```
if(a>10)
  x=2;
else
  x=1;
```

2.2 Übungen

LEICHT

1. Übung

Schreiben Sie eine Funktion *add*, der Sie zwei *int*-Werte übergeben und die dann die Summe der beiden Werte als *int* zurückliefert. Schreiben Sie zusätzlich noch eine *main*-Funktion, die zwei *int*-Werte einliest und die mit Hilfe von *add* ermittelte Summe ausgibt.

LEICHT

2. Übung

Was ist an dem folgenden Programm falsch?

```
#include >stdio.h<

void ausgabe(void)

int Main()
{
  ausgabe;
}

void ausgabe(void);
{
  printf(Dies ist eine Testausgabe);
}
```

Den Quellcode finden Sie auf der Diskette unter \KAP02\02A.CPP.

Das Programm hat sechs Fehler.

LEICHT

3. Übung

Was ist an dem folgenden Programm falsch?

```
#include <stdio>

void test1(void)
{
  printf("Dies ist der erste Test\n");
}
```

```
int main()
{
  test1();
  test2();
}

void test2(void)
{
  printf("Dies ist der zweite Test\n");
}
```

Den Quellcode finden Sie auf der Diskette unter \KAP02\03A.CPP.

Das Programm enthält zwei Fehler.

4. Übung MITTEL

Schreiben Sie eine Funktion namens *wieoft*, die einen Wert zurückliefert, der angibt, zum wievielten Male die Funktion aufgerufen wurde.

5. Übung LEICHT

Schreiben Sie eine Funktion *max*, der man zwei *int*-Werte übergeben kann und die dann den größeren der beiden Werte zurückgibt.

6. Übung MITTEL

Jede Bedingung hat eine wahre oder eine falsche Aussage. Nun müssen die Eigenschaften „wahr" und „falsch" einem bestimmten Wert entsprechen. Konkret heißt dies, daß bestimmte Zahlen für die Eigenschaft „wahr" und andere Zahlen für die Eigenschaft „falsch" stehen. Versuchen Sie mit Hilfe eines Programms zu ermitteln, welchen Wert C für „wahr" und welchen Wert für „falsch" benutzt.

7. Übung LEICHT

Schreiben Sie eine Funktion *isGroesser*, der zwei *int*-Werte übergeben werden und die einen eine wahre Aussage repräsentierenden Wert zurückliefert, wenn der erste Wert größer ist als der zweite Wert. Andernfalls soll die Funktion einen Wert zurückliefern, der für eine falsche Aussage steht. Benutzen Sie in der Lösung die *if*-Anweisung.

Schreiben Sie dazu eine *main*-Funktion, die zwei Werte einliest und dann anhand des Ergebnisses von *isGroesser* einen entsprechenden Text ausgibt, ob der erste Wert größer als der zweite ist oder nicht.

8. Übung LEICHT

Schreiben Sie die Funktion *isGroesser* aus 7. so um, daß sie keine *if*-Anweisung mehr, sondern den ?:-Operator verwendet.

MITTEL

9. Übung

Schreiben Sie die Funktion *isGroesser* aus 7. so um, daß weder eine *if*-Anweisung noch der ?:-Operator verwendet wird.

LEICHT

10. Übung

Schreiben Sie eine Funktion namens *sign*, der man einen *int*-Wert übergibt und die folgendes zurückliefert: -1, wenn der Wert negativ ist, 0, wenn der Wert Null ist, und 1, wenn der Wert positiv ist.

Schreiben Sie dazu auch eine *main*-Funktion, mit der Sie *sign* testen können und die das Ergebnis durch eine entsprechende Textausgabe quittiert.

MITTEL

11. Übung

Schreiben Sie die Funktion *sign* aus Aufgabe 10 so um, daß anstelle von *if*-Anweisungen nur noch der ?:-Operator verwendet wird.

SCHWER

12. Übung

Schreiben Sie die Funktion *sign* aus Aufgabe 10 so um, daß weder *if*-Anweisungen noch ?:-Operatoren verwendet werden.

SCHWER

13. Übung

Schreiben Sie die Funktion *max* aus Aufgabe 5 so um, daß weder *if*-Anweisungen noch ?:-Operatoren verwendet werden.

SCHWER

14. Übung

Sie haben in Übung 1 eine Funktion *add* geschrieben, die zwei *int*-Werte addiert und das Ergebnis zurückliefert. Sie können aber nicht sicher sein, ob das Ergebnis auch wirklich stimmt, denn wenn die beiden Summanden so groß gewählt werden, daß ihre Summe den gültigen Bereich überschreitet, dann ist das Ergebnis falsch. Schreiben Sie deswegen eine Funktion *isAddValid*, mit der Sie vor dem Aufruf von *add* prüfen können, ob ein gültiges Ergebnis zu erwarten ist.

Bedenken Sie, daß der gültige Bereich einer *int*-Variablen von Compiler zu Compiler und von System zu System variieren kann. Beim Entwurf von *isAddValid* können Sie davon ausgehen, daß die beiden Summanden selbst im gültigen Bereich sind[1].

Schreiben Sie zusätzlich die *main*-Funktion aus 1 so um, daß die Funktion *isAddValid* Verwendung findet.

MITTEL

15. Übung

Schreiben Sie eine Funktion *isSchaltjahr*, der eine Jahreszahl übergeben wird und die einen wahren Wert zurückliefert, wenn es sich um ein Schaltjahr

---

1. Bedenken Sie dabei, daß Sie beim Testen von *isAddValid* Ihre Summanden so wählen, daß die Summanden selbst tatsächlich immer im gültigen Bereich sind und höchstens die Summe den Bereich überschreitet.

handelt. Falls der übergebene Wert kein Schaltjahr ist, soll ein falscher Wert zurückgeliefert werden.

Ein Jahr ist kein Schaltjahr, wenn die Jahreszahl nicht durch 4 teilbar ist. Ein Jahr ist ein Schaltjahr, wenn die Jahreszahl durch 4, nicht aber durch 100 teilbar ist. Ein Jahr ist ebenfalls ein Schaltjahr, wenn die Jahreszahl durch 4, durch 100 und durch 400 teilbar ist.

Schreiben Sie dazu eine *main*-Funktion, mit der Sie überprüfen können, ob Ihre Funktion korrekt arbeitet.

16. Übung

MITTEL

Schreiben Sie eine Funktion *iseven*, die einen wahren Wert zurückliefert, wenn die übergebene Zahl gerade ist, und einen falschen Wert, wenn die übergebene Zahl ungerade ist.

17. Übung

SCHWER

Schreiben Sie die Funktion *isSchaltjahr* aus Übung 15 so um, das weder *if*-Anweisungen noch ?:-Operatoren verwendet werden.

18. Übung

LEICHT

Schreiben Sie eine Funktion *max3*, der drei Zahlen übergeben werden und die die größte der drei Zahlen zurückliefert.

Schreiben Sie dazu eine *main*-Funktion, mit der Sie die Funktion *max3* überprüfen können.

19. Übung

MITTEL

Schreiben Sie eine Funktion namens *zero2*, der Sie eine Zahl größer 100 oder kleiner –100 übergeben und die dann die beiden rechten Ziffern der Zahl auf Null setzt und wieder zurückgibt. Aus 134 wird 100, aus –1635 wird –1600 und aus 754678 wird 754600. Benutzen Sie den Variablentyp *long*.

2.3 Tips

Tip zu 3

- Beachten Sie die Reihenfolge der Funktionsdefinitionen.

Tip zu 4

- Benutzen Sie eine statische Variable.

Tip zu 6

- Versuchen Sie, das „Ergebnis" einer Aussage weiterzuverarbeiten, um einen konkreten Wert zu erhalten.

Tip zu 9

- Versuchen Sie, die „Ergebnisse" von Aussagen zu verwenden.

Tips zu 11

- Arbeiten Sie mit mehreren ?:-Operatoren, die Sie dann ineinander verschachteln.
- Nehmen Sie die *if*-Anweisungen der bereits vorhandenen Lösung, und wandeln Sie diese exakt in die ?:-Schreibweise um.

Tips zu 12

- Versuchen Sie, die Ergebnisse einer Bedingung direkt zu verarbeiten, so daß Sie auf *if* und ?: verzichten können.
- Sie müssen sich zuerst überlegen, welche Bedingungen überhaupt in Frage kommen und sinnvoll zu benutzen sind.
- Als Bedingungen kommen (x>0) und (x==0) in Frage. Überlegen Sie sich, in welchem Fall jede Bedingung welchen Wert besitzt, und versuchen Sie damit, eine Formel aufzustellen.
- Da eine Bedingung 1 als wahre Aussage und 0 als falsche Aussage besitzt, kann man durch Multiplikation der Bedingung mit z.B. einer Variablen diese Variable „ein- und ausblenden". Als Beispiel: *a=x*(c>d);* Wenn *c>d* gilt, dann ist *a=x*, ansonsten ist *a=0*.

Tip zu 13

- Hier gilt ebenfalls das zu Übung 12 Gesagte.

Tips zu 14

- Überlegen Sie sich, welche Folgen eine Überschreitung des gültigen Bereichs für das Ergebnis hat. Anhand der gewonnenen Erkenntnisse können Sie dann entsprechende Abfragen formulieren.
- Bedenken Sie, daß nicht nur eine Bereichsüberschreitung, sondern auch eine Bereichsunterschreitung stattfinden kann.
- Berücksichtigen Sie die Fälle, bei denen eine Über- oder Unterschreitung des gültigen Bereichs unmöglich ist.
- Die Lösung finden Sie durch Größer-kleiner-Vergleiche zwischen der Summe und den Summanden sowie durch Überprüfen, ob die Summanden positiv oder negativ sind.

Tips zu 15

- Die Ermittlung eines Schaltjahres wird vielleicht klarer, wenn Sie sich das Diagramm in Abbildung 2.3 anschauen.
- Eine Zahl x ist dann durch eine Zahl y teilbar, wenn bei der Division kein Rest entsteht.

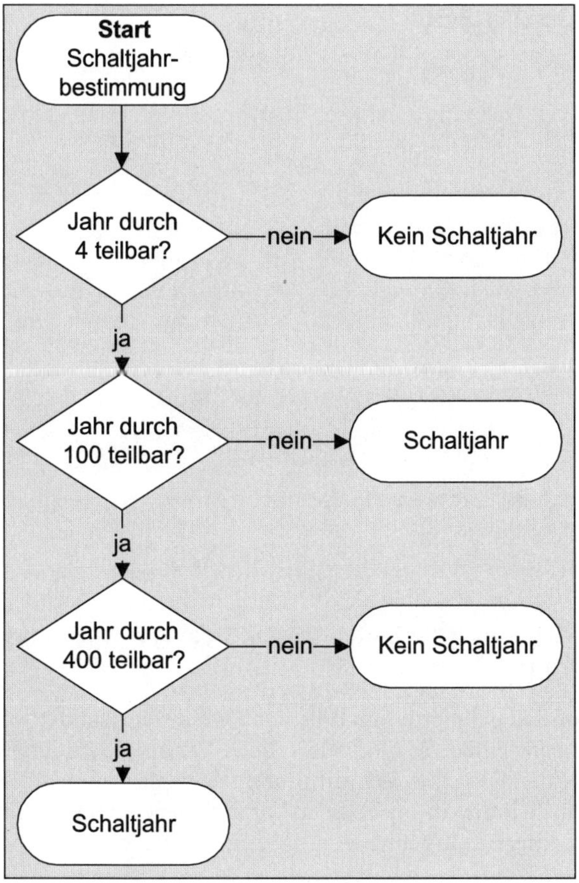

Abbildung 2.3: Schaltjahrbestimmung

Tip zu 16

- Überlegen Sie sich eine Eigenschaft, die alle geraden Zahlen gemeinsam haben, die aber auf ungerade Zahlen nicht zutrifft, oder umgekehrt. Wenn Sie eine solche Eigenschaft gefunden haben, können Sie Sie als Unterscheidungskriterium benutzen und damit die Funktion programmieren.

Tip zu 17

- Hier gilt ebenfalls das zu Übung 12 Gesagte.

Tips zu 19

- Teilen Sie das Problem in zwei Teilprobleme auf:
- Wie bekommt man grundsätzlich die letzten beiden Ziffern einer Zahl entfernt?
- Wie bekommt man an eine Zahl zwei Nullen angehängt?
- Dann müssen Sie die beiden Lösungen nur noch zusammenfügen.

2.4 Lösungen

Lösung zu 1

```
#include <stdio.h>

int add(int a, int b)
{
  return(a+b);
}

int main()
{
  int x,y;
  printf("1. Summand:");
  scanf("%i",&x);
  printf("2. Summand:");
  scanf("%i",&y);
  printf("\nDas Ergebnis lautet :%i\n\n",add(x,y));
}
```

Den Quellcode dieser Lösung finden Sie auf der Diskette unter \KAP02\01.CPP.

Sollte das von *add* gelieferte Ergebnis noch weiter verwendet werden, dann muß in der *main*-Funktion eine zusätzliche Variable definiert werden, die das Ergebnis der Funktion *add* aufnimmt. Anstelle von *add* als Parameter von *printf* würde dann die zusätzliche Variable verwendet, die ihrerseits vor ihrer Verwendung das Ergebnis von *add* zugewiesen bekommen muß.

Lösung zu 2

Das Programm enthält folgende Fehler:

1. Bei der *include*-Anweisung wurden die Größer- und Kleiner-Zeichen falsch herum benutzt.
2. Der Prototyp ist nicht mit einem Semikolon abgeschlossen.
3. *main* wird klein geschrieben.
4. Beim Funktionsaufruf von *ausgabe* fehlen die runden Klammern.
5. Der Funktionskopf darf nicht mit einem Semikolon enden.
6. Bei *printf* fehlen die doppelten Anführungsstriche („).

Das richtige Programm muß so aussehen:

```
#include <stdio.h>

void ausgabe(void);

int main()
{
```

```
  ausgabe();
}

void ausgabe(void)
{
  printf("Dies ist eine Testausgabe");
}
```

Den Quellcode dieser Lösung finden Sie auf der Diskette unter \KAP02\02B.CPP.

Lösung zu 3

Erstens fehlt in der *include*-Anweisung das *.h* bei *stdio.h*, und zweitens fehlt der Prototyp für die Funktion *test2*. Der Prototyp ist notwendig, weil die Funktionsdefinition von *test2* hinter ihrem Aufruf steht.

Den Quellcode dieser Lösung finden Sie auf der Diskette unter \KAP02\03B.CPP.

Lösung zu 4

```
int wieoft(void)
{
  static int wo=1;
  return(wo++);
}
```

Den Quellcode dieser Lösung finden Sie auf der Diskette unter \KAP02\04.CPP.

Da eine statische Variable – obwohl sie lokal ist – ihren Wert nach dem Verlassen der Funktion behält, bietet sie sich für unser Vorhaben geradezu an.

Achtung: Wichtig ist, daß eine statische Variable bei ihrer Definition initialisiert werden muß. Die folgende Funktion gibt zum Beispiel bei jedem Aufruf den Wert 1 aus:

```
int wieoft(void)
{
  static int wo;
  wo=1;

  return(wo++);
}
```

Lösung zu 5

```
int max(int x, int y)
{
  if(x>y)
    return(x);
  else
    return(y);
}
```

Den Quellcode dieser Lösung finden Sie auf der Diskette unter \KAP02\05.CPP.

Diese Lösung macht von der Möglichkeit Gebrauch, die geschweiften Klammern des Anweisungsblockes wegzulassen, wenn er nur aus einer Anweisung besteht. Ausführlich geschrieben sähe die Funktion so aus:

```
int max(int x, int y)
{
  if(x>y)
    {
      return(x);
    }
  else
    {
      return(y);
    }
}
```

Angenommen, *x* und *y* sind gleich, wird dann *x* oder *y* zurückgegeben?

Lösung zu 6

Die offensichtlichste Lösung ist die, das Ergebnis der Bedingung einer Variablen zuzuweisen. Dafür müssen wir uns eine Bedingung überlegen, die auf jeden Fall wahr ist, und eine andere, die auf jeden Fall falsch ist. Eine definitiv wahre Aussage ist die, daß 1 gleich 1 ist, also *1==1*. Eine falsche Bedingung wäre dann zwangläufig, daß 1 ungleich 1 ist, also *1!=1*. In einem Programm verwertet, sieht diese Erkenntnis so aus:

```
#include <stdio.h>

int main()
{
  int wahr,falsch;

  wahr=(1==1);
  falsch=(1!=1);

  printf("Die wahre Aussage hat den Wert %i\n",wahr);
  printf("Die falsche Aussage hat den Wert %i\n",falsch);
}
```

Den Quellcode dieser Lösung finden Sie auf der Diskette unter \KAP02\06A.CPP.

Als Ergebnis kommt folgendes heraus:

```
Die wahre Aussage hat den Wert 1
Die falsche Aussage hat den Wert 0
```

Man hätte sich die Variablen auch sparen und die Werte der Bedingungen direkt ausgeben können:

```
#include <stdio.h>

int main()
{
  printf("Die wahre Aussage hat den Wert %i\n", (1==1));
  printf("Die falsche Aussage hat den Wert %i\n", (1!=1));
}
```

Den Quellcode dieser Lösung finden Sie auf der Diskette unter \KAP02\06B.CPP.

Lösung zu 7

Da wir in der vorigen Aufgabe die Werte für wahre und falsche Aussagen bestimmt haben, können wir sie uns hier direkt zunutze machen.

```
#include <stdio.h>

int isGroesser(int x, int y)
{
  if(x>y)
    return(1);
  else
    return(0);
}

int main()
{
  int a,b;
  printf("1. Wert :");
  scanf("%i",&a);
  printf("2. Wert :");
  scanf("%i",&b);

  if(isGroesser(a,b))
    printf("Der 1. Wert ist groesser als der 2. Wert.\n\n");
  else
    printf("Der 1. Wert ist nicht groesser als der 2. Wert.\n\n");
}
```

Den Quellcode dieser Lösung finden Sie auf der Diskette unter \KAP02\07.CPP.

Lösung zu 8

```
int isGroesser(int x, int y)
{
  return((x>y)?1:0);
}
```

Den Quellcode dieser Lösung finden Sie auf der Diskette unter \KAP02\08.CPP.

Die *if*-Anweisung wurde durch den ?:-Operator ersetzt. Anstatt das Ergebnis des ?:-Operators einer Variablen zuzuweisen und diese dann als Rückgabeparameter zu verwenden, wurde der ?:-Operator direkt in die *return*-Anweisung eingebettet.

Lösung zu 9

Da wir mit unserer Funktion *isGroesser* nichts anderes tun, als das Ergebnis einer Aussage zu ermitteln und dieses dann als Rückgabewert zu verwenden, können wir auch das Ergebnis direkt zurückgeben:

```
int isGroesser(int x, int y)
{
  return(x>y);
}
```

Den Quellcode dieser Lösung finden Sie auf der Diskette unter \KAP02\09.CPP.

Lösung zu 10

```
#include <stdio.h>

int sign(int a)
{
  if(a<0)
    return(-1);
  if(a>0)
    return(1);
  return(0);
}

int main()
{
  int a,erg;
  printf("Wert :");
  scanf("%i",&a);

  erg=sign(a);
  if(erg==1)
    printf("Der Wert ist positiv.\n\n");
  if(erg==0)
    printf("Der Wert ist Null.\n\n");
  if(erg==-1)
    printf("Der Wert ist negativ.\n\n");
}
```

Den Quellcode dieser Lösung finden Sie auf der Diskette unter \KAP02\10.CPP.

Das letzte *return* in *sign* benötigt keine Abfrage mit *if*, denn wenn die Zahl weder positiv noch negativ ist, kann sie nur noch Null sein.

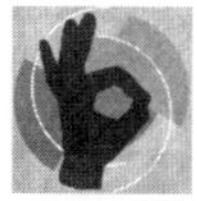

Tip: In der *main*-Funktion wurde eine zusätzliche Variable verwendet, die das Ergebnis von *sign* aufnimmt. Obwohl auf diese Variable durchaus verzichtet werden könnte, indem *sign* in jeder *if*-Anweisung aufgerufen würde, zeichnet sich diese Variante durch eine bessere Laufzeit aus. Denn die Funktion *sign* muß nur einmal aufgerufen werden und nicht dreimal.

Wenn Sie später Funktionen schreiben, die komplexer – und damit auch zeitintensiver – sind als *sign*, dann wird Ihnen diese Ersparnis von zwei Funktionsaufrufen sehr zugutekommen.

Lösung zu 11

Wir werden uns die Lösung Schritt für Schritt erarbeiten. Um einen besseren Überblick zu bekommen, schauen wir uns ergänzend zu den folgenden Überlegungen Abbildung 2.4 an.

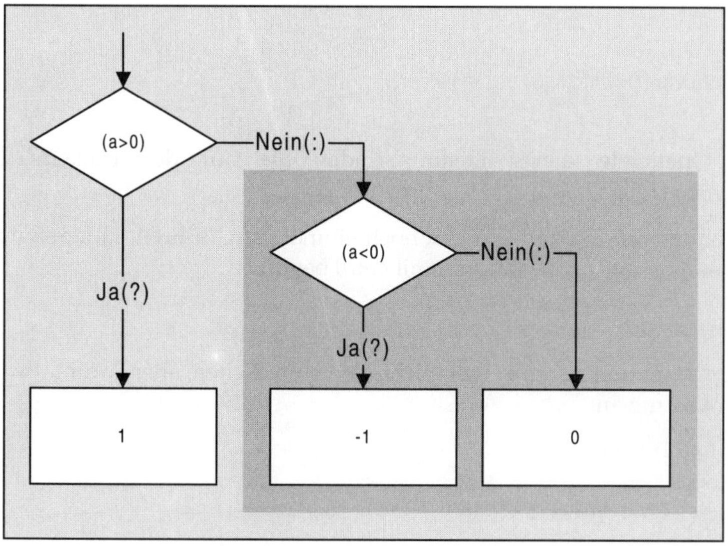

Abbildung 2.4: sign als PAP

Wir fangen mit der ersten Aussage an: Wenn *a* positiv, dann soll 1 zurückgegeben werden[1]. Wenn *a* nicht positiv ist, dann sehen wir weiter. Unsere bisherigen Überlegungen können wir mit einem ?:-Operator formulieren, der in der Abbildung der ersten Verzweigung entspricht:

```
(a>0)?1:
```

Hinter dem Doppelpunkt kommt der Programmtext, der den Fall behandelt, daß *a* nicht positiv ist. In der Abbildung 2.4 finden Sie diesen Fall im unterlegten Kasten wieder.

1. Man hätte auch mit der Aussage beginnen können „Wenn a negativ, dann soll –1 zurückgegeben werden“. Wichtig ist nur, daß man den gewählten Ansatz konsequent weiterverfolgt.

Wenn *a* nicht positiv ist, dann kann *a* nur noch negativ oder Null sein. Dies kann man wieder als Bedingung formulieren: „Wenn *a* negativ, dann soll -1 zurückgegeben werden. Ansonsten wird 0 zurückgegeben". Genau wie vorher wird diese Aussage mit einem ?:-Operator formuliert:

```
(a<0)?-1:0
```

Wir brauchen dieses Programmstück nur noch an unsere vorherigen Überlegungen anzuschließen[1]:

```
(a>0)?1:((a<0)?-1:0)
```

Und schon haben wir die Lösung. Der innere ?:-Operator entspricht dem unterlegten Kasten in der Abbildung.

Jetzt muß der Ausdruck nur noch in eine *return*-Anweisung und diese in eine Funktion gepackt werden, und die Aufgabe ist gelöst:

```
int sign(int a)
{
 return((a>0)?1:((a<0)?-1:0));
}
```

Den Quellcode dieser Lösung finden Sie auf der Diskette unter \KAP02\11.CPP.

Sie können diese Überlegungen noch einmal durchführen, indem Sie nicht mit der Aussage *(a>0)*, sondern mit *(a<0)* beginnen.

Lösung zu 12

Fangen wir zunächst mit einer leichter verständlichen, aber dafür aufwendigeren Lösung an:

```
int sign(int x)
{
int a;

   a=2*(x>0);
   a-=1;
   a*=!(x==0);
   return(a);
}
```

Den Quellcode dieser Lösung finden Sie auf der Diskette unter \KAP02\12A.CPP.

1. Um die Zugehörigkeit eindeutig zu bestimmen, werden wir den zweiten Ausdruck komplett klammern.

Gehen wir die Funktion einfach einmal für die drei möglichen Fälle durch, genau wie sie auch in Abbildung 2.5 dargestellt sind:

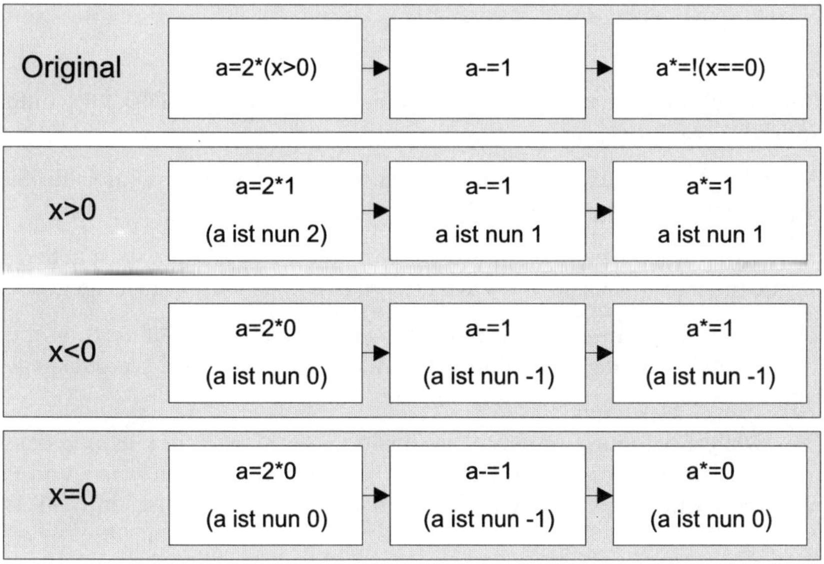

Abbildung 2.5: Die drei Fälle bei sign

1. Wert > 0: Schauen wir uns den ersten Ausdruck an. Die Bedingung (x>0) ist wahr und ergibt 1. 2 mal 1 ist 2, also ist a=2. In der zweiten Zeile wird a um 1 erniedrigt, also ist a=1. In der dritten Zeile ist die Bedingung (x==0) falsch, damit ist die Negation wahr und hat den Wert 1. 1*1 ist 1, damit hat a den Wert 1, der dann auch zurückgeliefert wird.

2. Wert < 0: Die Bedingung im ersten Ausdruck ist falsch und nimmt den Wert 0 an. Null minus 1 ist –1. a ist damit –1. Die Bedingung in der dritten Zeile ist falsch und wird durch die Negation wahr. –1 mal 1 ist –1. Daher wird der Wert –1 zurückgegeben.

3. Wert = 0: Die Bedingung in der dritten Zeile ist nun wahr und wird durch die Negation falsch. Deswegen wird a mit 0 multipliziert. Da Null mal irgend etwas immer Null ergibt, brauchen wir uns die ersten beiden Zeilen nicht mehr anzuschauen. Es wird 0 zurückgegeben.

Natürlich würden wir nicht in C bzw. C++ programmieren, wenn das obige Programm nicht noch kürzer zu schreiben wäre:

```
int sign(int x)
{
  return((-1+2*(x>0))*(x!=0));
}
```

Den Quellcode dieser Lösung finden Sie auf der Diskette unter \KAP02\12B.CPP.

So können wir auch noch die lokale Variable sparen. Sie können ja einmal selbst versuchen, die längere Version in die kürzere umzuwandeln.

Lösung zu 13

```
int max(int x, int y)
{
  return((x*(x>y))+(y*(x<=y)));
}
```

Den Quellcode dieser Lösung finden Sie auf der Diskette unter \KAP02\13.CPP.

Wenn Sie Aufgabe 12 verstanden haben, wird auch diese Funktion für Sie leicht verständlich sein.

Ist x>y, dann ist die erste Bedingung wahr, und x*1 ist x. Mit x>y ist aber die zweite Bedingung falsch, und y*0 ist 0. x+0 ist x, also wird x zurückgegeben.

Ist x<=y, dann ist die erste Bedingung falsch, und x*0 ist 0. Mit x<=y ist aber die zweite Bedingung wahr, und y*1 ist y. 0+y ist y, also wird y zurückgegeben.

Die zweite Bedingung mußte x<=y heißen, denn hieße sie nur x<y, dann wäre für den Fall x gleich y keine der beiden Bedingungen wahr, und es würde 0 zurückgegeben, weil x*0 gleich 0 ist, y*0 gleich 0 ist, und 0+0 ist ebenfalls 0.

Für die originale *max*-Funktion galt das gleiche, obwohl es nicht so leicht zu erkennen ist. In der *if*-Anweisung steht x>y, also wird der *else*-Anweisungsblock dann ausgeführt, wenn x nicht größer y ist, und das ist genau dann der Fall, wenn x<=y gilt.

Lösung zu 14

```
#include <stdio.h>

int add(int a, int b)
{
  return(a+b);
}

int isAddValid(int a, int b)
{
  if((a>0)&&(b>0)&&((a+b)<0))
    return(0);
  if((a<0)&&(b<0)&&((a+b)>=0))
    return(0);
  return(1);
}
int main()
{
  int x,y;
  printf("1. Summand:");
  scanf("%i",&x);
  printf("2. Summand:");
```

```
  scanf("%i",&y);

  if(isAddValid(x,y))
    printf("\nDas Ergebnis lautet :%i\n\n",add(x,y));
  else
    printf("Addition nicht moeglich!!\
 (Bereichsueberschreitung)\n\n");
}
```

Den Quellcode dieser Lösung finden Sie auf der Diskette unter \KAP02\14.CPP.

Kommen wir noch kurz auf die *isAddValid*-Funktion zu sprechen.

Wie bei den Tips schon angedeutet, müssen wir eine Fallunterscheidung durchführen, ob die Summanden positiv oder negativ sind. In Abbildung 2.6 sind der Zahlenbereich sowie alle möglichen Fälle grafisch dargestellt.

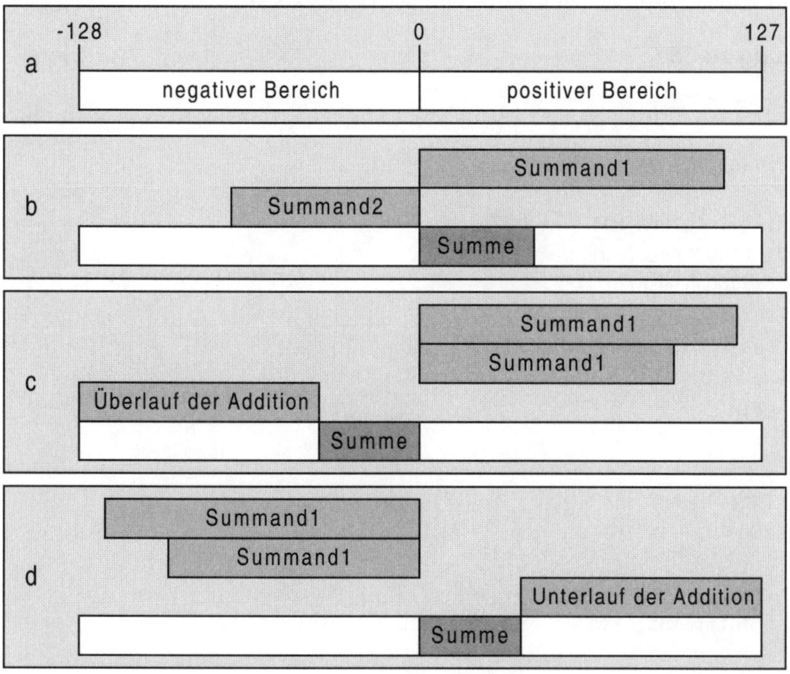

Abbildung 2.6: Fallunterscheidung bei isAddValid

Für den Fall, daß ein Summand positiv und ein Summand negativ ist, kann eine Bereichsüberschreitung bzw. Bereichsunterschreitung nicht auftreten (Abb. 2.6b). Denn der Betrag einer negativen Zahl verringert sich durch Addition einer positiven Zahl, genau wie sich auch der Betrag einer positiven Zahl durch Addition einer negativen Zahl verringert.

Es kommen also nur die beiden Fälle in Frage, bei denen beide Summanden positiv oder beide Summanden negativ sind. Gehen wir bei den folgenden

Erläuterungen der Einfachheit halber davon aus, daß die verwendeten Zahlen einen gültigen Bereich von [–128,127] haben[1].

Man kann den gültigen Bereich der Zahlen als Ring betrachten; was auf der einen Seite rausgeht, kommt auf der anderen Seite wieder rein (Abb. 2.6a). Zum Beispiel ergäbe bei unserem Beispielbereich die Summe 127+1 den Wert –128 und 126+4 den Wert –126. Der extremste Fall 127+127 ergibt damit –2. Der extremste Fall mit negativen Summanden wäre –128+(–128), was 0 ergäbe.

Daraus läßt sich folgendes ableiten: Wenn zwei positive Summanden addiert werden und das Ergebnis kleiner 0 ist, dann muß eine Bereichsüberschreitung stattgefunden haben, und das Ergebnis ist ungültig (Abb. 2.6c).

Andersherum: Wenn bei der Addition zweier negativer Summanden ein Ergebnis größer gleich 0 herauskommt, dann hat eine Bereichsunterschreitung stattgefunden, und das Ergebnis ist ebenfalls ungültig (Abb 2.6d).

Diese Feststellungen finden sich in *isAddValid* wieder.

Lösung zu 15

```
#include <stdio.h>

int isSchaltjahr(int x)
{
  if(x%4) return(0);
  if(x%100) return(1);
  if(x%400) return(0);
  return(1);
}

int main()
{
  int x;
  printf("Jahr:");
  scanf("%i",&x);

  if(isSchaltjahr(x))
    printf("\n%i ist ein Schaltjahr.\n\n",x);
  else
    printf("\n%i ist kein Schaltjahr.\n\n",x);
}
```

Den Quellcode dieser Lösung finden Sie auf der Diskette unter \KAP02\15.CPP.

1. Der Bereich [–128,127] kann mit einer 8 Bit breiten Variablen dargestellt werden. Zum Vergleich: *int*-Variablen haben eine Mindestbreite von 16 Bit, die heutzutage aber bei fast allen Compilern auf 32 Bit ausgedehnt wird bzw. werden kann.

Wie bei den Tips bereits erwähnt, ist eine Zahl x dann durch y teilbar, wenn die Division keinen Rest ergibt. Das bedeutet, wenn x%y gleich 0 ist, dann ist x durch y teilbar.

Lösung zu 16

```
int iseven(int x)
{
  return(!(x%2));
}
```

Den Quellcode dieser Lösung finden Sie auf der Diskette unter \KAP02\16.CPP.

Wenn die Division einer Zahl durch 2 einen Rest ergibt, dann ist sie ungerade. Ein Rest hat einen Wert ungleich Null. Werte ungleich Null sind wahr, also sorgt der Negationsoperator dafür, daß ein falscher Wert zurückgegeben wird, was bei ungeraden Zahlen auch so sein soll. Ergibt die Division keinen Rest, ist die Zahl gerade. Kein Rest hat den Wert Null, was einer falschen Bedingung entspricht.

Durch die Negation wird ein wahrer Wert zurückgegeben.

Lösung zu 17

```
int isSchaltjahr(int x)
{
  return(((x%4)==0)*(((x%100)!=0)||(((x%100)==0)&&((x%400)==0))));
}
```

Den Quellcode dieser Lösung finden Sie auf der Diskette unter \KAP02\17.CPP.

Schauen wir uns den ersten Teil des Ausdrucks an: *((x%4)==0)*. Wenn *x* durch 4 teilbar ist, dann wird der Ausdruck 1, ansonsten 0. Für den Fall, daß der Ausdruck 0 wird, brauchen wir uns den restlichen Teil der Lösung nicht anzuschauen, denn durch die Multiplikation bleibt der Ausdruck 0. Umgesetzt bedeutet das, wenn *x* nicht durch 4 teilbar ist, dann ist *x* auf keinen Fall ein Schaltjahr. Sollte *x* aber durch 4 teilbar sein, dann hängt das Ergebnis vom restlichen Teil der Lösung ab.

Der nächste Teil ist *((x%100)!=0)*. Wenn *x* nicht durch 100 teilbar ist, dann ist der Ausdruck 1. Weil dieser Ausdruck mit dem restlichen Teil durch ODER verknüpft wird, bedeutet das, wenn *x* nicht durch 100 teilbar ist, dann ist x auf jeden Fall ein Schaltjahr.

Der Rest sagt nichts anderes, als daß *x* auch ein Schaltjahr ist, wenn *x* durch 100 und 400 teilbar ist.

Lösung zu 18

Wir werden zur Lösung dieser Aufgabe eine grundlegende Strategie des Programmierens verfolgen:

Tip: Wenn möglich, sollte man auf bereits programmierte Funktionen zurückgreifen.

Konkret heißt dies, daß wir uns bei der Programmierung der *max3*-Funktion die Funktion *max*-Funktion aus Übung 13 zunutze machen. Der Vollständigkeit halber ist *max* hier nocheinmal aufgeführt:

```
#include <stdio.h>

int max(int x, int y)
{
  return((x*(x>y))+(y*(x<=y)));
}

int max3(int x, int y, int z)
{
  return(max(max(x,y),z));
}

int main()
{
  int x,y,z;
  printf("1. Zahl:");
  scanf("%i",&x);
  printf("2. Zahl:");
  scanf("%i",&y);
  printf("3. Zahl:");
  scanf("%i",&z);
  printf("\nDie groesste Zahl ist %i\n\n",max3(x,y,z));
}
```

Den Quellcode dieser Lösung finden Sie auf der Diskette unter \KAP02\18.CPP.

Lösung zu 19

```
long zero2(long x)
{
  return(x/100*100);
}
```

Den Quellcode dieser Lösung finden Sie auf der Diskette unter \KAP02\19.CPP.

Die Lösung ist ziemlich simpel. Durch das Dividieren durch 100 werden die beiden rechten Ziffern abgeschnitten, weil es eine Ganzzahl ist. Und zwei Nullen bekommt man natürlich wieder dran, indem man mit 100 multipliziert. Immer daran denken: Multiplizieren verschiebt das Komma nach rechts, Dividieren nach links. Eine Klammerung der Operationen ist nicht nötig, da die benutzten Operatoren gleich stark binden und daher von links nach rechts bearbeitet werden.

3 Schleifen

3.1 Grundlagen

Als nächstes wollen wir Schleifen hinzunehmen. Eine Schleife ist ein Konstrukt, welches kontrolliert einen bestimmten Programmteil wiederholt.

for

Die allgemeinste Form der Schleife wird in C mit dem Schlüsselwort **for** eingeleitet:

Syntax

```
for(anweisung1; bedingung; anweisung2)
{
}
```

anweisung1 dient zur Initialisierung der Schleife und wird einmal zu Beginn ausgeführt. Danach wird der Anweisungsblock hinter *for* sowie *anweisung2* solange wiederholt, wie *bedingung* wahr ist. Sobald *bedingung* falsch ist, fährt das Programm hinter dem *for*-Anweisungsblock fort. Den Ablauf der *for*-Schleife im Programmablaufplan zeigt Abbildung 3.1.

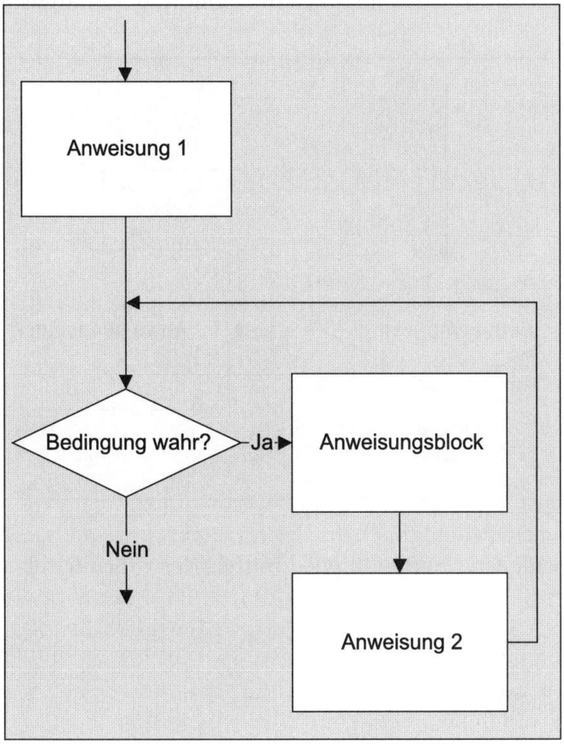

Abbildung 3.1: for-Schleife

Die beiden Anweisungen in *for* können jeweils auch aus mehreren Einzelanweisungen bestehen, die durch Kommata getrennt sind:

Syntax

```
for(anw1a, anw1b, anw1c; bedingung; anw2a, anw2b, anw2c)
{
}
```

Eine Schleife, die von 20 bis 30 zählt und diese Zahlen dann ausgibt, könnte folgendermaßen aussehen:

```
for(x=20; x<=30; x++)
{
  printf("%i,\n",x);
}
```

Andere Schleifenvarianten

while

Darüber hinaus bietet C noch zwei Spezialfälle für Schleifen. Der erste wird mit **while** eingeleitet und hat folgende Syntax:

Syntax

```
while(bedingung)
{
}
```

Der Anweisungsblock hinter *while* wird solange ausgeführt wie *bedingung* wahr ist. Sobald *bedingung* falsch ist, fährt das Programm hinter dem *while*-Anweisungsblock fort. Der Ablauf ist in Abbildung 3.2 dargestellt.

Abbildung 3.2: while-Schleife

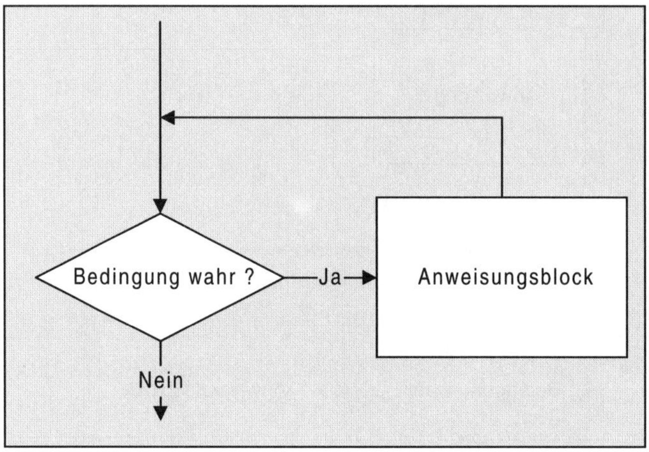

do

Der zweite Schleifen-Sonderfall wird mittels des C-Schlüsselwortes **do** eingeleitet:

Syntax

```
do
{
} while(bedingung);
```

Auch hier wird der Anweisungsblock solange ausgeführt, wie *bedingung* wahr ist. Der Unterschied zur mit *while* eingeleiteten Schleife ist jedoch der, daß bei *do* zuerst der Anweisungsblock ausgeführt und dann die Bedingung geprüft wird. Bei *while* wird zuerst die Bedingung geprüft und dann gegebenenfalls der Anweisungsblock ausgeführt. Der Ablauf von *do* ist im Programmablaufplan in Abbildung 3.3 dargestellt.

Bei *do* wird somit der Anweisungsblock auf jeden Fall einmal ausgeführt.

Achtung: Es ist wichtig sich einzuprägen, daß im Zusammenhang mit *do* hinter *while* ein Semikolon steht.

Die Syntax der bei *for*, *while* und *do* verwendeten Bedingung ist identisch mit der bei *if* verwendeten Bedingung.

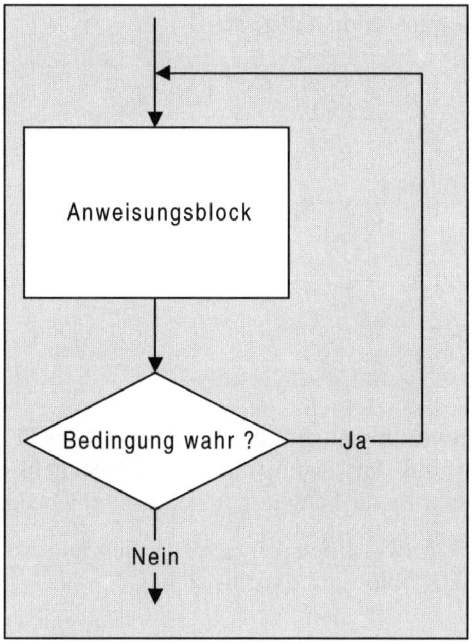

Abbildung 3.3: do-while-Schleife

break und continue

break

Um eine Schleife verlassen zu können, ohne daß die Abbruchbedingung wahr ist, wurde die **break**-Anweisung eingeführt. Sobald *break* ausgeführt wird, läuft das Programm hinter der innersten Schleife weiter.

Schauen wir uns dazu einmal ein Beispiel an:

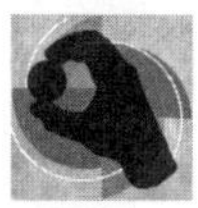

```
#include <stdio.h>

int main()
{
  int x,y;
  for(x=1;x<=3;x++)
```

```
    {
      for(y=1;y<=4;y++)
        {
          if((x==2)&&(y==3))
            {
              printf("Break.\n");
              break;
            }
          printf("%i:%i\n",x,y);
        }
    }
}
```

Den Quellcode finden Sie auf der Diskette unter \KAP03\BSP\BSP01.CPP.

Das Beispiel erzeugt folgende Ausgabe:

```
1:1
1:2
1:3
1:4
2:1
2:2
Break.
3:1
3:2
3:3
3:4
```

Wenn die *break*-Anweisung ausgeführt wird, bricht das Programm diejenige Schleife ab, die die *break*-Anweisung enthält, und macht hinter dieser Schleife genau so weiter, als wäre die Schleife ordnungsgemäß beendet worden.

Achtung: Die *break*-Anweisung springt hinter den innersten *do-*, *for-*, *switch-* oder *while* Anweisungsblock, in dem sie steht.

continue

Eine weitere Anweisung, die Einfluß auf die Abarbeitung einer Schleife hat, ist die **continue**-Anweisung.

Achtung: Die *continue*-Anweisung springt zum Kopf der innersten *for-*, *do-* oder *while*-Anweisung, in der sie vorkommt.

Allerdings sorgt die *continue*-Anweisung bei der *for*-Schleife auch dafür, daß die Zählanweisungen im Schleifenkopf ebenfalls abgearbeitet werden. Ändern Sie das Beispiel zu *break* einmal so um, daß Sie *break* durch *continue* ersetzen. Das Ergebnis sieht so aus:

```
1:1
1:2
1:3
1:4
2:1
```

```
2:2
Continue.
2:4
3:1
3:2
3:3
3:4
```

Fallunterscheidung

Es kommt häufig vor, daß der Wert einer Variablen viele verschiedene Auslöser haben kann. Bisher sähe das ungefähr so aus:

```
if(x==1) {}
if(x==3) {}
if(x==20) {}
if(x==55) {}
```

Um diese Schreibweise etwas abzukürzen, wurde die *switch*-Anweisung eingeführt:

switch, case

Syntax

```
switch(x)
  {
    case 1:
    case 3:
    case 20:
    case 55:
    default:
  }
```

default

Wenn nun *x* gleich 1 ist, dann wird der Programmtext hinter *case 1* ausgeführt, ist *x* gleich 3, dann wird der Programmtext hinter *case 3* ausgeführt usw. Hat *x* einen Wert, der in keiner *case*-Anweisung aufgefangen wird, dann wird der Programmtext hinter *default* ausgeführt.

Die *case*-Anweisungen haben den Nachteil, daß sie nur Sprungmarken sind. Das bedeutet beispielsweise, daß wenn *x* gleich 20 ist, der komplette Programmtext hinter *case 20* abgearbeitet wird, also auch der, der hinter *case 55* und *default* steht.

Um dies zu vermeiden, muß man die einzelnen Programmteile durch breaks abgrenzen:

Syntax

```
switch(x)
  {
    case 1:
    break;

    case 3:
    break;

    case 20:
    break;
```

```
    case 55:
    break;

    default:
  }
```

Die für die jeweilige *case*-Anweisung gedachten Anweisungen müssen zwischen der entsprechenden *case*-Anweisung und dem darauffolgenden *break* stehen. Hinter *default* braucht in diesem Fall kein *break* zu stehen, weil dahinter der *switch*-Block endet.

Zum Abschluß noch ein komplettes Beispiel:

```
#include <stdio.h>

int main()
{
int x;

  printf("Geben Sie bitte 1,2 oder 3 an:");
  scanf("%i",&x);
  switch(x)
    {
      case 1:  printf("Das war die erste Zahl.\n");
               break;

      case 2:  printf("Das war die zweite. \n");
               break;

      case 3:  printf("Die dritte und letzte.\n");
               break;

      default:  printf("Das war falsch!!\n");
                break;
    }
}
```

Den Quellcode finden Sie auf der Diskette unter \KAP03\BSP\BSP02.CPP.

3.2 Übungen

MITTEL

1. Übung

Schreiben Sie ein Programm, welches von 1 bis 100 zählt und die Zahlen dabei nebeneinander durch Kommata getrennt ausgibt. Vermeiden Sie den eventuell auftretenden Schönheitsfehler, daß hinter der letzten oder vor der ersten Zahl noch ein Komma steht. Von 1 bis 10 sieht dann wie folgt aus:

```
1, 2, 3, 4, 5, 6, 7, 8, 9, 10
```

2. Übung

MITTEL

Schreiben Sie ein Programm, das Sie nach einer positiven Zahl fragt, und das dann von dieser Zahl ausgehend bis 0 runterzählt. Beachten Sie auch hier, daß die Ausgabe wie bei Übung 1 ohne Schönheitsfehler auskommt.

3. Übung

MITTEL

Schreiben Sie ein Programm, welches von 1 bis 10 hochzählt und danach wieder zu 1 runterzählt. Das Programm darf nur **eine einzige** Schleife enthalten.

4. Übung

MITTEL

Schreiben Sie das Programm aus Übung 1 so um, daß das Programm vorher nach dem Start- und dem Stopwert fragt, und die Schleife dann vom Start- zum Stopwert zählt. Die Ausgabe soll dabei auch den Start- und Stopwert selbst beinhalten. Für den Fall, daß Start- und Stopwert identisch sind, soll der Wert nur einmal ausgegeben werden. Wenn Start- und Stopwert beispielsweise beide 6 sind, dann soll folgende Ausgabe **nicht** auftreten:

```
6, 6
```

Berücksichtigen Sie auch den Fall, daß der Startwert größer ist als der Stopwert und die Schleife dadurch rückwärts zählt.

5. Übung

SCHWER

Schreiben Sie ein Programm welches mit 1 beginnend zu 10 hochzählt, dann wieder zu 1 runterzählt und erneut zu 10 hochzählt, um schließlich wieder zu 1 runterzuzählen. Die Ausgabe sieht dann so aus:

```
1  2  3  4  5  6  7  8  9  10  9  8  7  6  5  4  3  2  1  2  3  4  5
6  7  8  9  10  9  8  7  6  5  4  3  2  1
```

Als Beschränkungen gelten, daß Sie nur **eine einzige** *for*-Schleife und **eine einzige** *if*-Anweisung verwenden dürfen.

6. Übung

LEICHT

Schreiben Sie das Programm aus Übung 4 so um, daß anstelle der *for*-Schleife eine *while*-Schleife verwendet wird. Stellen Sie sicher, daß sich das Verhalten des Programms nicht ändert. Dies gilt vor allem für den Sonderfall, daß Start- und Stopwert gleich sind.

7. Übung

MITTEL

Schreiben Sie das Programm aus Übung 4 so um, daß anstelle der *for*-Schleife eine *do*-Schleife verwendet wird. Stellen Sie sicher, daß sich das Verhalten des Programms nicht ändert. Dies gilt vor allem für den Sonderfall, daß Start- und Stopwert gleich sind.

LEICHT

8. Übung

Schreiben Sie eine Funktion namens *sum*, der man einen positiven ganzzahligen Wert übergibt, und die dann die Summe aller Zahlen von 1 bis einschließlich des Wertes zurückliefert. Übergibt man zum Beispiel die Zahl 5, wird der Wert 15 zurückgeliefert, weil 1+2+3+4+5=15 ist. Die Funktion soll dabei Variablen vom Typ *int* benutzen.

Schreiben Sie dazu eine *main*-Funktion, mit der Sie die *sum*-Funktion überprüfen können.

MITTEL

9. Übung

Falls Sie es nicht schon gemacht haben, ändern Sie die von Ihnen geschriebene Funktion *sum* aus Übung 8 so um, daß sie den Wert 0 zurückgibt, wenn der Funktionsparameter im ungültigen Bereich ist (also kleiner Null ist) oder bei der Summenberechnung eine Bereichsüberschreitung stattgefunden hat. 0 ist dann der Fehlerwert.

Hier eignet sich 0 als Fehlerwert, weil keine gültige Zahl, die der Funktion übergeben wird, als Ergebnis 0 liefern kann. Ruft man die Funktion auf, und sie gibt 0 zurück, ist dies ein Zeichen, daß etwas nicht stimmt.

Ändern Sie auch die *main*-Funktion so um, daß sie ein fehlerhaftes Ergebnis von *sum* erkennt und eine entsprechende Meldung ausgibt.

LEICHT

10. Übung

Schreiben Sie eine *main*-Funktion, die testet, bis zu welchem Wert die *sum*-Funktion noch ein gültiges Ergebnis liefert. Mit anderen Worten: Ihre *main*-Funktion soll herausfinden, welches der höchste Wert als Funktionsparameter für *sum* ist, bei dem noch ein gültiges Ergebnis bestimmt wird.

LEICHT

11. Übung

Schreiben Sie eine Funktion namens *potenz*, die Sie z. B. mit *potenz(a,b)* aufrufen können und die dann *a* hoch *b* berechnet. *a* hoch *b* heißt, daß *a* mit sich selbst *b*-mal multipliziert wird. 2 hoch 3 ist 2*2*2, 3 hoch 4 ist 3*3*3*3, –6 hoch 3 ist (–6)*(–6)*(–6) und 8 hoch 1 ist 8.

Aber Vorsicht: *a* hoch 0 ist immer 1, egal welchen Wert *a* hat.

Ihre eigene *potenz*-Funktion soll natürlich nicht von der C-Funktion *pow* Gebrauch machen!

MITTEL

12. Übung

Schreiben Sie eine Funktion namens *isprim*, der Sie einen Wert größer 1 übergeben und die einen wahren Wert (1) zurückgibt, wenn die übergebene Zahl eine Primzahl ist, und die einen falschen Wert (0) zurückgibt, wenn die übergebene Zahl keine Primzahl ist. Als Hinweis: Eine Primzahl ist eine Zahl, die nur durch 1 und durch sich selbst teilbar ist. Teilt man sie durch eine andere Zahl, hat die Division einen Rest. Eine Ausnahme bildet die 1. Sie ist keine Primzahl, obwohl die Eigenschaften einer Primzahl auf sie zutreffen.

13. Übung

MITTEL

Schreiben Sie eine Funktion *fakul*, die die Fakultät einer Zahl *a* berechnet. Die Fakultät von *a* wird *a!* geschrieben. Die Fakultät von 3 ist 3*2*1. Die Fakultät von 6 ist 6*5*4*3*2*1. Die Fakultät von 1 ist 1. Und jetzt die Besonderheit: Die Fakultät von 0 ist 1.

Schreiben Sie die Funktion so, daß sie bei einer falschen Wertübergabe einen Fehlerwert zurückgibt. Ebenfalls soll der Fehlerwert bei Bereichsüberschreitung des Ergebnisses zurückgeliefert werden.

Überlegen Sie sich, welcher Wert sich als Fehlerwert eignet. Beim Austesten Ihrer Funktion behalten Sie bitte im Auge, daß das Ergebnis der Fakultät bei der Eingabe größerer Zahlen schnell über alle Maßen steigt

Schreiben Sie zum Testen eine *main*-Funktion, die auf den Fehlerwert entsprechend reagiert.

14. Übung

MITTEL

Schauen Sie sich folgende Schleifenkonstrukte an und erklären Sie, was sie genau machen.

```
1. for(x=1; x<100; x++);
2. for(x=2; x>1; x++);
3. for(x=1; x<20;);
4. for(;1;);
5. while(1);
6. do{}while(0);
7. for(;x<=8;x++) x--;
```

15. Übung

MITTEL

Schreiben Sie eine Funktion namens *ggt*, der Sie zwei Zahlen übergeben, und die den größten gemeinsamen Teiler der beiden Zahlen zurückgibt. Der größte gemeinsame Teiler, abgekürzt ggT, ist die größte Ganzzahl, durch die beide Zahlen ohne Rest zu teilen sind. Der ggT von 6 und 12 ist 6, der ggT von 6 und 9 ist 3, der ggT von 11 und 13 ist 1, der ggT von 14 und 16 ist 2. Die Ermittlung des ggTs ist für das Kürzen von Brüchen sehr interessant. Sie übergeben der Funktion einfach Zähler und Nenner und schon erhalten Sie den Wert, duch den Sie den Bruch kürzen können.

Schreiben Sie dazu eine passende *main*-Funktion, mit der Sie die Funktion überprüfen können.

Überlegen Sie sich, in welchem Fall es keinen ggT gibt und wie Sie dies erkennen können. Berücksichtigen Sie dies in der *main*-Funktion, indem Sie eine entsprechende Meldung ausgeben.

16. Übung

MITTEL

Schreiben Sie eine Funktion namens *kgv*, der Sie zwei Zahlen übergeben, und die das kleinste gemeinsame Vielfache der beiden Zahlen zurückgibt. Das kleinste gemeinsame Vielfache, abgekürzt kgV, ist die kleinste Zahl, die durch beide Zahlen ohne Rest geteilt werden kann. Das kgV von 6 und 12 ist 12, das kgV von 6 und 9 ist 18, das kgV von 11 und 13 ist 143. Die Ermittlung ist für die Erweiterung von Brüchen zwecks ihrer Addition interessant, vielleicht erinnern Sie sich noch ans Bruchrechnen.

Schreiben Sie dazu eine passende *main*-Funktion, mit der Sie die Funktion überprüfen können.

LEICHT

17. Übung

Schauen Sie sich folgende Zahlenfolge an:

```
2, 4, 6, 8, 10, 12, 14, 16, 18, 20,
```

Schreiben Sie ein Programm, welches aus einer Schleife besteht und obige Zahlenfolge erzeugt. Entwerfen Sie das Programm so, daß auch noch die nächsten 10 Zahlen (also ingesamt 20) ausgegeben werden. Die üblicherweise auftretenden Schönheitsfehler bei der Ausgabe können vernachlässigt werden.

MITTEL

18. Übung

Schauen Sie sich folgende Zahlenfolge an:

```
1, 1, 2, 4, 7, 11, 16, 22, 29, 37,
```

Schreiben Sie ein Programm, welches aus einer Schleife besteht und obige Zahlenfolge erzeugt. Entwerfen Sie das Programm so, daß auch noch die nächsten 10 Zahlen (also ingesamt 20) ausgegeben werden. Die üblicherweise auftretenden Schönheitsfehler bei der Ausgabe können vernachlässigt werden.

SCHWER

19. Übung

Schauen Sie sich folgende Zahlenfolge an:

```
0, 1, 1, 2, 3, 5, 8, 13, 21, 34,
```

Schreiben Sie ein Programm, welches aus einer Schleife besteht und obige Zahlenfolge erzeugt. Entwerfen Sie das Programm so, daß auch noch die nächsten 10 Zahlen (also ingesamt 20) ausgegeben werden. Die üblicherweise auftretenden Schönheitsfehler bei der Ausgabe können vernachlässigt werden.

SCHWER

20. Übung

Schauen Sie sich folgende Zahlenfolge an:

```
-1, 2, -3, 4, -5, 6, -7, 8, -9, 10,
```

Schreiben Sie ein Programm, welches aus einer Schleife besteht und obige Zahlenfolge erzeugt. Entwerfen Sie das Programm so, daß auch noch die nächsten 10 Zahlen (also ingesamt 20) ausgegeben werden. Die üblicherweise auftretenden Schönheitsfehler bei der Ausgabe können vernachlässigt werden.

21. Übung

MITTEL

Der Mathematiker **Leibniz** hat herausgefunden, daß man die Kreiszahl Pi auf die folgende Art und Weise berechnen kann:

$$Pi = (1 - 1/3 + 1/5 - 1/7 + 1/9 - 1/11 + 1/13 - ...) *4$$

Schreiben Sie ein Programm, welches nach diesem Verfahren Pi berechnet. Da sich das Ergebnis immer weiter der tatsächlichen Zahl Pi annähert, je weiter die Reihe berechnet wird, soll das Programm vor der Berechnung fragen, wie weit die Reihe gebildet werden soll, damit keine unendliche Schleife entsteht.

22. Übung

SCHWER

Sie haben in Übung 21 die Methode zur Berechnung von Pi nach Leibniz kennengelernt. Nun gab es einen Mathematiker namens **John Wallis**, der eine andere Methode zur Berechnung von Pi gefunden hat, und zwar folgende:

$$(pi/2) = (2/1) * (2/3) * (4/3) * (4/5) * (6/5) * (6/7) * (8/7) * (8/9) * ...$$

Versuchen Sie, dieses Verfahren zu programmieren. Sie sollten, wie im Beispiel mit Leibniz, vorher nach einer Begrenzung fragen, bis wohin das Programm rechnet, um eine Endlosschleife zu vermeiden.

23. Übung

SCHWER

Im Volksmund heißt es, daß Freitag, der 13. ein Unglückstag sei. Schreiben Sie ein Programm, welches berechnet, wie viele solcher Freitage es im Jahr mindestens gibt und wie viele es maximal sein können.

Bevor die Berechnung startet, soll das Programm den Benutzer fragen, ob die Berechnung für ein normales Jahr oder ein Schaltjahr erfolgen soll.

3.3 Tips

Tip zu 1

- Um den Schönheitsfehler zu vermeiden, müssen Sie einen Sonderfall betrachten. Je nachdem, von welcher Seite Sie es betrachten, ist der Sonderfall entweder, daß vor der ersten Zahl kein Komma steht, oder daß hinter der letzten Zahl kein Komma steht.

Tip zu 3

- Der zählende Teil der Schleife muß variabel gehalten werden.

Tips zu 4

- Sie müssen den Fall, daß Start- und Stopwert gleich sind, als Sonderfall betrachten.

- Um die Zählrichtung dem Start- und Stopwert anzupassen, können Sie zur Zählvariablen eine andere Variable addieren, die dann den benötigten Wert enthält (1 oder –1).
- Ein Wert[1] soll außerhalb der Schleife ausgegeben werden, um die Laufzeit nicht wesentlich zu beeinträchtigen.

Tips zu 5

- Versuchen Sie zuerst, die Schleife so zu entwerfen, daß sie unendlich von 1 nach 10, dann wieder nach 1 und wieder nach 10 usw. zählt.
- Das Wechseln zwischen Hoch- und Runterzählen kann durch Addition eines variablen Wertes zur Zählvariablen realisiert werden.
- Das unendliche Wechseln zwischen Hoch- und Runterzählen muß nun nur noch begrenzt werden. Dazu kann mit einer zusätzlichen Variablen festgehalten werden, wie oft ein Wechsel stattgefunden hat.

Tips zu 7

- Da bei einer *do*-Schleife der Anweisungsblock grundsätzlich einmal ausgeführt wird, muß durch eine *if*-Anweisung gewährleistet werden, daß im Sonderfall die Zahl nicht zweimal ausgegeben wird.
- Es sollte verhindert werden, daß die Abfrage des Sonderfalls innerhalb der Schleife stattfindet, weil sich dies negativ auf die Laufzeit auswirkt.

Tips zu 9

- Überlegen Sie, an welcher Stelle der Funktion auf einen falschen Parameter hin geprüft werden muß.
- Werden Sie sich darüber klar, an welcher Stelle eine Bereichsüberschreitung stattfinden kann und an welcher Stelle diese Überschreitung überhaupt noch mit Sicherheit feststellbar ist.

Tip zu 13

- Werden Sie sich darüber klar, an welcher Stelle eine Bereichsüberschreitung stattfinden kann und an welcher Stelle diese Überschreitung überhaupt noch mit Sicherheit feststellbar ist.

Tips zu 15

- Überlegen Sie sich, welche Zahlen grundsätzlich überhaupt zur Prüfung auf den ggT in Frage kommen.
- Der größte Teiler der kleineren Zahl ist die Zahl selbst. Das heißt, die obere Grenze für die Suche nach dem ggT ist immer die kleinere der beiden Zahlen.
- Die untere Grenze für die Suche nach dem ggT muß die 1 sein, denn wenn sie erreicht ist, gibt es keinen ggT.

---

1. Je nach Lösungsansatz ist dies entweder der Startwert oder der Stopwert.

Tips zu 16

- Überlegen Sie sich, welche Zahlen grundsätzlich überhaupt zur Prüfung auf kgV in Frage kommen.
- Alle Zahlen, die kleiner als die größere Zahl sind, kommen nicht in Frage, denn sie können kein Vielfaches der größten Zahl sein. Daraus folgt, daß die Suche nach dem kgV bei der größeren der beiden Zahlen beginnt.
- Da es auf jeden Fall ein kgV gibt und es nur eine Frage der Zeit ist, bis es gefunden wird, kann und braucht man keine Obergrenze für die Suche zu berücksichtigen.

Tip zu 18

- Am einfachsten findet man Regelmäßigkeiten, wenn man sich eine Zahl anschaut und vergleicht, in welcher Weise sie sich gegenüber ihren Vorgängern verändert hat. Wenn man dies für genügend viele Zahlen durchführt, müßte man eine Regelmäßigkeit entdecken können.

Tips zu 19

- Eine Zahl der Folge entsteht durch Verknüpfung ihrer beiden Vorgänger.
- Um die Folge zu konstruieren, muß man immer die letzten beiden Zahlen der Folge zur Verfügung haben.

Tips zu 20

- Um den Vorzeichenwechsel zu programmieren, muß man eine Regelmäßigkeit ausmachen.
- Versuchen Sie, eine Beziehung zwischen den Zahlen der Folge und dem Vorzeichen herzustellen.
- Alle ungeraden Zahlen sind negativ und alle geraden Zahlen sind positiv.

Tips zu 23

- Man muß sich zuerst im klaren darüber sein, wieviel verschiedene Möglichkeiten es geben kann.
- Da das zu lösende Problem vom Wochentag abhängig ist, können nur sieben verschiedene Möglichkeiten in Betracht kommen.
- Berücksichtigt man noch die Existenz von Schaltjahren, verdoppelt sich die Anzahl der zu untersuchenden Fälle auf 14.

3.4 Lösungen

Lösung zu 1

Ein erster Ansatz kann so aussehen:

```
#include <stdio.h>

int main()
{
  int x;
  for(x=1;x<=100; x++)
    {
      printf("%i",x);
      if(x!=100) printf(", ");
    }
  printf("\n");
}
```

Den Quellcode dieser Lösung finden Sie auf der Diskette unter \KAP03\01A.CPP.

Diese Lösung hat aber zwei entscheidende Nachteile:

- Angenommen, die Schleife sollte nicht mehr von 1 bis 100, sondern von 3 bis 130 zählen. Sie müßten die neuen Grenzen dann nicht nur im Schleifenkopf, sondern auch noch in der *if*-Anweisung berücksichtigen. Das mag hier noch kein Problem sein. Aber bei einem etwas komplexeren Programm, welches Sie nach einem halben Jahr nochmal umändern wollen, kann schon einmal etwas übersehen werden. Man könnte dem zwar mit *#define*-Direktiven Abhilfe schaffen, doch der zweite Nachteil bleibt dennoch bestehen.
- Der Anweisungsblock der Schleife wird 100 mal durchlaufen, das heißt, daß die Bedingung von *if* 100 mal geprüft werden muß. Bei einer Schleife, die 1 Million mal abgearbeitet wird, kann sich eine solche Lösung extrem negativ auf die Laufzeit auswirken.

Wir brauchen daher eine bessere Lösung:

```
#include <stdio.h>

int main()
{
  int x;
  for(x=1, printf("%i",x), x++ ;x<=100; x++)
    printf(", %i",x);

  printf("\n");
}
```

Den Quellcode dieser Lösung finden Sie auf der Diskette unter \KAP03\01B.CPP.

Tip: Durch das Einlagern des Sonderfalls in den Initialisierungsteil der Schleife bleibt uns die *if*-Anweisung im Anweisungsblock erspart. Des weiteren braucht bei einer Änderung der Grenzen nur der Initialisierungswert und der Grenzwert in der Bedingung verändert zu werden, genau wie bei einer normalen Schleife auch.

Lösung zu 2

```
#include <stdio.h>

int main()
{
  int x;
  printf("Bitte Zahl eingeben:");
  scanf("%i",&x);

  for(printf("%i",x), x-- ;x>=0; x--)
    printf(", %i",x);

  printf("\n");
}
```

Den Quellcode dieser Lösung finden Sie auf der Diskette unter \KAP03\02.CPP.

Die Schleife ist der aus Übung 1 sehr ähnlich. Nur die Zählrichtung hat sich geändert und die die Zählvariable initialisierende Anweisung fehlt.

Lösung zu 3

```
#include <stdio.h>

int main()
{
  int x,d=1;

  for(x=1;x>0; x+=d)
    {
      printf("%i\n",x);
      if(x==10)
        d=-d;
    }
}
```

Den Quellcode dieser Lösung finden Sie auf der Diskette unter \KAP03\03.CPP.

Wenn man den Wert, der zur Zählvariablen hinzuaddiert wird, selbst variabel hält, dann kann man während die Schleife läuft, Änderungen an der Laufrichtung oder -geschwindigkeit vornehmen.

Lösung zu 4

```
#include <stdio.h>

int main()
{
  int x,d,start,stop;

  printf("Startwert:");
  scanf("%i",&start);
  printf("Stopwert :");
  scanf("%i",&stop);

  if(start<=stop)
    d=1;
  else
    d=-1;

  for(x=start ;x!=stop; x+=d)
    printf("%i, ",x);

  printf("%i\n",x);
}
```

Den Quellcode dieser Lösung finden Sie auf der Diskette unter \KAP03\04A.CPP.

Da die Zählrichtung der Schleife abhängig von der Wahl des Start- und Stopwertes ist, muß eine Variable eingesetzt werden, die den Wert 1 für Hochzählen oder den Wert –1 für Runterzählen bekommt. Welcher Wert letztlich genommen wird, läßt sich durch Vergleich des Startwertes mit dem Stopwert ermitteln.

Da wir im Vorhinein nicht wissen, ob die Schleife hoch- oder runterzählen wird, können wir auch nicht vorhersehen, ob der Endwert von links oder von rechts auf dem Zahlenstrahl erreicht wird. Deswegen benutzen wir Als Abbruchkriterium den Fall, daß der aktuelle Wert gleich dem Endwert ist, denn dies muß früher oder später auf jeden Fall eintreten.

Um den Endwert dann trotzdem noch bei der Ausgabe zu berücksichtigen, wird er in einer separaten Anweisung hinter der Schleife ausgegeben.

Allerdings läßt sich die Entscheidung der Zählrichtung mit einer *if*-Anweisung noch verbessern, und zwar sowohl in der Programmlänge als auch in der Abarbeitungsgeschwindigkeit:

```
#include <stdio.h>

int main()
{
  int x,d,start,stop;
```

```
  printf("Startwert:");
  scanf("%i",&start);
  printf("Stopwert :");
  scanf("%i",&stop);

  d=1-2*(start>stop);

  for(x=start ;x!=stop; x+=d)
    printf("%i, ",x);

  printf("%i\n",x);
}
```

Den Quellcode dieser Lösung finden Sie auf der Diskette unter \KAP03\04B.CPP.

Für den Fall, daß *start* größer als *stop* ist, ergibt die Bedingung den Wert 1, wodurch der Ausdruck 1–2*1 entsteht, der –1 ergibt. Die Schleife zählt also runter.

Ist *start* kleiner gleich *stop*, dann liefert die Bedingung den Wert 0. 1–2*0 ergibt 1. Die Schleife zählt hoch.

Lösung zu 5

Versuchen wir zuerst – wie bei den Tips vorgeschlagen – ein Programm zu schreiben, welches unendlich hoch- und runterzählt. Dies ist nicht so schwer, denn es ist nur ein Sonderfall des Programms aus Übung 3:

```
#include <stdio.h>

int main()
{
  int x,d=-1;

  for(x=1;x>0; x+=d)
    {
      printf("%i  ",x);
      if((x==1)||(x==10))
        d=-d;
    }
  printf("\n");
}
```

Um diese Endlos-Schleife zu terminieren, müssen wir nur die vorgenommenen Wechsel der Zählrichtung mitzählen und zum richtigen Zeitpunkt das Wechseln beenden. In unserem Fall muß das Wechseln nach dem dritten Mal abgebrochen werden. Wir fügen dazu eine zusätzliche Variable ein und erweitern die *if*-Anweisung:

```
#include <stdio.h>

int main()
```

```
{
  int x,d=-1,s=1;

  for(x=1;x>0; x+=d)
    {
      printf("%i  ",x);
      if((s<=4)&&((x==1)||(x==10)))
        {
          d=-d;
          s++;
        }
    }
  printf("\n");
}
```

Den Quellcode dieser Lösung finden Sie auf der Diskette unter \KAP03\05.CPP.

Weil die Schleife bei 1 beginnen muß, 1 aber auch eine Position ist, an der die Zählrichtung geändert werden soll, müssen wir die Zählrichtung zu Anfang umkehren, damit sie direkt beim ersten Schleifendurchlauf in die richtige Richtung gewechselt wird. Diese zusätzliche, programmtechnisch notwendige Änderung der Zählrichtung müssen wir beim Mitzählen natürlich berücksichtigen. Deswegen wird das Wechseln der Zählrichtung erst nach dem vierten Mal beendet.

Lösung zu 6

```
#include <stdio.h>

int main()
{
  int x,d,start,stop;

  printf("Startwert:");
  scanf("%i",&start);
  printf("Stopwert :");
  scanf("%i",&stop);

  d=1-2*(start>stop);

  x=start;
  while(x!=stop)
    {
      printf("%i, ",x);
      x+=d;
    }

  printf("%i\n",x);
}
```

Den Quellcode dieser Lösung finden Sie auf der Diskette unter \KAP03\06.CPP.

Die Umwandlung in eine *while*-Schleife bringt keine Tücken mit sich. Lediglich die Initialisierungsanweisungen von *for* müssen vor und die Zählanweisungen in die *while*-Schleife.

Lösung zu 7

```
#include <stdio.h>

int main()
{
  int x,d,start,stop;

  printf("Startwert:");
  scanf("%i",&start);
  printf("Stopwert :");
  scanf("%i",&stop);

  d=1-2*(start>stop);

  x=start;

  if(x!=stop)
    do
      {
        printf("%i, ",x);
        x+=d;
      } while(x!=stop);

  printf("%i\n",x);
}
```

Den Quellcode dieser Lösung finden Sie auf der Diskette unter \KAP03\07.CPP.

Bei *do* muß berücksichtigt werden, daß der Anweisungsblock grundsätzlich einmal ausgeführt wird. Da aber für den Fall, daß Start- und Stopwert den gleichen Wert besitzen, der Anweisungsblock nicht ausgeführt werden darf, muß die *do*-Schleife zusätzlich in einen *if*-Anweisungsblock gesteckt werden, der eben jenes nicht erwünschte Abarbeiten des *do*-Anweisungsblockes ausschließt.

Lösung zu 8

```
#include <stdio.h>

int sum(int a)
{
int summe=0;
```

```
  for(;a;a--)
    summe+=a;

  return(summe);
}

int main()
{
  int x;

  printf("Wert:");
  scanf("%i",&x);

  printf("\nDas Ergebnis lautet %i\n\n",sum(x));
}
```

Den Quellcode dieser Lösung finden Sie auf der Diskette unter \KAP03\08.CPP.

Die *for*-Schleife in *sum* besitzt keinen Initialisierungsteil. Das bedeutet, daß mit dem Wert begonnen wird, den *a* bereits hat. Das ist in diesem Fall die obere Grenze für die Summenbildung.

Die Bedingung der *for*-Schleife ist nur *a*. Da alle Werte ungleich Null für eine wahre Bedingung stehen, läuft die Schleife solange, bis *a* gleich Null ist.

Daraus läßt sich schließen, daß die Schleife die Summenberechnung mit der höchsten Zahl beginnt. Für das Beispiel 5 ist die Summenbildung 5+4+3+2+1.

Lösung zu 9

```
#include <stdio.h>

int sum(int a)
{
  if(a<1) return(0);

  int summe=0;

  for(;a;a--)
    if((summe+a)<summe)
      return(0);
    else
      summe+=a;

  return(summe);
}

int main()
{
  int x,erg;
```

```
  printf("Wert:");
  scanf("%i",&x);

  erg=sum(x);

  if(erg)
    printf("\nDas Ergebnis lautet %i\n\n",sum(x));
  else
    printf("\nFalsche Eingabe oder Bereichsueberschreitung!\n\n");
}
```

Den Quellcode dieser Lösung finden Sie auf der Diskette unter \KAP03\09.CPP.

In der *sum*-Funktion wird zuerst geprüft, ob der Funktionsparameter gültig ist.

Wichtig ist, daß das Prüfen auf Bereichsüberschreitung bei jeder Addition – also innerhalb der Schleife – vorgenommen wird. Andernfalls ist keine sichere Prüfung gewährleistet.

Da wir hier auf C++-Compilern arbeiten und unser endgültiges Ziel ja auch C++-Programmierung heißt, konnten wir die Definition der Variablen *summe* in *sum* hinter der *if*-Abfrage vornehmen. Bei reinen C-Compilern würde dies einen Fehler hervorrufen, da sie lokale Variablendefinitionen am Anfang eines Anweisungsblockes erwarten und nicht mittendrin.

Lösung zu 10

Ein erster Ansatz ist, die *sum*-Funktion selbst dazu zu benutzen, die Grenze festzustellen. Dazu erhöhen wir stetig den Wert des Funktionsparameters, bis der Fehlerwert zurückgegeben wird:

```
int main()
{
  int x=1;

  while(sum(x++));

  printf("\nDer hoechstmoegliche Wert betraegt %i\n\n",x-=2);
}
```

Den Quellcode dieser Lösung finden Sie auf der Diskette unter \KAP03\10A.CPP.

Dies ist allerdings sehr rechenintensiv und damit zeitaufwendig.

Schneller geht es, wenn wir die *sum*-Funktion simulieren und schauen, an welcher Stelle der Schleife eine Bereichsüberschreitung auftritt. Dies muß dann auch der erste Wert sein, der als Funktionsparameter eine Bereichsüberschreitung hervorruft:

```
#include <stdio.h>
```

```
int main()
{
  int x=1,summe=0;

  while(summe<(summe+x)) summe+=x++;

  printf("\nDer hoechstmoegliche Wert betraegt %i\n\n",--x);
}
```

Den Quellcode dieser Lösung finden Sie auf der Diskette unter \KAP03\10B.CPP.

Beide Lösungsansätze kommen zu dem Ergebnis, daß 65535 der höchste Wert ist, der als Funktionsparameter bei *sum* noch ein gültiges Ergebnis liefert.

Lösung zu 11

```
int potenz(int a, int b)
{
int pot=a;

  if(b==0)
    return(1);

  for(;b>1;b--)
    pot*=a;

  return(pot);
}
```

Den Quellcode dieser Lösung finden Sie auf der Diskette unter \KAP03\11.CPP.

Die Schleife von *potenz* hat starke Ähnlichkeiten mit der von *sum*.

Lösung zu 12

Da eine Primzahl eine Zahl ist, die nur durch 1 und sich selbst teilbar ist, bleibt uns nichts anderes übrig, als die zu prüfende Zahl durch alle anderen Zahlen zu teilen. Wir brauchen sie allerdings nicht durch Zahlen zu teilen, die größer als die zu prüfende sind, weil wir dort als Ergebnis auf jeden Fall keine Ganzzahl erhalten. Doch hier das Programm:

```
int isprim(int a)
{
int x;

  if(a<2) return(0);
  for(x=2;x<a;x++)
    if(!(a%x))
      return(0);
```

```
  return(1);
}
```

Den Quellcode dieser Lösung finden Sie auf der Diskette unter \KAP03\12.CPP.

Die zu testende Zahl ist *a*. Die Schleife läuft nur von 2 bis *a–1*, weil jede Zahl durch 1 und durch sich selbst teilbar ist. Jetzt muß geprüft werden, ob *a* durch eine Zahl zwischen 1 und *a* teilbar ist. Dies wird mit dem Modulo-Operator realisiert.

Erhält man bei der Division keinen Rest, muß der Quotient eine Ganzzahl sein, und *a* ist daher keine Primzahl. Es wird der Wert 0 für falsch zurückgegeben. Läuft die Schleife jedoch durch, ohne eine Zahl gefunden zu haben, durch die *a* teilbar ist, dann muß *a* eine Primzahl sein, und es wird der Wert 1 für wahr zurückgegeben.

Lösung zu 13

```
#include <stdio.h>

int fakul(int x)
{

  if(x<0)  return(0);
  if(x<2)  return(1);

  int f=1;

  for(;x>1;x--)
    if((f*x)<f)
      return(0);
    else
      f*=x;
  return(f);
}

int main()
{
  int x,erg;

  printf("Zahl:");
  scanf("%i",&x);

  erg=fakul(x);

  if(erg)
    printf("\nDie Fakultaet von %i betraet %i\n\n",x,erg);
  else
    printf("\nFalscher Parameter oder Bereichsueberschreitung\n\n");
}
```

Den Quellcode dieser Lösung finden Sie auf der Diskette unter \KAP03\13.CPP.

Als Fehlerwert wurde 0 gewählt, weil die Fakultät einer gültigen Zahl nie 0 werden kann. Man hätte auch eine negative Zahl als Fehlerwert nehmen können, aber mit der Null hat man den praktischen Nebeneffekt, daß bei einer falschen Zahl der Wert für „Falsch" zurückgegeben wird (erinnern Sie sich? 0=Falsch).

Der grundsätzliche Aufbau der Schleife in *fakul* ist analog zu den Lösungen von Übung 9 und Übung 11.

Lösung zu 14

1. Die Schleife zählt von 1–99 einschließlich.
2. Die Schleife zählt solange hoch, bis *x* durch eine Bereichsüberschreitung negativ und damit kleiner als 1 wird. Dann bricht sie ab.
3. Die Schleife läuft unendlich weiter, *x* bleibt konstant 1.
4. Eine Endlosschleife
5. Eine Endlosschleife
6. Der Anweisungsblock der Schleife wird genau einmal abgearbeitet. Das Programm verhält sich genau so als stünden die Anweisungen im Anweisungsblock ohne Schleife im Programm.
7. Für den Fall, daß *x* zu Anfang kleiner gleich 8 ist, wird *x* im Schleifenkopf immer um 1 erhöht und im Schleifenkörper um 1 vermindert. Weil sich *x* dadurch nie bleibend verändert, läuft die Schleife endlos. Sollte *x* zu Anfang größer als 8 sein, dann wird die Schleife übersprungen.

Lösung zu 15

```
#include <stdio.h>

int ggt(int x, int y)
{
int a;

  a=(x<y)?x:y;

  while((x%a)||(y%a))
    a--;

  return(a);
}

int main()
{
  int x,y,erg;
  printf("1. Wert:");
```

```
  scanf("%i",&x);
  printf("2. Wert:");
  scanf("%i",&y);
  erg=ggt(x,y);
  if(erg!=1)
    printf("\nDer ggT von %i und %i ist %i\n\n",x,y,erg);
  else
    printf("\nEs gibt keinen ggT fuer %i und %i\n\n",x,y);
}
```

Den Quellcode dieser Lösung finden Sie auf der Diskette unter \KAP03\15.CPP.

Die Anweisung, in der der ?:-Operator benutzt wurde, dient dazu festzustellen, welche der beiden Zahlen die kleinere ist. Diese wird nun daraufhin überprüft, ob sie die Voraussetzung des ggT erfüllt, wenn nicht, wird sie um 1 vermindert. Spätestens bei der 1 wird die Routine einen ggT finden, weil alle Zahlen ohne Rest durch 1 teilbar sind. Sollte die Funktion 1 zurückliefern, wissen wir auch, daß es keinen zum Kürzen geeigneten ggT gibt.

Lösung zu 16

```
#include <stdio.h>

int kgv(int x, int y)
{
int a;

  a=(x>y)?x:y;

  while((a%x)||(a%y))
    a++;

  return(a);
}

int main()
{
  int x,y;

  printf("1. Wert:");
  scanf("%i",&x);
  printf("2. Wert:");
  scanf("%i",&y);

  printf("\nDas kgV von %i und %i ist %i\n\n",x,y,kgv(x,y));
}
```

Den Quellcode dieser Lösung finden Sie auf der Diskette unter \KAP03\16.CPP.

Die Anweisung, in der der ?:-Operator benutzt wurde, dient zur Ermittlung der größeren der beiden Zahlen. Dann wird überprüft, ob diese Zahl schon das kgV ist, wenn nicht, wird sie um 1 erhöht. Spätestens wenn sie den Wert $x*y$ hat, haben wir ein gemeinsames Vielfaches gefunden, weil $x*y$ sowohl durch x (Ergebnis: y) als auch durch y (Ergebnis: x) ohne Rest teilbar ist.

Lösung zu 17

Die Regelmäßigkeit der Zahlenreihe besteht darin, daß folgende Gleichung gilt: $x_{n+1} = x_n+2$, mit $x_1=2$. Man kann auch sagen $x_n = 2*n$. Anders ausgedrückt: Es wird immer 2 addiert.

```
#include <stdio.h>

int main()
{
  int x,y=0;

  for(x=1; x<=20; x++)
    printf("%i, ",y+=2);

  printf("\n");
}
```

Den Quellcode dieser Lösung finden Sie auf der Diskette unter \KAP03\17A.CPP.

Um noch eine Variable zu sparen, benutzen wir die Gleichung $x_n = 2*n$:

```
#include <stdio.h>

int main()
{
  int x;

  for(x=1; x<=20; x++)
    printf("%i, ",x*2);

  printf("\n");
}
```

Den Quellcode dieser Lösung finden Sie auf der Diskette unter \KAP03\17B.CPP.

Die ersten 20 Zahlen der Folge sehen so aus:

```
2, 4, 6, 8, 10, 12, 14, 16, 18, 20, 22, 24, 26, 28, 30, 32, 34, 36,
38, 40,
```

Lösung zu 18

Die Regelmäßigkeit der Folge ist $x_{n+1} = x_n+n$ mit $x_0=1$; Das bedeutet, daß zuerst 0, dann 1, dann 2 usw. addiert wird. Das Programm dazu sieht so aus:

```
#include <stdio.h>

int main()
{
  int x,y=1;

  for(x=1; x<=20; y+=x-1, x++)
    printf("%i, ",y);

  printf("\n");
}
```

Den Quellcode dieser Lösung finden Sie auf der Diskette unter \KAP03\18.CPP.

Wie Sie sehen, wurde zur Vereinfachung des Programms die obige Regel umgeformt in $x_n = x_{n-1}+n-1$ für $n>0$ und mit $x_0=1$.

Die ersten 20 Werte der Zahlenfolge sind im folgenden dargestellt:

```
1, 1, 2, 4, 7, 11, 16, 22, 29, 37, 46, 56, 67, 79, 92, 106, 121, 137,
154, 172,
```

Lösung zu 19

Die zugrundeliegende Regelmäßigkeit ist $x_n = x_{n-1} + x_{n-2}$ für $n>1$ und mit $x_0=0$ und $x_1=1$. Dies bedeutet, daß eine Zahl die Summe ihrer beiden Vorgänger ist. Diese Regelmäßigkeit bezeichnet man auch als Fibonacci-Zahlen.

Das dazugehörige Programm folgt:

```
#include <stdio.h>

int main()
{
  int x,y1=0,y2=1,y3;

  for(x=1; x<=20; x++)
    {
      y3=y1+y2;
      printf("%i, ",y1);
      y1=y2;
      y2=y3;
    }

  printf("\n");
}
```

Den Quellcode dieser Lösung finden Sie auf der Diskette unter \KAP03\19.CPP.

Die ersten 20 Zahlen der Folge lauten folgendermaßen:

```
0, 1, 1, 2, 3, 5, 8, 13, 21, 34, 55, 89, 144, 233, 377, 610, 987,
1597, 2584, 4181,
```

Lösung zu 20

Die Folge entsteht dadurch, daß sich der Betrag einer Zahl gegenüber ihres Vorgängers um eins erhöht und sich das Vorzeichen umkehrt.

Die Herausforderung liegt in der Formulierung der Vorzeichenumkehrung. Ein Ansatz ist, den auszugebenden Wert in einer Variablen zu erzeugen.

In dieser Lösung wird jedoch nur der Betrag der Zahl tatsächlich in einer Variablen gespeichert. Die Umkehrung des Vorzeichens wird vom Index der Zahl abhängig gemacht und nur für die Ausgabe erzeugt:

```
#include <stdio.h>

int main()
{
  int x,y=1;

  for(x=1; x<=20; x++)
    printf("%i, ",y++*(1-2*(x%2)));

  printf("\n");
}
```

Den Quellcode dieser Lösung finden Sie auf der Diskette unter \KAP03\20.CPP.

In der Mathematik wird ein Wechseln des Vorzeichens allgemein mit einer Potenzierung von –1 formuliert:

$x_n = n*(-1)^n$. Diese Schreibweise deutet übrigens noch auf eine weitere mögliche Vereinfachung des Programms hin. Wir können nämlich anstelle von *y++* einfach *x* schreiben.

Die Zahlenfolge fährt folgendermaßen fort:

```
-1, 2, -3, 4, -5, 6, -7, 8, -9, 10, -11, 12, -13, 14, -15, 16, -17,
18, -19, 20,
```

Lösung zu 21

```
#include <stdio.h>

int main()
{
long n=3,max;
double pi=1.0;

  printf("Bis zu welchem n soll gerechnet werden:");
  scanf("%li",&max);
```

```
  while(n<max)
    {
      pi=pi-(1.0/n)+(1.0/(n+2));
      n+=4;
      printf("n=%li :%f\n",n,pi*4.0);
    }
}
```

Den Quellcode dieser Lösung finden Sie auf der Diskette unter \KAP03\21.CPP.

Das Programm fragt zuerst nach *max*. Wird dieser Wert von *n* erreicht, bricht die *while*-Schleife ab. *n* steht für den Nenner der Brüche in der unendlichen Reihe. Die Variable *pi* wird mit 1 initialisiert, was dem ersten Summanden in der Reihe entspricht. Innerhalb der *while*-Schleife wird *pi* der Wert *pi – (1/3) + (1/5)* zugewiesen. Die nächsten beiden Summanden sind dazu gekommen. Dadurch, daß *n* um 4 erhöht wird, weist die Zeile darüber der Variablen *pi* beim nächsten Mal den Ausdruck *pi – (1/7) + (1/9)* zu, was dem vierten und fünften Summanden entspricht usw.

Lösung zu 22

```
#include <stdio.h>
int main()
{
double zaehler=2,nenner=1,pi=1;
long count=1,max=10;

  printf("Wie viele Produkte :");
  scanf("%li",&max);
  while(count<max)
    {
      pi*=(zaehler/nenner);
      if(count&1)
        nenner+=2.0;
      else
        zaehler+=2.0;
      count++;
    }
  printf("Schritt %li :%f\n",count,pi*2);
}
```

Den Quellcode dieser Lösung finden Sie auf der Diskette unter \KAP03\22.CPP.

zaehler und *nenner* werden entsprechend dem ersten Faktor der Reihe mit 2 und 1 initialisiert. *pi* bekommt den Wert 1, weil 1 das neutrale Element der Multiplikation ist. Da der erste Teil leicht nachvollziehbar ist, schauen wir uns nun den Kern des Programms, die *while*-Schleife, an.

pi wird zuerst mit (2/1) multipliziert (siehe Initialisierung von *zaehler* und *nenner*), was unserem ersten Faktor der Folge entspricht. Wie Ihnen vielleicht aufgefallen ist, werden in der Reihe Zähler und Nenner abwechselnd um 2 erhöht. Dies wird mit der *if*-Anweisung erledigt, die überprüft, ob der Wert gerade oder ungerade ist. Die abwechselnde Erhöhung erreicht man dadurch, daß *zaehler* immer plus zwei genommen wird, wenn *count* gerade ist, und *nenner* wird um zwei erhöht, wenn *count* ungerade ist. Danach wird *count* um 1 erhöht.

Vor der Ausgabe von *pi* wird noch mit 2 multipliziert, weil die Reihe ja nur *(pi/2)* berechnet.

Lösung zu 23

Grundsätzlich gibt es nur sieben zu überprüfende Möglichkeiten, nämlich die, daß der 1. 1. auf einen Montag, Dienstag, Mittwoch, Donnerstag, Freitag, Samstag oder Sonntag fällt.

Der Funktion *freitag13* wird übergeben, mit welchem Wochentag das Jahr beginnt (Montag=0, ..., Sonntag=6) und ob es sich um ein Schaltjahr handelt. Vom 1. 1. ist der 13. 1. zwölf Tage entfernt, so daß *((start+12)%7)* den Wochentag am 13. 1. ergibt. Wenn es ein Freitag ist (Freitag=4), dann wird Anzahl um 1 erhöht. Danach wird entsprechend dem Monat die Anzahl der Tage addiert, damit wir den 1. des nächsten Monats erreichen, usw.

```
#include <stdio.h>

int freitag13(int start,int sjahr)
{
  int anzahl=0;
  for (int x=0;x<12;x++)
    {
      if(((start+12)%7)==4)
        anzahl++;

      switch(x)
        {
          case 0: case 2: case 4: case 6:
          case 7: case 9: case 11:
            start+=31;
            break;
          case 3: case 5: case 8: case 10:
            start+=30;
            break;
          case 1:
            start+=28+sjahr;
        }
      start%=7;
    }
  return(anzahl);
}
```

Die *main*-Funktion macht nun nichts anderes als die Funktion *freitag13* für alle Wochentage aufzurufen und hält fest, welches die geringste und die größte Anzahl an Freitagen, die auf den 13. fallen, ist.

```
int main()
{
  int min=12,max=0,akt,sjahr;

  printf("Schaltjahr? (0=nein, 1=ja):");
  scanf("%i",&sjahr);

  for(int x=0;x<7;x++)
    {
      akt=freitag13(x,sjahr);
      if(akt>max)
        max=akt;
      if(akt<min)
        min=akt;
    }
  printf("Minimal %i, maximal %i\n\n",min,max);
}
```

Den Quellcode dieser Lösung finden Sie auf der Diskette unter \KAP03\23.CPP.

Als Ergebnis kommt heraus, daß es mindestens 1, maximal aber 3 Freitage im Jahr geben kann, die auf einen 13. fallen. Dies gilt sowohl für normale Jahre als auch für Schaltjahre.

4 Bitweise Operatoren

4.1 Grundlagen

Kommen wir nun zu einer weiteren Gruppe von Operatoren, den sogenannten bitweisen Operatoren. Wie der Name andeutet, wird die einzelne Operation bitweise ausgeführt

&

Der erste hier vorgestellte Operator ist der bitweise **UND**-Operator. Er operiert wie der UND-Operator zur Verknüpfung von Bedingungen, nur daß der bitweise UND-Operator die Operation bitweise durchführt. Die Verknüpfungsvorschrift ist in Tabelle 4.1 aufgelistet.

Tabelle 4.1: Die bitweise UND-Verknüpfung

Bit1	Bit2	(Bit1&Bit2)
0	0	0
0	1	0
1	0	0
1	1	1

Um nun zwei Werte bitweise zu verknüpfen, werden jeweils zwei positionsgleiche Bits dem verwendeten Operator entsprechend verknüpft. Dieser Vorgang ist in Abbildung 4.1 dargestellt.

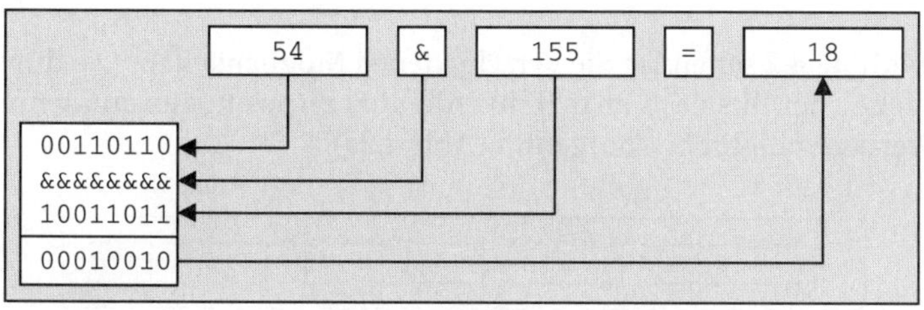

Abbildung 4.1: Beispiel einer bitweisen UND-Verknüpfung

|

Die nächste vorzustellende bitweise Verknüpfung ist die **ODER**-Verknüpfung. Sie ist in Tabelle 4.2 aufgeführt.

Tabelle 4.2: Die bitweise ODER-Verknüpfung

Bit1	Bit2	(Bit1|Bit2)
0	0	0
0	1	1
1	0	1
1	1	1

~

Für die bitweise Negation wird der NOT-Operator ~ verwendet. Die Negation von a ist damit ~a.

^

Bei den bitweisen Operatoren gibt es eine weitere ODER-Verknüpfung, die bei den logischen Operatoren fehlt: die **Exklusiv-ODER**-Verknüpfung. Diese ODER-Verknüpfung entspricht dem sprachgebräuchlichen „oder“, entweder das eine oder das andere aber weder beides noch gar keins. Das exklusive ODER ist eine Verknüpfung, die mit normalen Operatoren wie folgt aussieht:

```
(a & ~b) | (~a & b)
```

Der für diese Operation verwendete Operator ist ^. Tabelle 4.3 zeigt die einzelnen Fälle der Verknüpfung.

Tabelle 4.3: Die bitweise Exklusiv-ODER-Verknüpfung

Bit1	Bit2	(Bit1 ^ Bit2)
0	0	0
0	1	1
1	0	1
1	1	0

Verschiebe-Operatoren

<<, >>

Des weiteren stehen Operatoren zum Verschieben der Bits einer Variablen zur Verfügung. Der Linksschiebe-Operator << schiebt die Bits dabei nach links, wohingegen der Rechtsschiebe-Operator >> die Bits nach rechts schiebt. Dabei gibt der Wert rechts vom Operator an, um wieviel Bits verschoben wird. Folgende Anweisung schiebt die Bits der Variablen *x* um drei Bits nach rechts:

```
x=x>>3;
```

In Abbildung 4.2 sehen Sie die verschiedenen Möglichkeiten. Die durch das Verschieben der Bits nach links freiwerdenden Bitpositionen auf der rechten Seite werden mit Nullbits aufgefüllt (Abb. 4.2a).

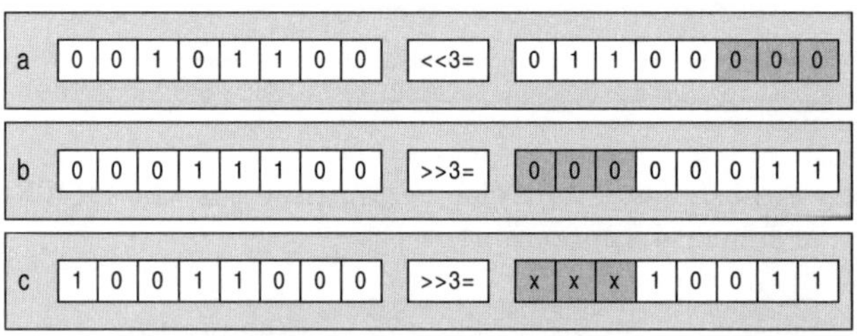

Abbildung 4.2: Unterschiedliche Fälle beim bitweisen Verschieben

Bei der Verschiebung nach rechts müssen zwei Fälle unterschieden werden. Sollte der nach rechts zu verschiebende Wert positiv sein, dann werden die auf der linken Seite freiwerdenden Bitpositionen mit Nullbits aufgefüllt (Abb. 4.2b). Handelt es sich um einen negativen Wert, dann ist die Wertigkeit der Füllbits compilerabhängig.

Wie auch bei den Rechenoperatoren gibt es bei einigen bitweisen Operatoren die Möglichkeit, den Operator mit einer Zuweisung zu verknüpfen. Da gibt es die UND-Zuweisung &=, die ODER-Zuweisung |=, die exklusiv-ODER-Zuweisung ^= und die beiden Verschiebe-Zuweisungen <<= und >>=.

&=, |=, ^=, <<=, >>=

4.2 Übungen

1. Übung

MITTEL

Schreiben Sie eine Funktion namens *bits*, der Sie einen Wert übergeben und der dann die Anzahl der auf 1 gesetzten Bits zurückliefert. Benutzen Sie als Funktionsparameter einen *unsigned long*-Wert.

Schreiben Sie zusätzlich eine entsprechende *main*-Funktion, mit der Sie die Funktion *bits* testen können.

Die Ausgabe könnte zum Beispiel folgendermaßen aussehen:

```
Wert:67

Die Anzahl der 1-Bits von 67 betraegt 3.
```

2. Übung

LEICHT

Schreiben Sie eine Funktion *iseven*, die einen wahren Wert zurückliefert, wenn die übergebene Zahl gerade ist, und einen falschen Wert, wenn die übergebene Zahl ungerade ist.

Benutzen Sie dabei keinen Modulo-Operator!

Schreiben Sie eine entsprechende *main*-Funktion, mit der Sie Ihre Funktion überprüfen können.

3. Übung

LEICHT

Überlegen Sie sich eine Möglichkeit, eine Variable mit 4 zu multiplizieren, ohne die Grundrechenoperatoren +, –, *, / und die entsprechenden Zuweisungsoperatoren zu benutzen.

4. Übung

MITTEL

Schreiben Sie eine Funktion *deztobin*, die einen übergebenen *unsigned long*-Wert binär ausgibt. Denken Sie dabei an die Berücksichtigung bestimmter Sonderfälle.

Verzichten Sie auf führende Nullen! Sie schreiben ja im allgemeinen nicht 00033, sondern 33.

Ergänzend dazu sollten Sie noch eine *main*-Funktion schreiben, mit der Sie die Ausgabe überprüfen können.

MITTEL

5. Übung

Schreiben Sie eine Funktion *groupSize*, der Sie einen *unsigned long*-Wert übergeben, und die dann die Bitanzahl der größten Gruppe nebeneinander stehender 1-Bits zurückgibt.

Schreiben Sie eine passende *main*-Funktion und benutzen Sie zusätzlich die Ausgabe von *deztobin*, um *groupSize* zu überprüfen. Die Ausgabe könnte zum Beispiel so aussehen:

```
Wert:115

Die groesste 1-Bit-Gruppe von 115 (Binaer:1110011) hat 3 Bit(s)
```

MITTEL

6. Übung

Schreiben Sie eine Funktion *mul*, die zwei *unsigned int*-Werte miteinander multipliziert und das Produkt als *unsigned long* wieder zurückgibt. Benutzen Sie dafür keine Multiplikationsoperatoren (* oder *=).

Wählen Sie einen effizienteren Ansatz, als zum Beispiel beim Produkt x*y die Summe x+x+x+x+... und das y-mal zu bilden.

Schreiben Sie eine *main*-Funktion, um Ihre *mul*-Funktion überprüfen zu können.

LEICHT

7. Übung

Schreiben Sie eine Funktion *bitReverse*, der Sie einen *unsigned long*-Wert übergeben und die dann die Reihenfolge der Bits umdreht und das Ergebnis als *unsigned long*-Wert wieder zurückgibt.

Aus 105 wird dann 75, weil 105 binär geschrieben 1101001 ist und das umgedreht 1001011 ergibt, was dezimal dann 75 ist.

Schreiben Sie eine *main*-Funktion, mit der Sie diese Funktion überprüfen können. Geben Sie zusätzlich noch mit Hilfe der *deztobin*-Funktion sowohl den Originalwert als auch das Ergebnis von *bitReverse* binär aus.

MITTEL

8. Übung

Wenn Sie sich die Beispiellösung von Übung 7 anschauen, dann finden Sie in der Funktion *bitReverse* innerhalb der *while*-Schleife eine *if*-Anweisung. Schreiben Sie die Funktion so um, daß weder *if* noch der ?:-Operator verwendet wird.

Auch die Vergleichsoperatoren (<, =, >, <=, >=, !=) dürfen nicht verwendet werden!

SCHWER

9. Übung

Sie haben in Übung 6 eine *mul*-Funktion geschrieben. Der im Lösungsteil vorgeschlagene Weg sah so aus, daß ein Produkt so in zwei Teilprodukte aufgeteilt wird, daß eins der beiden Teilprodukte eine Zweierpotenz enthält und dadurch durch Linksverschieben berechnet werden kann.

Nun kann dieser Ansatz noch optimiert werden. Und zwar kann jedes Produkt so zerlegt werden, daß es nur noch aus Teilprodukten besteht, die durch Linksverschiebung berechnet werden können. Zum Beispiel kann das Produkt 115*111 so zerlegt werden:

(64*111)+(32*111)+(16*111)+(2*111)+(1*111)

Falls Ihre eigene Lösung für Übung 6 nicht schon diesen Ansatz verfolgte, schreiben Sie nun eine *mul*-Funktion, die genau die oben beschriebene Idee verwirklicht.

Als unterstützende *main*-Funktion können Sie die aus Übung 6 nehmen.

4.3 Tips

Tip zu 1

- Überlegen Sie sich, wie Sie überprüfen können, ob ein bestimmtes Bit den Wert 1 oder den Wert 0 hat.

Tip zu 2

- Schauen Sie sich die Binärdarstellung verschiedener Zahlen an, und suchen Sie nach den Gemeinsamkeiten der geraden und nach den Gemeinsamkeiten der ungeraden Zahlen.

Tips zu 4

- Je nach Lösungsansatz kann ein Sonderfall dann eintreten, wenn der übergebene Wert 0 ist.
- Bedenken Sie, daß bei der binären Ausgabe – genau wie bei der dezimalen auch – die höchstwertige Stelle zuerst ausgegeben wird. Sie müssen daher zuerst bestimmen, wo im Wert die Ausgabe beginnt, denn führende Nullen sind unerwünscht.

Tips zu 9

Sie kommen auf die Lösung, wenn Sie sich daran erinnern, wie in der Schule schriftlich multipliziert wurde.

Schauen wir es uns einmal an einem Beispiel an:

```
123*2017
2017
 4034
  6051
------------
248091
```

Die rechte Zahl wurde mit jeder einzelnen Ziffer der linken Zahl multipliziert und die jeweiligen Produkte versetzt untereinander geschrieben. Zum Schluß wurden die einzelnen Produkte addiert und man hatte das Ergebnis.

Übertragen Sie dieses Verfahren in das Binärsystem, und Sie haben die Lösung.

4.4 Lösungen

Lösung zu 1

Wir müssen uns zuerst überlegen, wie wir den Zustand eines einzelnen Bits bestimmen können.

Eine einfache Lösung besteht darin, den bitweisen UND-Operator zu benutzen. Da die UND-Verknüpfung als Ergebnis nur dann eine 1 liefert, wenn beide bei der Operation beteiligten Bits ebenfalls den Wert 1 haben. Wenn wir also ein Bit einer Variablen überprüfen wollen, dann brauchen wir die Variable nur mit dem Wert zu verknüpfen, den das entsprechende Bit repräsentiert. Sollte das Bit 0 sein, dann erhalten wir als Ergebnis der UND-Verknüpfung ebenfalls den Wert 0, andernfalls den Wert, den das Bit repräsentiert. Dabei repräsentiert Bit x den Wert 2^x.

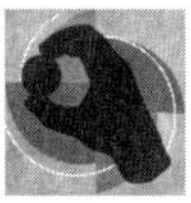

Ein Beispiel: Angenommen, wir wollen überprüfen, ob Variable *z* Bit 0 gesetzt hat oder nicht. Der Wert, den Bit 0 repräsentiert ist 2^0, also 1. Deswegen überprüfen wir das Ergebnis der Verknüpfung *z&1*. Sollte 0 herauskommen, dann war das Bit nicht gesetzt. Ist das Ergebnis 1, dann ist das Bit gesetzt.

Ein weiteres Beispiel: Angenommen, wir wollen überprüfen, ob Variable *z* Bit 4 gesetzt hat oder nicht. Der Wert, den Bit 4 repräsentiert ist 2^4, also 16. Deswegen überprüfen wir das Ergebnis der Verknüpfung *z&16*. Sollte 0 herauskommen, dann war das Bit nicht gesetzt. Ist das Ergebnis 16, dann ist das Bit gesetzt.

Ein Wert, der Bit 4 nicht gesetzt hat, ist 38:

```
100110
```

Verknüpfen wir diesen Wert nun bitweise UND mit 16:

```
100110&
010000=
000000
```

Nun noch ein Beispiel mit gesetztem Bit 4. Dazu nehmen wir den Wert 51, den wir ebenfalls bitweise UND mit 16 verknüpfen:

```
110011&
010000=
010000
```

Als Ergebnis erhalten wir 16. Bit 4 ist also 1.

Es gibt grundsätzlich zwei Möglichkeiten, alle Bits einer Variablen zu überprüfen. Der erste Ansatz ist der, daß wir immer das nullte Bit der Variablen überprüfen und die Variable nach jeder Prüfung um ein Bit nach rechts schieben. Dadurch nimmt zwangsläufig jedes Bit einmal die Position 0 ein.

Wir brechen diesen Vorgang ab, wenn die Variable den Wert 0 hat, denn dann kann kein Bit mehr gesetzt sein. Dieses Vorgehen ist in Abbildung 4.3 dargestellt. Das zu testende Bit und die Füllbits sind dunkel unterlegt.

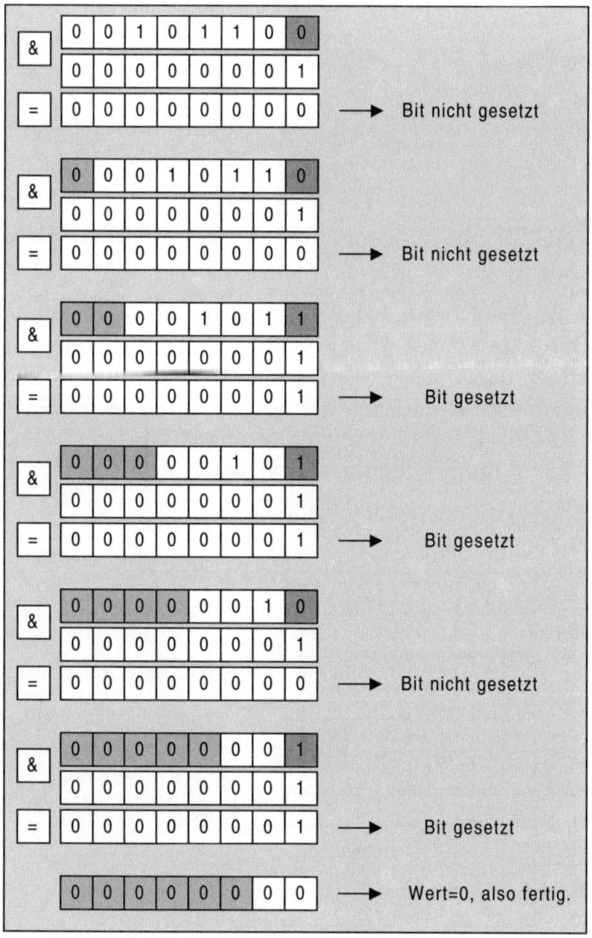

Abbildung 4.3: Eine Möglichkeit der Bitüberprüfung

Die Funktion *bits* mit der entsprechenden *main*-Funktion folgt:

```
#include <stdio.h>

int bits(unsigned long w)
{
  int anz=0;
  while(w)
    {
      if(w&1) anz++;
      w>>=1;
    }
  return(anz);
}

int main()
{
```

```
  unsigned long wert;

   printf("Wert:");
  scanf("%lu",&wert);
  printf("Die Anzahl der 1-Bits von %lu betraegt %i.\n\n",
         wert,bits(wert));
}
```

Den Quellcode dieser Lösung finden Sie auf der Diskette unter \KAP04\01A.CPP.

Der zweite Ansatz sieht so aus, daß nicht die zu untersuchende Variable verändert, sondern die Maske dem jeweils zu untersuchenden Bit angepaßt wird. Wir fangen dabei mit Bit0 an. Um nach dem Test die Maske für das nächste Bit anzupassen, brauchen wir sie nur einmal nach links zu schieben. Wir brechen mit der Untersuchung ab, wenn der Wert der Maske größer ist als der Wert der zu untersuchenden Variablen.

Abbildung 4.4 zeigt ein Beispiel für diesen Ansatz.

Abbildung 4.4: Eine weitere Möglichkeit der Bitüberprüfung

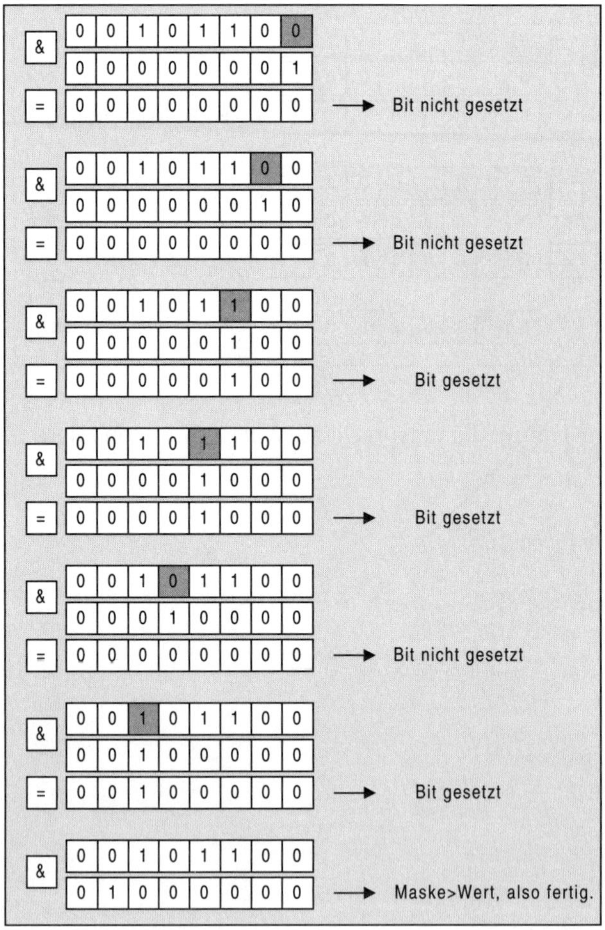

Die den neuen Ansatz realisierende *bits*-Funktion sieht folgendermaßen aus:

```
int bits(unsigned long w)
{
  int anz=0;
  unsigned long maske=1;

  while(maske<=w)
    {
      if(w&maske) anz++;
      maske<<=1;
    }
  return(anz);
}
```

Den Quellcode dieser Lösung finden Sie auf der Diskette unter \KAP04\01B.CPP.

Doch welche Vor- und Nachteile haben die beiden Ansätze? Schauen wir uns zunächst noch einmal den ersten Ansatz an.

Der Vorteil ist, daß wir eine Variable gespart haben.

Doch es gibt auch einige Nachteile. Zum Beispiel wird der zu untersuchende Wert verändert. In unserem Fall ist das kein Problem, denn es handelt sich nur um eine lokale Variable. Des weiteren funktioniert dieses Verfahren nur bei positiven Werten[1].

Die Vorteile des zweiten Verfahrens sind die, daß der zu untersuchende Wert nicht verändert wird und auch negativ sein darf. Allerdings brauchen wir eine zusätzliche Variable.

Man sollte die Wahl des Verfahrens entweder vom konkreten Fall abhängig machen oder aber ständig den zweiten Ansatz verwenden.

Lösung zu 2

Wenn Sie sich die Binärdarstellung verschiedener Zahlen genau anschauen, dann werden Sie feststellen, daß bei ungeraden Zahlen Bit0 immer gesetzt ist, wohingegen es bei geraden Zahlen immer gelöscht ist.

Mit diesem Wissen brauchen wir nur zu überprüfen, ob Bit0 gesetzt ist oder nicht. Wenn es nicht gesetzt ist, dann ist die Zahl gerade und die Funktion liefert einen wahren Wert zurück. Sollte Bit0 gesetzt sein, dann ist die Zahl ungerade und es wird ein falscher Wert zurückgegeben:

```
#include <stdio.h>

int iseven(long w)
{
```

1. Denn wir können beim Rechtsverschieben negativer Werte nicht sicher sein, welche Füllbits verwendet werden. Daher wird die Formulierung einer Abbruchbedingung nicht so einfach.

```
  return((w&1)==0);
}

int main()
{
  long wert;

  printf("Wert:");
  scanf("%li",&wert);
  if(iseven(wert))
    printf("%li ist gerade.\n\n",wert);
  else
    printf("%li ist ungerade.\n\n",wert);
}
```

Den Quellcode dieser Lösung finden Sie auf der Diskette unter \KAP04\02A.CPP.

Die *iseven*-Funktion kann man noch folgendermaßen vereinfachen:

```
int iseven(long w)
{
  return(!(w&1));
}
```

Den Quellcode dieser Lösung finden Sie auf der Diskette unter \KAP04\02B.CPP.

Lösung zu 3

Da eine Verschiebung nach links gleichbedeutend ist mit einer Multiplikation mit 2, muß eine doppelte Verschiebung nach links äquivalent zu einer Multiplikation mit 4 sein. Die Lösung lautet damit:

```
x<<2;
```

Achtung: Beachten Sie, daß dies nur mit positiven Zahlen funktioniert!

Lösung zu 4

```
#include <stdio.h>

void deztobin(unsigned long z)
{
unsigned long b=1;

  if(!z)
    {
      printf("0");
      return;
    }

  while(b<=z)
```

```
      b<<=1;

    b>>=1;
    while(b)
      {
        if(z&b)
          printf("1");
        else
          printf("0");
        b>>=1;
      }
}

int main()
{
  unsigned long wert;

  printf("Wert:");
  scanf("%lu",&wert);

  printf("%lu entspricht ",wert);
  deztobin(wert);
  printf("\n\n");
}
```

Den Quellcode dieser Lösung finden Sie auf der Diskette unter \KAP04\04.CPP.

Die erste *if*-Anweisung in *deztobin* prüft den Sonderfall, daß der Wert 0 ist.

Die erste *while*-Schleife ermittelt das höchstwertige 1-Bit des Wertes.

Sobald die Wertigkeit eines Bits größer ist als der gesamte Wert, wissen wir, daß alle 1-Bits von *z*, bezogen auf die Position des 1-Bits in *b*, Positionen rechts von *b* haben müssen. Auf dieser Tatsache beruht auch die Abbruchbedingung der Schleife.

Da alle Positionen der 1-Bits rechts von *b* liegen, muß an der Position in *z*, die der Position des 1-Bits in *b* entspricht, ein 0-Bit sein. Deswegen wird b vor der eigentlichen Ausgabe einmal nach rechts geschoben.

Die für die Ausgabe zuständige *while*-Schleife prüft die einzelnen Bits von *z* auf die gleiche Weise, die wir schon in den vorherigen Übungen kennengelernt haben, und gibt entsprechend das Zeichen 0 oder 1 aus.

Lösung zu 5

```
int groupSize(unsigned long z)
{
  unsigned long b=1;
  int max=0, akt=0;
```

```
  while(b<=z)
    {
      if(z&b)
        {
          akt++;
        }
      else
        {
          if(akt>max)
            max=akt;
          akt=0;
        }
      b<<=1;
    }

  if(akt>max)
    max=akt;

  return(max);
}
```

Die äußere *if*-Schleife sorgt bei einem 1-Bit dafür, daß der aktuelle Zähler hochgezählt wird. Bei einem 0-Bit wird geprüft, ob die aktuell ermittelte Gruppe von 1-Bits größer ist als die bisher größte. Sollte dies der Fall sein, dann wird die neu ermittelte Gruppe als bisher größte eingetragen.

Die *if*-Anweisung hinter der *while*-Schleife dient dazu festzustellen, ob das letzte überprüfte Bit ein 1-Bit war. Für diesen Fall konnte innerhalb der *while*-Schleife nämlich keine Überprüfung mehr stattfinden, ob die aktuelle Gruppe die größte ist.

Kommen wir nun noch zur *main*-Funktion. Um das Ergebnis besser überprüfen zu können, macht sie Gebrauch von der *deztobin*-Funktion:

```
int main()
{
  unsigned long wert;

  printf("Wert:");
  scanf("%lu",&wert);

  printf("Die groesste 1-Bit-Gruppe von %lu (Binaer:",wert);
  deztobin(wert);
  printf(") hat %i Bit(s)\n\n",groupSize(wert));
}
```

Den Quellcode dieser Lösung finden Sie auf der Diskette unter \KAP04\05A.CPP.

Um die zusätzliche *if*-Anweisung hinter der *while*-Schleife in *groupSize* einzusparen, hätte man *groupSize* auch folgendermaßen programmieren können:

```
int groupSize(unsigned long z)
{
  unsigned long b=1;
  int max=0, akt=0;

  while(b<=z)
    {
      if(z&b)
        akt++;
      else
        akt=0;

      if(akt>max)
        max=akt;

      b<<=1;
    }

  return(max);
}
```

Den Quellcode dieser Lösung finden Sie auf der Diskette unter \KAP04\05B.CPP.

Dadurch wird das Programm zwar kürzer, aber nun muß *if(akt>max)* bei jeden Schleifendurchlauf abgearbeitet werden. In der ersten Version mußte diese *if*-Anweisung nur abgearbeitet werden, wenn der Test auf ein 0-Bit stieß.

Der zweite Ansatz ist programmäßig zwar kürzer, dafür hat der erste Ansatz eine bessere Laufzeit.

Lösung zu 6

Die Idee dieser Lösung besteht darin, daß man ein Produkt aufspalten kann in zwei Produkte und eine Summe (z.B. 11*7 in (5*7)+(6*7)).

Wenn man ein Produkt nun so aufspaltet, daß ein Teilprodukt eine Zweierpotenz enthält, dann kann man dieses Teilprodukt durch Linksverschieben berechnen. Das andere Teilprodukt wird dann durch wiederholte Addition errechnet. Obiges Beispiel könnte dann aufgespalten werden in (4*11)+(3*11). Das erste Produkt kann somit durch zweimaliges bitweises Verschieben der Zahl 11 nach links berechnet werden.

Und genau diesen Ansatz verfolgt die *mul*-Funktion:

```
#include <stdio.h>

unsigned long mul(unsigned int x, unsigned int y)
{
  if(!x||!y)
    return(0);
```

```
  unsigned int mul=1, shift=0;
  unsigned long produkt=0;

  while((mul*2)<=x)
    {
      shift+=1;
      mul*=2;
    }

  produkt=y<<shift;
  x-=mul;
  while(x--)
    produkt+=y;

  return(produkt);
}
```

In der ersten *if*-Anweisung wird der Sonderfall überprüft, ob einer der beiden Faktoren den Wert 0 besitzt, denn dann ist das gesamte Ergebnis 0.

Die erste *while*-Schleife ermittelt dasjenige Teilprodukt, welches durch Linksverschieben berechnet werden kann. Die Anweisungen danach nehmen diese Linksverschiebung vor.

Die zweite *while*-Schleife addiert das zweite Teilprodukt auf.

Hier noch die *main*-Funktion:

```
int main()
{
  unsigned int w1,w2;

  printf("Wert1:");
  scanf("%u",&w1);
  printf("Wert2:");
  scanf("%u",&w2);

  printf("Das Produkt %u * %u ergibt %lu\n\n",w1,w2,mul(w1,w2));
}
```

Den Quellcode dieser Lösung finden Sie auf der Diskette unter \KAP04\06.CPP.

Lösung zu 7

```
unsigned long bitReverse(unsigned long x)
{
  unsigned long e=0;

  do
    {
      e<<=1;
```

```
      if(x&1)
        e|=1;

      x>>=1;

    } while(x);
  return(e);
}
```

Man kann die Funktionsweise von *bitReverse* ganz einfach so erklären, daß die Bits, die aus dem Originalwert rausgeschoben werden, in den neuen Wert reingeschoben werden. Dadurch drehen Sie sich autormatisch.

Es ist das gleiche wie mit einem Stapel Zeitschriften. Wenn Sie von diesem Stapel immer von oben eine Zeitschrift wegnehmen und diese dann oben auf einen neuen Stapel legen, dann haben Sie, wenn der Originalstapel keine Zeitschriften mehr besitzt, einen neuen Stapel, in dem die Zeitschriften genau andersherum gestapelt sind als im alten Stapel.

```
int main()
{
  unsigned long w,erg;

  printf("Wert:");
  scanf("%lu",&w);
  erg=bitReverse(w);
  printf("\nOriginalwert %lu, Binaer ",w);
  deztobin(w);
  printf("\nFunktionsergebnis %lu, Binaer ",erg);
  deztobin(erg);
  printf("\n\n");
}
```

Den Quellcode dieser Lösung finden Sie auf der Diskette unter \KAP04\07.CPP.

Lösung zu 8

```
unsigned long bitReverse(unsigned long x)
{
  unsigned long e=0;

  do
    {
      e<<=1;
      e|=x&1;
      x>>=1;

    } while(x);
  return(e);
}
```

Den Quellcode dieser Lösung finden Sie auf der Diskette unter \KAP04\08.CPP.

Auch wenn Sie nicht selbst auf die Lösung gekommen sind, sollten Sie in der Lage sein, die Lösung zu verstehen. Wenn nicht, dann sollten Sie das Beispiel, wie die Funktion den Wert 105 in den Wert 75 umwandelt einmal auf Papier durchspielen, indem Sie zuerst die 105 in ihre Binärdarstellung umwandeln und dann *bitReverse* darauf ansetzen.

Lösung zu 9

Wenn Sie die schriftliche Multiplikation ins Binärsystem übertragen, werden Sie feststellen, daß aufgrund der Tatsache, daß es nur Nullen und Einsen gibt, bei der Erzeugung der Produkte auch nur die beiden Möglichkeiten *0*Faktor2* und *1*Faktor2* auftreten können. Das versetzte Untereinanderschreiben der Teilprodukte können wir durch Linksverschiebung realisieren.

Mit diesem Wissen kommen wir zu einem Schema, welches beispielhaft für das Produkt 115*111 in Abbildung 4.5 dargestellt ist.

Abbildung 4.5: Das Schema der schriftlichen Multiplikation

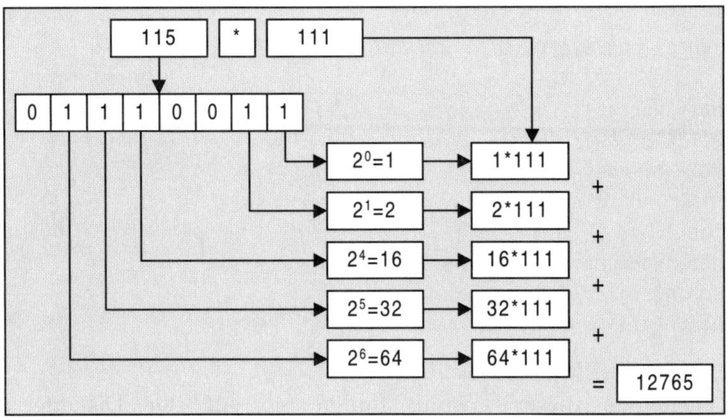

Wie Sie sehen, brauchen nur die Stellen betrachtet zu werden, an denen der erste Faktor ein 1-Bit hat. Das Teilprodukt wird berechnet, indem der zweite Faktor mit dem Wert, für den das 1-Bit steht, multipliziert wird. Anders ausgedrückt: Ist Bit x ein 1-Bit, dann berechnet man das Teilprodukt durch Faktor2<<*x*.

Man kann dies noch vereinfachen, indem man kontinuierlich den Faktor2 nach links verschiebt, während man im Faktor1 nach 1-Bits sucht. Diese Idee findet sich in der folgenden *mul*-Funktion wieder:

```
unsigned long mul(unsigned int x, unsigned int y)
{
  if(!x||!y)
    return(0);

  unsigned long produkt=0;
```

```
  while(x)
    {
      if(x&1)
        produkt+=y;
      x>>=1;
      y<<=1;
    }

  return(produkt);
}
```

Den Quellcode dieser Lösung finden Sie auf der Diskette unter \KAP04\09.CPP.

Dieses Verfahren zur Multiplikation zweier Zahlen wird auch in Mikroprozessoren zur Realisierung der Multiplikations-Befehle benutzt.

5 Zeiger und Felder

5.1 Grundlagen

Dieses Kapitel beschäftigt sich unter anderem mit den Zeigern. Obwohl in C++ versucht wird, möglichst auf Zeiger zu verzichten, wollen wir sie hier besprechen, weil mit ihnen manchmal ein von der Laufzeit her besseres Verhalten erzielt werden kann.

Auch arbeiten viele Funktionen aus der C-Standardbibliothek, die auch in C++ Verwendung finden, mit Zeigern, so daß es sich lohnt, ein entsprechendes Wissen über sie zu besitzen.

Schauen wir uns einmal in Abbildung 5.1 eine typische Variable an.

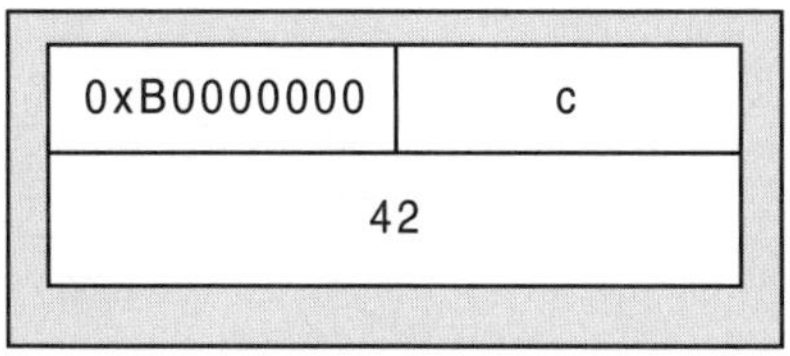

Abbildung 5.1: eine Variable

Die Variable besitzt einen Namen[1], einen Wert[2] und eine Adresse[3]. Bisher haben wir nur mit dem Namen, zum direkten Ansprechen einer Variablen, und dem Wert der Variablen gearbeitet.

&

Es gibt aber auch einen Operator, der uns die Adresse einer Variablen liefert. Es ist der **Adreßoperator** &.

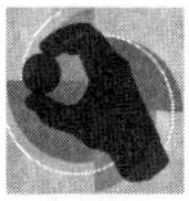

```
int x=4;

printf("x hat den Wert %i und die Adresse %p\n\n",x,&x);
```

%p

An diesem Beispiel sehen Sie, daß das Formatzeichen zur Ausgabe einer Adresse %p ist.

1. Der vom Programmierer festgelegt wird und der für den späteren Benutzer nicht wichtig und daher auch nicht sichtbar ist.
2. Der in irgendeiner Form der Variablen zugewiesen wurde (Initialisierung, Ergebnis einer Rechnung etc.).
3. Auf die weder der Programmierer noch der Benutzer einen Einfluß haben, denn sie hängt davon ab, in welchem Speicherbereich das Programm letztlich abgearbeitet wird. Dieser Speicherbereich liegt bei den meisten Systemen bei jedem Programmstart an einer anderen Stelle.

Um nun diese Adresse einer Variablen zuweisen zu können, brauchen wir einen speziellen Variablentyp: den Zeiger. Ein Zeiger wird immer definiert als ein Zeiger auf einen bestimmten Typ. Das heißt, wenn wir die Adresse einer *int*-Variablen aufnehmen wollen, muß der Zeiger vom Typ „zeigt auf *int*“ sein.

```
int x=4;
int *y;

y=&x;

printf("x hat den Wert %i und die Adresse %p\n\n",*y,y);
```

* Der Zeiger wird bei der Definition durch einen vorangestellten **Dereferenzierungsoperator** * gekennzeichnet. Wie man am vorigen Beispiel schön sieht, kann man über den Zeiger – wenn er einmal eine Adresse von einer Variablen des entsprechenden Typs gespeichert hat – mit Hilfe des Dereferenzierungsoperators auf den Inhalt der Variablen zugreifen, auf die der Zeiger zeigt.

In Abbildung 5.2 sehen Sie die Zugriffsmöglichkeiten eines Zeigers zusammengefaßt.

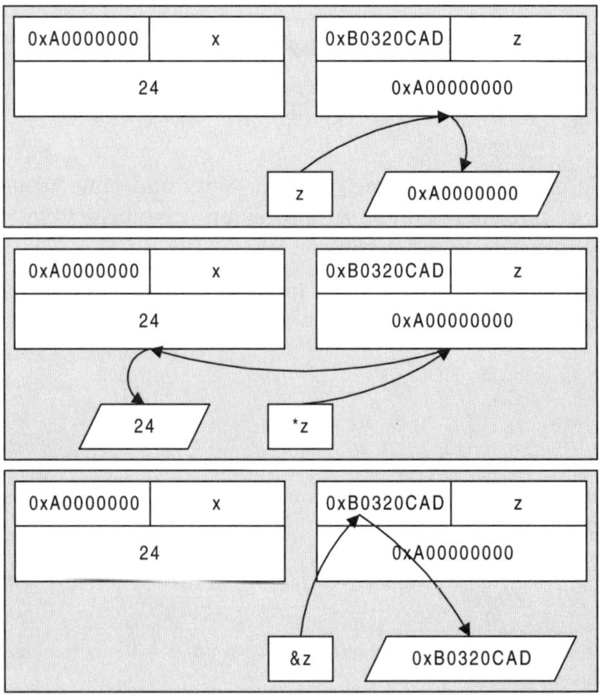

Abbildung 5.2: Die drei Zugriffsmöglichkeiten bei Zeigern

Durch bloßes Verwenden des Namens sprechen wir den Inhalt des Zeigers an, also die gespeicherte Adresse.

Über &z kommen wir an die Adresse eines Zeigers, die wiederum verwendet werden kann, um sie einem Zeiger auf Zeiger zuzuweisen.

Mit *z schließlich kommen wir an den Wert, den die Variable, auf die der Zeiger zeigt, gespeichert hat.

Zeiger als Funktionsparameter

Zeiger können als Funktionsparameter verwendet werden. Dadurch hat man die Möglichkeit, direkt den Wert der übergebenen Variablen zu verändern. Wir arbeiten dann nicht mehr mit einer Kopie, sondern mit dem Original:

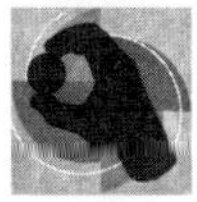

```
#include <stdio.h>

void quadrat(int *x)
{
  *x=*x * *x;
}

int main()
{
  int a;

  printf("Wert:");
  scanf("%i",&a);
  quadrat(&a);
  printf("Das Quadrat betraegt %i\n\n",a);
}
```

Den Quellcode finden Sie auf der Diskette unter \KAP05\BSP\BSP01.CPP.

Hier sehen Sie auch, warum bei *scanf* immer der Adreßoperator verwendet wird. Nur so ist *scanf* in der Lage, den Wert der Variablen mit der Eingabe zu überschreiben.

Felder

Felder

Als nächstes besprechen wir den zweiten Teil des Kapitels, die Variablenfelder. Felder werden eingesetzt, wenn wir viele Variablen des gleichen Typs benötigen. Wenn wir zum Beispiel zehn *int*-Variablen brauchen, dann wäre folgende Definition schlecht:

```
int x1,x2,x3,x4,x5,x6,x7,x8,x9,x10;
```

Nicht nur, daß die Schreibweise aufwendig ist, wir müßten auch jede Variable einzeln bearbeiten. Wollten wir z. B. zehn Werte in diese Variablen einlesen, dann müßten wir zehn *scanf*-Anweisungen verwenden, weil wir nicht in der Lage sind, sie in einer Schleife einzulesen.

Deswegen werden Felder eingesetzt:

Syntax

```
int x[10];
```

Auf diese Weise haben wir zehn Variablen vom Typ *int* definiert, auf die dann über den Index zugegriffen werden kann:

```
#include <stdio.h>

int main()
{
  int c,x[10];

  for(c=0;c<10;c++)
    {
      printf("Wert %i:",c+1);
      scanf("%i",&x[c]);
    }

  for(c=0;c<10;c++)
    printf("Wert %i = %i\n",c+1,x[c]);
}
```

Den Quellcode finden Sie auf der Diskette unter \KAP05\BSP\BSP02.CPP.

Achtung: Das erste Element eines Feldes hat den Index 0. Daher hat das letzte Element eines x-elementigen Feldes den Index x-1.

Der Name eines Feldes ohne Index steht für seine Adresse, deswegen könnten wir in Anlehnung an das vorherige Beispiel folgendes schreiben:

```
int *z;

z=x;
for(c=0;c<10;c++)
  printf("Wert %i = %i\n",c+1,z[c]);
```

Achtung: Der Zeiger auf eine Variable ist identisch mit dem Zeiger auf ein Feld.

Genau nach diesem Schema können Felder auch an Funktionen übergeben werden.

Achtung: Felder können nur als Adresse an eine Funktion übergeben werden. Die Funktion arbeitet daher mit den Originalwerten. Wird eine lokale Kopie benötigt, muß diese selbst angefertigt werden.

Achtung: Die Funktion, die die Adresse eines Feldes bekommen hat, kann **nicht** feststellen, wieviel Elemente das Feld umfaßt. Diese Information muß deswegen entweder als Konstante festgelegt oder der Funktion als zusätzlicher Parameter übergeben werden.

5.2 Übungen

1. Übung

LEICHT

Schreiben Sie eine Funktion *swap*, der Sie zwei *int*-Variablen übergeben, und die die Werte der beiden Variablen vertauscht. Dies soll sich auch auf die Original-Werte auswirken.

Schreiben Sie zum Testen von *swap* eine *main*-Funktion, die ungefähr folgende Ein- und Ausgabe zuläßt:

```
Wert1:5
Wert2:9
Die Werte sind 5 und 9
Die Werte sind 9 und 5
```

2. Übung

LEICHT

Schreiben Sie eine Funktion namens *summe*, die Σ_x berechnet. Das Sigma-Zeichen bedeutet die Summe aller x in einem Feld. Der Funktionskopf soll folgendermaßen aussehen:

```
long double summe(long double *f, int n)
```

f ist ein Zeiger auf ein Feld mit *long double*-Elementen und *n* die Anzahl der Elemente des Feldes, auf das *f* zeigt.

3. Übung

LEICHT

Schreiben Sie eine Funktion namens *durchschnitt*, die den Durchschnittswert eines Feldes berechnet. Der Durchschnittswert ist definiert als $(1/n) * \Sigma_x$, wobei n die Anzahl der Elemente im Feld ist. Der Funktionskopf soll folgendermaßen aussehen:

```
long double durchschnitt(long double *f, int n)
```

f ist ein Zeiger auf ein Feld mit *long double*-Elementen und *n* die Anzahl der Elemente des Feldes, auf das *f* zeigt.

4. Übung

LEICHT

Schreiben Sie eine Funktion *input*, der Sie die Adresse eines *long*-Feldes und die Anzahl der einzulesenden Werte übergeben. *input* liest dann diese Werte von der Tastatur ein und speichert sie im Feld.

Schreiben Sie darüber hinaus noch eine Funktion *output*, die die gleichen Parameter wie *input* besitzt, und die entsprechenden Werte auf dem Bildschirm ausgibt.

Berücksichtigen Sie mögliche Fehlerquellen.

MITTEL

5. Übung

Schreiben Sie eine Funktion *maximum*, der Sie die Adresse eines *long*-Feldes und die Anzahl der in ihm enthaltenen Elemente übergeben. Die Funktion liefert dann die **Position** – nicht den Wert – des größten Elementes in Form des Feldindizes als *long*-Wert zurück.

Schreiben Sie dazu eine *main*-Funktion, die *input* aus Übung 4 benutzt und ungefähr folgende Ein- und Ausgabe aufweist:

```
Geben Sie die Anzahl der Werte ein (1-100):5
Wert 1:12
Wert 2:-17
Wert 3:22
Wert 4:8
Wert 5:-56

Das Maximum ist 22
```

SCHWER

6. Übung

Schreiben Sie eine Funktion *sort*, der die Adresse eines *long*-Feldes und die Anzahl der in ihm enthaltenen Werte übergeben werden. Die Funktion *sort* sortiert dann dieses Feld aufsteigend.

sort soll so entworfen werden, daß sie nützlichen Gebrauch von der Funktion *maximum* aus Übung 5 macht.

Schreiben Sie eine entsprechende *main*-Funktion um *sort* zu überprüfen. Benutzen Sie dazu – wenn Sie wollen – die Funktionen *input* und *output* aus Übung 4.

SCHWER

7. Übung

Stellen Sie sich vor, Sie haben ein Feld mit 8-Bit großen Werten, die Zahlen von 0-255 darstellen können. Nun müssen diese Daten irgendwie irgendwo hin übertragen werden. Nehmen wir als Beispiel eines Übertragungsmediums einmal das Internet.

Leider gibt es aber im Internet die unterschiedlichsten Rechnertypen, und einige von ihnen sind nur in der Lage, 7-Bit große Werte zu übertragen. Sollte unser Feld über einen solchen Rechner übertragen werden[1], dann kommen die Daten nicht mehr komplett am Zielort an. Wir müssen daher die 8-Bit Daten in 7-Bit Daten umkodieren. Am einfachsten geschieht dies, indem man die einzelnen Daten zusammenfaßt und als Bitstrom betrachtet. Schauen wir uns einmal drei beliebeige 8-Bit Werte an: 233, 110 und 41. Binär dargestellt sehen sie folgendermaßen aus:

```
00101001   01101110   11101001
```

1. Es liegt in der Natur des Internets, daß nicht vorhergesagt werden kann, welche Route die zu übertragenden Daten von der Quelle zum Ziel nehmen werden. Es geht sogar so weit, daß die zu übertragenden Daten in Pakete aufgeteilt werden und diese selbst unterschiedliche Routen nehmen können.

Weil das niederwertigste Bit immer am weitesten rechts steht, gehen wir, um die Ordnung zu wahren, davon aus, daß der rechte der drei Werte der erste und der linke der dritte Wert ist.

Wir fassen diese drei Werte nun zusammen, indem wir ihre Bits einfach hintereinander schreiben:

```
0010100101101111011101001
```

Diesen Bitstrom teilen wir nun in 7-Bit-Gruppen auf. Dabei beginnen wir wieder von rechts, weil dort das niederwertigste Bit steht:

```
001   0100101   1011101   1101001
```

Den vierten Wert können wir noch mit 0-Bits auffüllen, um einen kompletten 7-Bit-Wert zu erhalten. Die umkodierten Werte sind 105, 93, 37 und 1. Wir sind nun in der Lage, die so umkodierten Daten ohne Verluste zu verschikken. Der Empfänger kann diese Daten dann wieder in die Originalform zurückkodieren.

Ihre Aufgabe besteht nun darin, eine Funktion *encode* zu schreiben, die die oben beschriebene Umkodierung vornimmt und folgenden Funktionskopf besitzen soll:

```
void encode(long *qf, long *zf, long anz, int bits)
```

qf ist das 8-Bit Zeichen umfassende Feld, *zf* ist das Feld, in dem die umkodierten Daten gespeichert werden sollen, *anz* ist die Anzahl der zu kodierenden 8-Bit Daten und *bits* schließlich ist die Anzahl der Bits, die für die neu kodierten Daten maximal verwendet werden dürfen. (Im oberen Beispiel wäre dies 7 gewesen). Für *bits* sollten Werte von 1-16 zu einem korrekten Ergebnis führen.

Schreiben Sie dazu eine *main*-Funktion, die *input* und *output* aus Übung 4 verwendet und folgende Ein- und Ausgabe ermöglicht:

```
Geben Sie die Anzahl der Werte ein (1-100):3
Geben Sie die Anzahl der Bits ein (1-7):7
Wert 1:233
Wert 2:110
Wert 3:41

Umkodiert:
Wert 1:105
Wert 2:93
Wert 3:37
Wert 4:1
```

8. Übung

MITTEL

Schreiben Sie eine Funktion *decode*, die die mit der *encode*-Funktion aus Übung 7 kodierten Daten wieder zurück in ihr Originalformat kodiert.

Lösen Sie diese Aufgabe nicht, bevor Sie Übung 7 gelöst haben.

Die *decode*-Funktion soll folgenden Funktionskopf haben:

```
void decode(long *qf, long *zf, long anz, int bits)
```

qf ist das Quellfeld (die kodierten Daten), *zf* ist das Zielfeld, *anz* beinhaltet die Anzahl kodierter Daten und *bits* gibt an, wieviel Bits für die Kodierung verwendet wurden.

Erweitern Sie die *main*-Funktion aus Übung 7, um die *decode*-Funktion testen zu können.

MITTEL

9. Übung

Schreiben Sie ein Programm, in welches Sie eine Reihe von Fließkommazahlen eingeben können. Das Programm soll dann die Summe, den Durchschnitt, das Minimum, das Maximum sowie die größte Abweichung vom Durchschnitt nach oben und nach unten ausgeben. Die Ausgabe soll ähnlich der folgenden aussehen:

```
Geben Sie die Anzahl der Werte ein:4
Wert 1:2.64
Wert 2:8.43
Wert 3:-2.5564
Wert 4:22.53
Summe        :31.043600
Minimum      :-2.556400
Maximum      :22.530000
Durchschnitt:7.760900
Max. negative Abweichung vom Durchschnitt:14.769100
Max. positive Abweichung vom Durchschnitt:10.317300
```

Versuchen Sie, das Programm so effizient wie möglich zu programmieren.

SCHWER

10. Übung

Schreiben Sie eine Funktion *quadrat*, die eine Variable quadriert. *quadrat* muß aus einer anderen Funktion heraus aufgerufen werden können und in der Lage sein, zum Beispiel eine lokale Variable der aufrufenden Funktion zu quadrieren. Diese Quadratur muß sich auf die originale Variable auswirken.

Die Funktion *quadrat* darf **keine Funktionsparameter** besitzen. Lediglich ein Rückgabewert ist erlaubt.

5.3 Tips

Tips zu 5

- Überlegen Sie sich, welche Schwierigkeiten beim Initialisieren der für die Maximum-Bestimmung nötigen Variablen auftreten können.
- Denken Sie darüber nach, welche Werte diese Variablen zu Beginn annehmen sollen bzw. dürfen.

Tips zu 6

- Seien Sie sich darüber im klaren, welche Vorteile die *maximum*-Funktion für die Sortierung eines Feldes bietet.
- In dem Moment, wo Sie das größte Element eines Feldes kennen, können Sie es schon an die in einem sortierten Feld richtige Stelle kopieren.
- Denken Sie darüber nach, wie Sie das Problem der Sortierung, nachdem das größte Element an seinem richtigen Platz steht, so vereinfachen können, daß Ihnen die *maximum*-Funktion erneut weiterhilft.

Tips zu 7

- Sie müssen eine Schleife entwerfen, die die einzelnen Bits der 8-Bit-Daten so anspricht, als handele es sich nicht um einzelne Wert, sondern um einen einzigen Strom von Bits.
- Entwerfen Sie dann eine zweite Schleife, die diesen Bitstrom in die entsprechenden Pakete einteilt, die Bits also wieder zu Werten gruppiert.
- Sie müssen diese beiden Schleifen dann so ineinander verflechten, daß die zweite Schleife ein Bit bearbeitet, sobald die erste Schleife ein Bit liefert.
- Als Ergebnis erhalten Sie dann eine einzige Schleife, die aus dem Quellfeld bitweise liest und in das Zielfeld bitweise schreibt, dabei aber die Neugruppierung der Bits vornimmt.

Tips zu 10

- Sie müssen irgendwie der Funktion *quadrat* den zu quadrierenden Wert übergeben, ohne die Funktionsparameter zu verwenden.
- Versuchen Sie, einen Zeiger auf eine lokale Variable der *quadrat*-Funktion zu bekommen, und darüber den zu quadrierenden Wert an die Funktion weiterzuleiten.
- Sie müssen dabei Variablen benutzen, die nach Beendigung der Funktion nicht gelöscht werden.

5.4 Lösungen

Lösung zu 1

```
#include <stdio.h>

void swap(int *x, int *y)
{
  int a=*x;
  *x=*y;
  *y=a;
}

int main()
```

```
{
  int x,y;

  printf("Wert1:");
  scanf("%i",&x);
  printf("Wert2:");
  scanf("%i",&y);

  printf("Die Werte sind %i und %i\n",x,y);
  swap(&x, &y);
  printf("Die Werte sind %i und %i\n\n",x,y);
}
```

Den Quellcode dieser Lösung finden Sie auf der Diskette unter \KAP05\01.CPP.

Lösung zu 2

```
long double summe(long double *f, int n)
{
long double x=0.0;

  for(n-=1;n>=0;n--)
    x+=f[n];

  return(x);
}
```

Den Quellcode dieser Lösung finden Sie auf der Diskette unter \KAP05\02.CPP.

Dadurch, daß *n* als Zähler benutzt wird, wurde eine zusätzliche Zählvariable gespart. *n* wird im Initialisierungsteil der *for*-Schleife um eins vermindert, weil das x-te Element eines Feldes den Index *x-1* hat.

Lösung zu 3

```
long double durchschnitt(long double *f, int n)
{
  return(summe(f,n)/n);
}
```

Den Quellcode dieser Lösung finden Sie auf der Diskette unter \KAP05\03.CPP.

durchschnitt vereinfacht sich stark, wenn man Gebrauch von der Funktion *summe* macht. Das Ergebnis von *summe* muß dann nur noch durch die Anzahl der Elemente geteilt werden.

Lösung zu 4

```
int input(long *feld, long anz)
{
  if(anz<1)
    return(0);

  for(int x=0;x<anz;x++)
    {
      printf("Wert %li:",x+1);
      scanf("%li",&feld[x]);
    }
  return(1);
}
```

Bevor die Eingabeschleife startet, wird überprüft, ob die übergebene Anzahl einen Wert größer gleich 1 hat. Ansonsten ist eine Eingabe unsinnig und die Funktion bricht mit einem Fehlerwert ab.

```
void output(long *feld, long anz)
{
  if(anz<1)
    return;

  for(int x=0;x<anz;x++)
    printf("Wert %li:%li\n",x+1,feld[x]);

  return;
}
```

Den Quellcode dieser Lösung finden Sie auf der Diskette unter \KAP05\04.CPP.

Lösung zu 5

```
long maximum(long *feld, long anz)
{
  long max=feld[0],pos=0;
  for(int x=1;x<anz;x++)
    if(feld[x]>max)
      {
        max=feld[x];
        pos=x;
      }

  return(pos);
}
```

Den Quellcode dieser Lösung finden Sie auf der Diskette unter \KAP05\05.CPP.

Zur *maximum*-Funktion ist zu sagen, daß eine klitzekleine Schwierigkeit darin bestand, sich darüber klar zu werden, welchen Wert man als Initialisierungswert von *max* wählt.

Man sollte erkennen, daß ein konstanter Wert nicht in Frage kommt, es sei denn man nähme den kleinstmöglichen Wert, der aber von Maschine zu Maschine variieren kann.

```
int main()
{
  long x[100],anz;

  printf("Geben Sie die Anzahl der Werte ein (1-100):");
  scanf("%li",&anz);
  input(x,anz);
  printf("\nDas Maximum ist %li\n\n",x[maximum(x,anz)]);
}
```

In *main* muß man daran denken, daß *maximum* ja die Position des Maximums zurückliefert. Um den tatsächlichen Wert des Maximums zu bekommen, muß der Rückgabeparameter von *maximum* als Feldindex für *x* verwendet werden.

Lösung zu 6

```
void sort(long *feld, long anz)
{
  long x,s,spos;
  for(x=anz-1;x>0;x--)
    {
      spos=maximum(feld,x+1);
      s=feld[spos];
      feld[spos]=feld[x];
      feld[x]=s;
    }
}
```

Den Quellcode dieser Lösung finden Sie auf der Diskette unter \KAP05\06.CPP.

Die hinter diesem Verfahren liegende Idee ist die des **Selection-Sort**. Sie sieht folgendermaßen aus:

- Suche das größte Element des Feldes.
- Das größte Element hat in einem aufsteigend sortierten Feld die letzte Position bzw. den höchsten Index im Feld, deswegen vertauschen wir das größte gefundene Element mit dem letzten Element des Feldes.
- Das letzte Element des Feldes ist jetzt an seinem richtigen Platz. Wir verkleinern nun das Feld um ein Element, so daß das bisher letzte Element nicht mehr zum Feld gehört, und beginnen die Betrachtungen für das um ein Element verminderte Feld erneut.

- Dies führen wir solange fort, bis das zu betrachtende Feld nur noch aus einem Element besteht. Dann sind wir fertig.

Dieser Vorgang ist grafisch in Abbildung 5.3 dargestellt. Ein Beispiel für die Sortierung eines sieben-elementigen Feldes finden Sie in Abbildung 5.4.

Es ist noch anzumerken, daß diese Implementation des Sortierverfahrens nicht stabil ist. Dies bedeutet, daß die relative Reihenfolge gleicher Werte zueinander verändert wird. Das spielt bei bloßen Zahlen keine Rolle. Ginge es jedoch darum, eine Adreßkartei zu sortieren, dann müßte auf so etwas geachtet werden.

Man kann das Sortierverfahren allerdings stabil machen, indem man entweder den Vergleich > in *maximum* in >= umändert oder die Suchrichtung in *maximum* umdreht, also am Ende des Feldes beginnt und am Anfang aufhört.

Um die Zuweisungen innerhalb des *if*-Anweisungsblockes gering zu halten, sollte man sich für letztere Möglichkeit entscheiden.

Abbildung 5.3: Eine Form des Selection-Sort

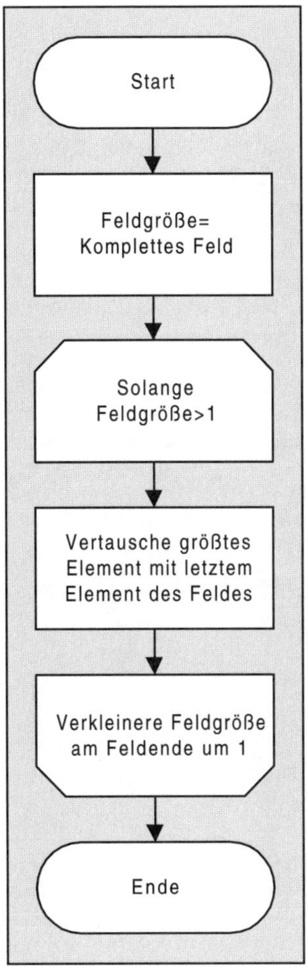

Abbildung 5.4: Ein Beispiel zu Selection-Sort

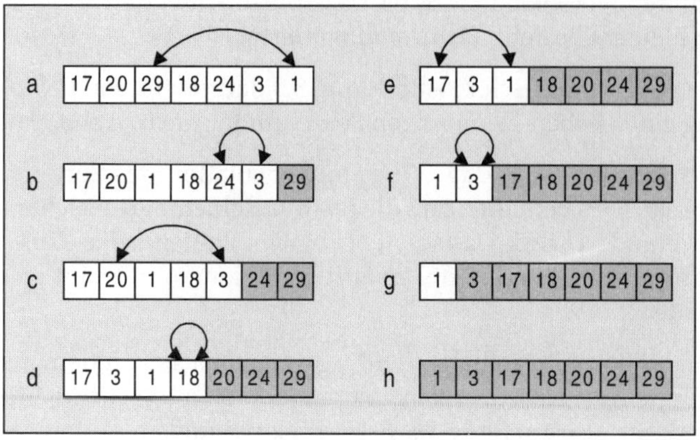

Zum Abschluß der Lösung wird noch die geforderte *main*-Funktion abgedruckt:

```
int main()
{
  long x[100],anz;

  printf("Geben Sie die Anzahl der Werte ein (1-100):");
  scanf("%li",&anz);
  input(x,anz);
  sort(x,anz);
  printf("\nSortiert:\n-------------\n");
  output(x,anz);
}
```

Lösung zu 7

Schauen wir uns zunächst eine einfach und daher leichter verständliche Lösung an:

```
void encode(long *qf, long *zf, long anz, int bits)
{
  int q=0,z=0,qb=1,zb=1,qp=0,zp=0;

  while(qp<anz)
    {
      if(qf[qp]&qb)
        zf[zp]|=zb;

      zb<<=1;
      qb<<=1;
      q++;
      z++;

      if(q==8)
        {
```

```
            q=0;
            qp++;
            qb=1;
          }
        if(z==bits)
          {
            z=0;
            zp++;
            zb=1;
          }
      }
  }
```

Den Quellcode dieser Lösung finden Sie auf der Diskette unter \KAP05\07A.CPP.

Die Namensgebung sieht so aus, daß sich alle Variablen, die mit q anfangen auf die Quelldaten und alle Variablen, die mit z beginnen, auf die Zieldaten beziehen.

q und *z* sind die aktuell betroffenen Bitpositionen innerhalb des aktuellen Datums.

qp un *zp* geben den Index des Feldes an, also das aktuell zu bearbeitende Datum.

qb und *zb* schließlich geben den tatsächlichen Wert an, den jeweils das Bit an Position *q* und *z* besitzt. Dabei gelten die Gleichungen $qb=2^b$ und $zb=2^z$.

Die Funktion geht davon aus, daß das leere Zielfeld ausschließlich Nullen enthält.

Die *while*-Schleife läuft solange, bis alle Daten des Quellfeldes bearbeitet wurden.

Die erste *if*-Anweisung sorgt dafür, daß das aktuell zu bearbeitende Bit im Quellfeld an die richtige Position im Zielfeld kopiert wird. Kopieren heißt in diesem Fall, daß das Bit im Zielfeld gesetzt wird, wenn es auch im Quellfeld gesetzt ist. Denn nicht gesetzte Bits werden schon durch die Forderung, daß das Zielfeld nur Nullen enthält, abgedeckt. Wenn Sie das Kapitel über die bitweisen Operatoren verstanden haben, müßte Ihnen diese Anweisung klar sein.

Danach werden die betroffenen Variablen so verändert, daß das nächste Bit bearbeitet werden kann.

Sollte das zu bearbeitende Bit des Quellfeldes die Position 8 haben (Bei 8 Bits sind ja nur die Positionen 0–7 benutzt), dann muß auf das nächste Datum gewechselt werden. Dazu wird der Feldindex *qp* um eins erhöht und die Variablen *q* und *qb* auf das erste Bit (Bit0) gesetzt.

Das gleiche gilt für die Variablen des Zielfeldes, wenn dort kein gültiges Bit mehr angesprochen wird. (Da die Anzahl der verwendeten Bits pro Datum *bits* ist, können nur an den Positionen *0 – (bits-1)* verwendbare Bits sein.

Falls Sie die Funktion noch nicht so ganz verstanden haben, sollten Sie das Programm einmal für das in der Übung beschriebene Beispiel durchspielen.

Um die Funktion zu überprüfen, brauchen wir noch eine *main*-Funktion:

```
int main()
{
  long x[100],y[800],anz;
  int bits;

  printf("Geben Sie die Anzahl der Werte ein (1-100):");
  scanf("%li",&anz);
  printf("Geben Sie die Anzahl der Bits ein (1-7):");
  scanf("%i",&bits);
  input(x,anz);
  encode(x,y,anz,bits);
  printf("\nUmkodiert:\n");
  output(y,(long)(ceil(anz*8.0/bits)));
}
```

Das Zielfeld wurde acht mal so groß gewählt wie das Quellfeld, weil im schlimmsten Fall (wenn *bits* gleich 1 ist) für jedes Bit ein Feldelement benötigt wird.

Interessant ist hier vielleicht auch der Aufruf von *output*. Die Anzahl der 8-Bit-Werte mal 8 ergibt die Anzahl der benutzten Bits. Teilt man die Anzhal der Bits durch die Anzahl der verwendeten Bits pro umkodiertem Wert, dann erhalten wir die Anzahl der benötigten Werte. Wir runden dann nur noch mit *ceil* auf, um ein eventuell nicht komplett belegtes Element am Schluß miteinzubeziehen. Es muß eine explizite Typumwandlung nach *long* erfolgen, weil ceil einen Rückgabewert vom Typ *double* hat.

Wir wollen nun noch etwas die *encode*-Funktion vereinfachen. Es wurde weiter oben bereits erwähnt, daß eine Beziehung zwischen *q*, *z*, *qb* und *zb* besteht, nämlich $qb=2^b$ und $zb=2^z$.

Mit diesen Gleichungen können wir die Variablen *qb* und *zb* eliminieren. Gleichzeitig legen wir das Inkrementieren von *q* und *z* in die entsprechende *if*-Bedingung:

```
void encode(long *qf, long *zf, long anz, int bits)
{
  int q=0,z=0;
  long bytes=0;
  while(bytes<anz)
    {
      if(*qf&(1<<q))
      *zf|=(1<<z);
      if(++q==8)
        {
          q=0;
          qf++;
```

```
        bytes++;
      }
    if(++z==bits)
      {
        z=0;
        zf++;
      }
  }
}
```

Den Quellcode dieser Lösung finden Sie auf der Diskette unter \KAP05\07B.CPP.

Tip: Da die Berechnung von 2^x eine Potenz-Funktion erfordern würde, ist von der Gleichung $2^x = 1 << x$ Gebrauch gemacht worden.

Des weiteren wurde auf den Index-Operator [ ] verzichtet und an seiner Stelle der Dereferenzierungsoperator * benutzt, wodurch dann nur noch die Adressen der Zeiger erhöht werden müssen.

Aber wir sind noch nicht am Ende. Denn schließlich lesen Sie dieses Buch, weil Sie eine einfache und tolle Sprache lernen wollen. Bitteschön:

```
void encode(long *qf, long *zf, long anz, int bits)
{
  long pos=0;

  do{
      if(*(qf+(pos/8))&(1<<(pos%8)))
        *(zf+(pos/bits))|=1<<(pos%bits);
    } while((++pos/8)<anz);
}
```

Den Quellcode dieser Lösung finden Sie auf der Diskette unter \KAP05\07C.CPP.

Wenn Sie die bisherigen Kapitel alle verstanden haben, dürfte die hinter dieser Lösung stehende Idee mit etwas nachdenken zu erkennen sein.

Lösung zu 8

```
void decode(long *qf, long *zf, long anz, int bits)
{
  long pos=0;

  do{
      if(*(qf+(pos/bits))&(1<<(pos%bits)))
        *(zf+(pos/8))|=1<<(pos%8);
    } while((++pos/bits)<anz);
}

int main()
```

```
{
  long x[100],y[800],z[100],anz;
  int bits;

  printf("Geben Sie die Anzahl der Werte ein (1-100):");
  scanf("%li",&anz);
  printf("Geben Sie die Anzahl der Bits ein (1-7):");
  scanf("%i",&bits);
  input(x,anz);
  encode(x,y,anz,bits);
  printf("\nUmkodiert:\n");
  output(y,(long)(ceil(anz*8.0/bits)));
  decode(y,z,(long)(ceil(anz*8.0/bits)),bits);
  printf("\nZurueckkodiert:\n");
  output(z,anz);
}
```

Den Quellcode dieser Lösung finden Sie auf der Diskette unter \KAP05\08.CPP.

Die *decode*-Funktion unterscheidet sich nicht wesentlich von der *encode*-Funktion. Und die vorhandenen Unterschiede müßten sich selbst erklären.

Lösung zu 9

```
#include <stdio.h>

int main()
{
  double x,min,max,summe=0.0;
  int anz;

  printf("Geben Sie die Anzahl der Werte ein:");
  scanf("%i",&anz);

  for(int c=0;c<anz;c++)
    {
      printf("Wert %i:",c+1);
      scanf("%lf",&x);
      if(!c)
        max=min=x;
      if(x>max)
        max=x;
      if(x<min)
        min=x;
      summe+=x;
    }
  printf("Summe       :%lf\nMinimum     :%lf\n",summe,min);
  printf("Maximum     :%lf\nDurchschnitt:%lf\n",max,summe/anz);
  printf("Max. negative Abweichung vom Durchschnitt:%lf\n",max-summe/
anz);
```

```
  printf("Max. positive Abweichung vom Durchschnitt:%lf\n",summe/anz-
min);
}
```

Den Quellcode dieser Lösung finden Sie auf der Diskette unter \KAP05\09.CPP.

Weil die Eingabe und die Verarbeitung der Daten in eine Schleife gefaßt wurde, brauchen wir die eingegebenen Daten nicht in einem Feld zwischenzuspeichern.

Lösung zu 10

```
#include <stdio.h>

int **quadrat(void)                      // 1
{
  static int dummy,*a=&dummy;            // 2
  *a*=*a;                                // 3
  return(&a);                            // 4
}

int main()
{
  int **sptr=quadrat(),x;                // 5
  printf("Wert:");
  scanf("%i",&x);                        // 6
  *sptr=&x;                              // 7
  quadrat();                             // 8
  printf("Das Quadrat betraegt %i\n\n",x); // 9
}
```

Den Quellcode dieser Lösung finden Sie auf der Diskette unter \KAP05\10.CPP.

Die Lösung dieser Übung hat es in sich. Einem Verfechter der OOP werden sich hier die Nackenhaare sträuben, aber es geht ja nicht darum, es wirklich anzuwenden, sondern darum, ob man die Zusammenhänge begriffen hat. Wir werden die Lösung schrittweise durchsprechen.

1. Die Aufgabenstellung erlaubt es uns, einen Rückgabeparameter zu benutzen. Wir definieren daher als Rückgabeparameter einen Zeiger, der auf einen Zeiger vom Typ int zeigt.
2. Nun haben wir zwei statische Variablen erzeugt. Die erste – *dummy* – ist eine einfache *int*-Variable. Die zweite – *a* – ist ein Zeiger auf *int*, der mit der Adresse von *dummy* initialisiert wird[1].

1. Sie erinnern sich: Eine statische Variable muß man bei ihrer Definition initialisieren. Weil eine statische Variable auch nach Beendigung der Funktion noch weiterexistiert, wird die Initialisierung nur beim ersten Aufruf der Funktion vorgenommen.

3. Die Variable, auf die a zeigt, wird mit sich selbst multipliziert. Im Augenblick bedeutet dies konkret *dummy*=dummy*. Das spielt aber keine Rolle, denn wie der Name schon sagt, brauchen wir *dummy* nur, damit *a* beim ersten Mal nicht ins Leere greift.
4. Die Funktion gibt dann die Adresse von *a* zurück. Da *a* ein Zeiger auf *int* ist, muß die Adresse von *a* eine Adresse eines Zeigers auf *int* sein. Wir gehen also konform mit dem Typ des Rückgabeparameters der Funktion.
5. Wir haben nun einen Zeiger auf einen Zeiger vom Typ *int* definiert (der gleiche Typ wie der Rückgabeparameter von *quadrat*). *sptr* wird bei ihrer Definition direkt mit dem Rückgabeparameter von *quadrat* initialisiert. *sptr* zeigt somit auf die Variable *a* aus *quadrat*. Des weiteren definieren wir noch eine konventionelle int-Variable.
6. Die Variable *x* nimmt den Wert auf, der später quadriert wird.
7. Mit **sptr* sprechen wir den Inhalt der Variablen *a* aus *quadrat* an, also die Adresse, auf die *a* zeigt. Wir weisen damit die Adresse von *x* der Variablen *a* zu. Ab jetzt zeigt *a* auf *x*.
8. Durch den Aufruf von *quadrat* wird jetzt der Wert, auf den *a* zeigt, quadriert[1], also *x*.
9. Zum Schluß wird dann noch das quadrierte *x* ausgegeben.

Sie sehen, was mit Zeigern alles angestellt werden kann. Solche enormen Manipulationsmöglichkeiten sind aber auch eine potentielle Fehlerquelle.

Da solche Fehler von Crackern oder Hackern ausgenutzt werden können, verzichtet zum Beispiel die Programmiersprache Java, die im Internet weite Verbreitung findet, komplett auf Zeiger.

1. Da wir in *quadrat* statische Variablen benutzt haben, werden diese beim zweiten Aufruf nicht mehr initialisiert. Die Änderungen an *a*, die wir in *main* vornahmen, sind damit noch vorhanden.

6 Strings

6.1 Grundlagen

In diesem Kapitel werden wir uns mit der Darstellung von Zeichen und Zeichenketten (Strings) beschäftigen. Hier ist auch der Zeitpunkt gekommen, unsere Ein-/Ausgabe in C++ würdiger Weise vorzunehmen.

char

Doch zunächst zu den Zeichen. Ein Zeichen wird mit dem Schlüsselwort **char** definiert. Soll z.B. die Variable *a* ein Zeichen aufnehmen können, dann schreiben wir dies so:

```
char a;
```

Wir können der Variablen *a* nun ein Zeichen zuweisen:

```
a='B';
```

Achtung: Zeichenkonstanten stehen immer zwischen einfachen Anführungsstrichen.

Die *char*-Variablen sind eine Art Zwitter, ihnen können sowohl Zeichenkonstanten, als auch Werte zugewiesen werden. Deswegen kann man ihren Inhalt bei der Ausgabe auch als Zeichen oder Wert betrachten:

```
printf("Der numerische Wert von %c ist %i\n",a,a);

a=65;
printf("a hat nun \'%c\' gespeichert.\n\n",a);
```

%c

Zur Ein-/Ausgabe eines Zeichens wird das Formatzeichen *%c* verwendet.

Genaugenommen wird eine Zeichenkonstante auch als Wert betrachtet, denn man kann mit ihm sogar rechnen:

```
a=3+'s';
```

Achtung: Ein Zeichen innerhalb einfacher Anführungsstriche wird als Wert betrachtet, der überall dort stehen kann, wo konstante Werte stehen können.

Das gleiche würde auch funktionieren, wenn man *int*-Werte benutzte, allerdings haben die *char*-Variablen den Vorteil, daß ihre Größe genau dem Bedarf an verschiedenen Zeichen entspricht.

In all jenen Ländern, in denen römische Buchstaben verwendet werden[1], reicht es aus, wenn eine *char*-Variable 8 Bit groß ist. Aber in Japan zum Beispiel ist sie 16 Bit groß, weil die Japaner viel mehr Schriftzeichen besitzen.

---

1. Wie zum Beispiel in Deutschland

Strings

Schauen wir uns nun an, welche Eigenschaften *char*-Felder besitzen. Da ein *char*-Feld eine Aneinanderreihung von *char*-Werten darstellt, können wir sie benutzen, um ganze Wörter oder Sätze zu speichern.

Diese *char*-Felder werden von den Ein- und Ausgabefunktionen besonders unterstützt, wenn sie ein gewisses Format besitzen. Sie erinnern sich, daß wir bei den Feldern einer Funktion zusätzlich zur Feldadresse immer noch die Anzahl der Elemente übergeben mußten, damit sie ordungsgemäß arbeiten konnte.

Endekennung

Bei Strings geht man nun einen andern Weg: Man benutzt eine Endekennung. Der Wert 0 wird für diese Endekennung verwendet, da der Wert 0 keinem Zeichen entspricht.

```
#include <stdio.h>

int main()
{
char a[7];

  a[0]='S';
  a[1]='t';
  a[2]='r';
  a[3]='i';
  a[4]='n';
  a[5]='g';
  a[6]=0;

  printf("Der erzeugte String ist :%s\n",a);
}
```

Den Quellcode finden Sie auf der Diskette unter \KAP06\BSP\BSP01.CPP.

%s

Wie Sie sehen, ist das Formatzeichen für Strings *%s*. Durch die Null am Ende des Strings erkennt *printf*, daß der String dort aufhört und beendet die Ausgabe.

Mit *scanf* können Strings eingelesen werden, jedoch erweist sich eine Eigenschaft von *scanf* als Problem: Wie Sie vielleicht wissen, kann man mit einer *scanf*-Anweisung mehrere Werte einlesen. *scanf* erwartet dann, daß diese Werte durch Leerzeichen getrennt werden.

gets

Wenn Sie aber einen Satz eingeben wollen, dann enthält dieser zwangsläufig Leerzeichen und *scanf* geht dann davon aus, daß mehrere Strings eingelesen werden sollen.

Um diesem Dilemma zu entgehen, benutzen wir die Funktion **gets**:

```
#include <stdio.h>

int main()
{
char a[81];
```

```
  printf("Bitte einen max. 80 Zeichen langen text eingeben:");
  gets(a);
  printf("Sie gaben \"%s\" ein.\n",a);
}
```

Den Quellcode finden Sie auf der Diskette unter \KAP06\BSP\BSP02.CPP.

Beachten Sie beim Einlesen und bei der Verarbeitung von Strings grundsätzlich folgendes:

Achtung: Ein String darf mit Endekennung nur gleich oder kleiner als das ihn beherbergende Feld sein, niemals größer.

string.h

Genau wie bei den anderen Feldern gibt es auch bei *char*-Feldern keine Möglichkeit, mehreren Feldelementen auf einmal verschiedene Werte zuzuweisen.

strcpy

Um nun aber trotzdem einem String eine Stringkonstante zuweisen zu können, benutzen wir die **strcpy**-Funktion aus **string.h**:

```
char a[80];
strcpy(a,"Ich programmiere in C++");
```

sprintf

So wie Sie mit *printf* die Möglichkeit haben, einen formatierten String auf den Bildschirm auszugeben, können Sie mit **sprintf** diese Ausgabe in einen String schreiben:

```
sprintf(string,"Die Variable a hat den Wert %i",a);
```

Die Ausgabe wird nun in den String *string* geschrieben und mit einer Endekennung abgeschlossen.

Bis zu diesem Punkt haben wir uns allein schon durch die Übungen intensiv mit der C-typischen Ein-/Ausgabe beschäftigt. Beim File-Handling werden uns diese Funktionen in leicht abgeänderter Form noch einmal begegnen.

iostream.h

Es ist jetzt aber an der Zeit, uns mit der C++-typischen Ein-/Ausgabe vertraut zu machen, weil wir uns in den nächsten Kapiteln mit Sprachelementen beschäftigen werden, von denen einige ausschließlich von C++ zur Verfügung gestellt werden. Die für die Ein-/Ausgabe in C++ notwendigen Funktionen sind in der Headerdatei **iostream.h** deklariert.

Schauen wir uns zunächst ein C-typisches Fragment an:

```
char a='X';
int b=3765;

  printf("Das Zeichen %c und der int-Wert %i\n\n",a,b);
```

Auf dem Bildschirm erscheint:

```
Das Zeichen X und der int-Wert 3765
```

cout

Als nächstes kommt ein vollständiges Beispiel, welches Ihnen die gleiche Ausgabe C++-typisch generiert:

```
#include <iostream.h>

int main()
{

char a='X';
int b=3765;

  cout << "Das Zeichen " << a << " und der int-Wert " << b << "\n";
}
```

Den Quellcode finden Sie auf der Diskette unter \KAP06\BSP\BSP03.CPP.

Die Ausgabe verwendet den Schiebeoperator <<. Man kann sich dies leicht merken, indem man sich vorstellt, daß die auszugebenden Daten „in *cout* hineingeschoben" werden.

cin

Die Eingabe funktioniert mit *cin* analog zur Ausgabe mit dem Schiebeoperator >>:

```
#include <iostream.h>

int main()
{

int b;

  cout << "Wert:";
  cin >> b;
  cout << "Der Wert ist " << b << endl;
}
```

Den Quellcode finden Sie auf der Diskette unter \KAP06\BSP\BSP04.CPP.

Man kann sich den >>-Operator auch gut merken, indem man sich vorstellt, daß die eingegebenen Daten „in die Variable hineingeschoben" werden.

endl

Bei der Ausgabe wurde *endl* verwendet. *endl* hat die gleiche Eigenschaft wie \n, nur mit dem zuzsätzlichen Effekt, daß ein Flush vorgenommen wird. Das bedeutet, daß bei einer gepufferten Ausgabe nicht so lange mit der tatsächlichen Ausgabe auf dem Bildschirm gewartet wird, bis der Puffer voll ist. Die Ausgabe wird statt dessen sofort getätigt.

Strengere Typüberprüfung

Weil in C++ eine strengere Typüberprüfung herrscht, muß bei der Ein- und Ausgabe nicht explizit angegeben werden, welcher Variablentyp verwendet wird. Die Funktionen *cin* und *cout* unterstützen folgende Variablentypen:

Eingabe-Operator >>	Ausgabe-Operator <<
char *	const char *
unsigned char *	const unsigned char *
signed char *	const signed char *
char &	char
unsigned char &	unsigned char
signed char &	signed char
short &	short
unsigned short &	unsigned short
int &	int
unsigned int &	unsigned int
long &	long
unsigned long &	unsigned long
float &	float
double &	double
long double &	long double
	const void *

Tabelle 6.1: Von << und >> unterstützte Datentypen

Durch die fehlenden Formatzeichen kann man zum Beispiel folgendes Fragment nicht mehr 1:1 umsetzen:

```
char a='G';
printf("Der numerische Wert von %c ist %i\n",a,a);
```

Tip: Man muß sich bei *cout* eines kleinen Tricks bedienen. Und zwar muß man die Variable mittels expliziter Typumwandlung in den Typ umwandeln, den man ausgegeben haben möchte:

```
cout << "Der numerische Wert von " << b;
cout << " ist " << (int)(b) << endl;
```

getline

Auch bei *cin* können – wie bei *scanf* – mehrere Werte durch Leerzeichen getrennt eingegeben werden, weshalb eine besondere Funktion von *cin* notwendig ist, um Leerzeichen enthaltende Strings einlesen zu können:

```
cin.getline(char *string, int groesse, char trennzeichen);
```

string ist die Adresse des Zielstrings, *groesse* bestimmt die maximal einzulesenden Zeichen und *trennzeichen* definiert das Zeichen, welches die Eingabe beendet. Wenn Sie kein Trennzeichen angeben, wird voreingestellt *n* verwendet, so daß eine mit *getline* getätigte Eingabe im Normalfall durch Drükken der Return-Taste beendet wird.

6.2 Übungen

Bitte denken Sie daran, daß wir ab jetzt *cin* und *cout* zur Ein- und Ausgabe von Daten verwenden. Die Funktionen *printf* und *scanf* sollen in den folgenden Lösungen nicht verwendet werden.

LEICHT **1. Übung**

Schreiben Sie eine Funktion namens *ostrcpy*, die genauso wie *strcpy* den Inhalt eines Strings – **einschließlich** der Endekennung – in einen anderen kopiert, aber keinen Rückgabewert hat. Die Funktion sollte folgendermaßen aufgerufen werden können: *ostrcpy(zielstring,quellstring)*. Benutzen Sie zur Lösung ausschließlich selbstgeschriebene Funktionen.

Schreiben Sie eine *main*-Funktion, mit der Sie die *ostrcpy*-Funktion überprüfen können.

Vergessen Sie nicht, die C++-typische Ein-/Ausgabe zu verwenden.

LEICHT **2. Übung**

Schreiben Sie eine Funktion namens *ostrlen*, die die Länge eines Strings **einschließlich** der Endekennung zurückgibt, was *strlen* bekanntlich nicht macht. Benutzen Sie zur Lösung ausschließlich selbstgeschriebene Funktionen.

Schreiben Sie eine *main*-Funktion, mit der Sie Ihre Lösung überprüfen können.

MITTEL **3. Übung**

Schreiben Sie eine Funktion namens *upstring*, die alle Kleinbuchstaben eines Strings in Großbuchstaben umwandelt, Großbuchstaben und andere Zeichen aber unverändert läßt. Die Funktion soll die Anzahl der **umgewandelten** Buchstaben zurückliefern.

Zum Beispiel würde die Funktion aus "Andre Willms" den String "ANDRE WILLMS" machen und den Wert 9 zurückliefern.

Schreiben Sie eine *main*-Funktion, mit der Sie Ihre Lösung überprüfen können.

MITTEL **4. Übung**

Schreiben Sie eine Funktion namens *reversstring*, die einen String umdreht. Das ursprünglich erste Zeichen steht danach an letzter Stelle, das zweite an vorletzter Stelle usw. Die Funktion soll keinen Rückgabewert haben.

Zum Beispiel wird aus dem String "Andre Willms" der String "smlliW erdnA".

Schreiben Sie eine *main*-Funktion, um Ihre Funktion zu testen.

5. Übung

SCHWER

Schreiben Sie eine Funktion namens *mixstring*, der Sie drei Strings übergeben (Ziel, Quelle1, Quelle2), wobei der Zielstring aus den beiden Quellstrings so erzeugt wird, daß er das erste Zeichen des ersten Strings, das erste Zeichen des zweiten Strings, das zweite Zeichen des ersten Strings, usw. enthält.

Ein Beispiel: Wenn Quelle1="Anton" und Quelle2="Willi" ist, dann sollte die Funktion den Zielstring "AWnitlolni" erzeugen.

Sollte einer der Strings länger sein, dann werden die übrig gebliebenen Zeichen angehängt: Quelle1="Tim", Quelle2="Adelheid", dann ist Ziel=„TAidmelheid“.

Die Funktion liefert keinen Wert zurück. Implementieren Sie die Funktion einmal mit Indizes und einmal mit Dereferenzierungsoperatoren. Benutzen Sie nur selbstgeschriebene Funktionen.

Schreiben Sie eine *main*-Funktion, mit der Sie *mixstring* überprüfen können. Denken Sie beim Ausprobieren daran, daß der Zielstring so groß sein muß wie die Quellstrings zusammengenommen.

6. Übung

SCHWER

Schreiben Sie eine Funktion namens *ostrstr*, die überprüft, ob ein String in einem anderen enthalten ist. Ist dies der Fall, sollte *ostrstr* den **Index** zurückgeben, an dem der String steht, und nicht wie *strstr* die Adresse. Ist der gesuchte String nicht enthalten, soll die Funktion –1 zurückgeben.

Beispiel: String1="Otto", String2="Und Otto geht baden.", dann sollte *ostrstr(String2,String1)* den Wert 4 zurückliefern, weil "Otto" im String2 bei Index 4 beginnt.

Implementieren Sie *ostrstr* nur mit selbstgeschriebenen Funktionen. Schreiben Sie sich eine *main*-Funktion, die eine Überprüfung von *ostrstr* zuläßt.

7. Übung

LEICHT

Schreiben Sie eine Funktion namens *leftstr*, die Sie mit *leftstr(ziel,quelle,anz)* aufrufen können, und die die ersten *anz* Zeichen des Quellstrings in den Zielstring kopiert. Der Zielstring soll mit einer Endekennung versehen werden. Die Funktion soll keinen Rückgabewert haben. Schützen Sie Ihre Funktion vor Bereichsüberschreitung. Es soll zum Beispiel verhindert werden, daß die ersten 8 Zeichen eines nur 6 Zeichen langen Strings kopiert werden. In diesem Fall werden nur 6 Zeichen kopiert. Es dürfen nur selbstgeschriebene Funktionen benutzt werden.

8. Übung

LEICHT

Schreiben Sie eine Funktion namens *rightstr*, die Sie mit *rightstr(ziel,quelle,anz)* aufrufen können, und die die letzten *anz* Zeichen des Quellstrings in den Zielstring kopiert. Der Zielstring soll mit einer Endekennung versehen werden. Die Funktion soll keinen Rückgabewert haben. Schützen Sie diese Funktion ebenfalls vor Bereichsüberschreitung. Es dürfen nur selbstgeschriebene Funktionen benutzt werden.

LEICHT

9. Übung

Schreiben Sie eine Funktion namens *midstr*, die Sie mit *midstr(ziel,quelle,pos,anz)* aufrufen können und die ab dem Index *pos* des Quellstrings *anz* Zeichen in den Zielstring kopiert. Der Zielstring soll mit einer Endekennung versehen werden. Die Funktion soll keinen Rückgabewert haben. Schützen Sie diese Funktion ebenfalls vor Bereichsüberschreitung. Es dürfen nur selbstgeschriebene Funktionen benutzt werden.

SCHWER

10. Übung

Schreiben Sie eine Funktion *toWord*, der Sie einen *unsigned-long*-Wert und die Adresse eines Strings übergeben. Die Funktion wandelt diesen Wert dann in ein Wort um und speichert dieses Wort in dem String, dessen Adresse übergeben wurde. Ein paar Beispiele:

Aus 0 wird „Null"

Aus 1 wird „Eins"

Aus 101 wird „Einhunderteins"

Aus 73489 wird „Dreiundsiebzigtausendvierhundertneunundachtzig"

Aus 1000012 wird „Einemillionzwoelf"

Aus 2000012 wird „Zweimillionenzwoelf"

Die größte umwandelbare Zahl sollte 999999999999 sein[1].

Die Funktion soll die im Sprachgebrauch üblichen Besonderheiten berücksichtigen. Zum Beispiel:

Es heißt „Einemillion" und „Zweimillionen", nicht „Zweimillion".

Es heißt „Eins" und „Einhunderteins", nicht „Einshunderteins"

Es heißt „Eintausendneunhundertsiebenundneunzig", nicht „Neunzehnhundertsiebenundneunzig"[2]

Schreiben Sie eine *main*-Funktion, mit der Sie Ihre Funktion überprüfen können.

MITTEL

11. Übung

Schreiben Sie eine Funktion *monthToWord*, der die eine Adresse eines Strings übergeben wird. Dieser String enthält ein Datum in der Form TT.MM.JJJJ.

---

1. Weil ein *unsigned-long*-Wert nur Werte bis ca. 4,2 Milliarden darstellen kann, wird dies natürlich auch die Grenze für Ihre Ausgabe sein. Die Funktion *toWord* soll aber trotzdem so ausgelegt sein, das für den Fall, daß eine *unsigned-long*-Variable die Zahl 999999999999 darstellen könnte, Ihre Funktion sie auch umwandeln würde.
2. Bedenken Sie, daß wir nur reine Zahlen ausgeben wollen. Für Jahreszahlen nämlich würde in diesem das Umgekehrte gelten: Die Schreibweise „Neunzehnhundertsiebenundneunzig" ist die übliche und „Eintausendneunhundertsiebenundneunzig" wird so gut wie nie benutzt.

Die Funktion wandelt dieses Datum so um, daß der Monat als Wort ausgeschrieben ist. Führende Nullen der Tagesangabe sollen gelöscht werden.

Wenn der Funktion zum Beispiel "04.5.1970" übergeben wird, dann ändert sie den String in "4. Mai 1970" um. Für den Fall, daß ein ungültiges Datum übergeben wird, bleibt der übergebene String unverändert.

Die Funktion soll einen wahren Wert zurückliefern, wenn die Umwandlung durchgeführt wurde. Konnte keine Umwandlung erfolgen, wird ein falscher Wert zurückgegeben.

Schreiben Sie eine *main*-Funktion, mit der Sie die Funktion überprüfen können. *main* soll den Rückgabeparameter von *monthToWord* auswerten.

12. Übung

SCHWER

Schreiben Sie eine Funktion *dateToDays*, der die Adresse eines Strings übergeben wird. Dieser String soll ein Datum der Form TT.MM.JJJJ beinhalten. *dateToDays* berechnet dann die Tage, die seit dem 1.1.1900 bis zu dem übergebenen Datum vergangen sind. Dabei soll der 1.1.1900 der Tag 1 sein (Der 4.2.1901 wäre damit der 400. Tag). Die Anzahl der Tage soll als *unsigned-long*-Wert zurückgeliefert werden.

Definieren Sie das Jahr (1900) und die Tatsache, daß der 1.1.1900 Tag 1 sein soll, als Konstante, damit eventuelle Änderungen leichter fallen.

Schreiben Sie dazu eine *main*-Funktion, die folgende Ein-/Ausgabe ermöglicht:

```
Bitte Datum eingeben (TT.MM.JJJJ):23.5.1997

Der 23.5.1997 ist der 35572. Tag seit dem 1.1.1900
```

13. Übung

SCHWER

Schreiben Sie eine Funktion *daysToDate*, die sich als Umkehrfunktion von *dateToDays* aus Übung 12 versteht. *daysToDate* soll einen *unsigned long* Wert, der die Anzahl der Tage enthält, und eine Adresse auf einen String übergeben bekommen. Die Funktion schreibt dann das berechnete Datum in diesen String.

Verwenden Sie die gleichen Konstanten wie bei Übung 12.

14. Übung

MITTEL

Schreiben Sie eine Funktion *isLater*, die folgenden Funktionskopf haben soll:

```
int isLater(char *s1, char *s2)
```

s1 und *s2* zeigen jeweils auf einen String, der ein Datum der Form TT.MM.JJJJ enthält. Die Funktion *isLater* soll nun einen *int*-Wert zurückliefern, der eine wahre Aussage repräsentiert, wenn das in *s1* gespeicherte Datum zeitlich nach dem in *s2* gespeicherten Datum liegt. In allen anderen Fällen soll ein Wert zurückgeliefert werden, der eine falsche Aussage repräsentiert.

Schreiben Sie dazu eine passende *main*-Funktion.

MITTEL

15. Übung

Schreiben Sie eine Funktion *getvalue*, der die Adresse eines Strings übergeben wird, der eine Ganzzzahl enthält. *getvalue* soll diese Ganzzahl nun in einen tatsächlichen Wert umwandeln und als *int* zurückliefern. Die Funktion soll vorzeichenbehaftete und vorzeichenlose Werte umsetzen können.

Benutzen Sie für die Implementation nur selbstgeschriebene Funktionen und Funktionen aus *ctype.h*.

Schreiben Sie eine *main*-Funktion, um die Ergebnisse überprüfen zu können.

MITTEL

16. Übung

Schreiben Sie einen ganz einfachen Formelinterpreter als Funktion. Dem Formelinterpreter wird ein String übergeben, in dem eine Rechnung steht, z.B. „20+4*2–13+105/2". Die Funktion gibt dann einen *int*-Wert zurück, der das Ergebnis repräsentiert. In diesem Beispiel wäre das 70.

Das Programm soll nur Ganzahlen bearbeiten können. Es sollen nur die Grundrechenarten +, –, * und / erkannt werden. Klammerungen dürfen im String nicht vorkommen. Auch die bekannte Punkt-vor-Strich-Regel soll vernachlässigt werden[1]. Die Rechnung wird von links nach rechts durchgeführt..

SCHWER

17. Übung

Sie kennen bestimmt den berühmt-berüchtigten Freitag, den 13. Um abergläubigen Menschen die Möglichkeit der Vorausplanung zu geben, sollen Sie ein Programm schreiben, welches ermittelt, wann ein Freitag, der 13. auftritt. Überlegen Sie sich, von welchem Parameter es abhängt, in welchem Monat ein Freitag, der 13. auftritt.

Ihr Programm soll für alle Möglichkeiten auflisten, in welchem Jahr wie viele Freitage, der 13. auftreten und in welchen Monat sie fallen.

Die größte Schwierigkeit dieser Übung liegt darin, die hinter dem Problem liegende Regelmäßigkeit zu erkennen. Eine ähnliche Aufgabe hatten Sie schon in Kapitel 3, Übung 23 zu lösen.

MITTEL

18. Übung

Schreiben Sie eine Funktion *dateToWeekday*, die berechnet, auf welchen Wochentag ein entsprechendes Datum fällt. Die Funktion sollte folgenden Kopf besitzen:

```
void dateToWeekday(char *datum, char *wochentag)
```

Wobei *datum* ein Zeiger auf das relevante Datum und *wochentag* ein Zeiger auf einen String ist, in den der ermittelte Wochentag als Wort hineingeschrieben werden soll.

---

1. Für die Formel „3+4*5" wird die Formelinterpreter-Funktion daher 35 als Ergebnis liefern und nicht 23, wie es korrekt wäre.

Um einen Anhaltspunkt zur Wochentagsbestimmung zu haben, sollten Sie ein Referenzdatum verwenden. Zum Beispiel:

```
#define REFDATE "1.1.1997"
#define REFDAY 2
```

Die obigen Definitionen gehen davon aus, daß die Wochentage der Reihenfolge nach durchnumeriert sind, und zwar bei Montag beginnend mit 0.

Demnach besagt das Referenzdatum, daß der 1.1.97 ein Mittwoch war.

6.3 Tips

Tip zu 1

- Falls Sie auf Anhieb zu keiner Lösung kommen, sollten Sie zuerst versuchen, die einzelnen Zeichen des Strings über Indizes anzusprechen. Wenn Sie auf diese Weise zu einer Lösung gekommen sind, sollten Sie an Verbesserungen denken.

Tips zu 3

- Behandeln Sie jedes Zeichen des Strings einzeln. Benutzen Sie dazu die Funktion *toupper*.
- Da *toupper* keine Informationen darüber liefert, ob das Zeichen umgewandelt wurde oder nicht, muß die Abfrage darauf vor der Verwendung von *toupper* stattfinden.
- Sie können vor der eigentlichen Umwandlung überprüfen, ob z.B. *c!=toupper(c)* ist. Wenn ja, wird eine Umwandlung erfolgen. Sie können aber auch die Funktion *islower* verwenden.

Tips zu 4

- Eine simple Methode besteht darin, einen zweiten leeren String anzulegen, und den Originalstring dann von hinten zeichenweise in den leeren String zu kopieren.
- Eine andere Möglichkeit ist die, jeweils das erste Zeichen mit dem letzen Zeichen, das zweite Zeichen mit dem vorletzten Zeichen, usw. zu vertauschen.

Tips zu 5

- Die Schleife darf nur dann terminieren, wenn bei beiden Strings das Ende erreicht wurde.
- Damit bei unterschiedlich langen Strings nicht über die Grenzen des kürzeren hinweg Zeichen kopiert werden, muß für jeden Quellstring eine extra Abfrage implementiert werden, ob das Ende schon erreicht wurde.

Tips zu 6

- Die Lösung besteht aus zwei verschachtelten Schleifen.
- Die innere Schleife muß den zu suchenden String zeichenweise mit einem Ausschnitt des Strings vergleichen, in dem gesucht werden soll. Die äußere Schleife hat dafür Sorge zu tragen, daß bei keiner Übereinstimmung der zu vergleichende Ausschnitt innerhalb des Strings, in dem gesucht wird, um ein Zeichen verschoben wird.
- Es ist wichtig zu berücksichtigen, daß gegen Ende des Strings, in dem gesucht wird, der Suchstring nicht mehr komplett mit dem Ausschnitt verglichen werden kann, weil der Vergleich sonst über das Stringende hinausgehen würde.

Tips zu 10

- Es ist wichtig, sich über die Gemeinsamkeiten der geschriebenen Zahlen im klaren zu sein. Dadurch erkennt man zwangsläufig die Besonderheiten.
- Es bietet sich an, die Gemeinsamkeiten in separaten Funktionen zusammenzufassen, um das Programm kurz und effizient zu halten.

Tip zu 11

- Zuerst sollte man das Datum in seine Bestandteile (Tag, Monat, Jahr) zerlegen und dann in der gewünschten Form wieder zusammensetzen.

Tips zu 12

- Zuerst muß das Datum in seine Bestandteile (Tag, Monat, Jahr) zerlegt und diese dann in ein numerisches Format (z.B. *int*) umgewandelt werden.
- Es darf nicht vergessen werden, die Schaltjahre zu berücksichtigen.
- Vom Startdatum aus müssen zuerst die Tage der vollen Jahre, dann vom angebrochenen Jahr die Tage der vollen Monate und zum Schluß noch die Tage des angebrochenen Monats aufaddiert werden.

Tips zu 14

- Überlegen Sie sich eine Form, in der zwei Daten besonders gut verglichen werden können.
- Sie müssen das Datum in eine kontinuierliche Form umwandeln, so daß Vergleichsoperatoren wie < oder > darauf angewendet werden können.
- Eine mögliche Form der Kontinuität ist die Anzahl der vergangenen Tage, wie sie schon in Übung 12 bestimmt wurde.

Tips zu 16

- Es muß abwechselnd eine Zahl und einen Operator eingelesen werden, bis das Formelende erreicht ist.
- Da die Formel von links nach rechts ohne Berücksichtigung der Bindungsstärke der Operatoren berechnet werden soll, kann ein eingelese-

ner Operand sofort mit der durch den Operator definierten Operation mit dem bisher bestimmten Teilergebnis verknüpft werden.

Tips zu 17

- Man muß sich zuerst im Klaren darüber sein, wieviel verschiedene Möglichkeiten es geben kann.
- Da das zu lösende Problem vom Wochentag abhängig ist, können nur sieben verschiedene Möglichkeiten in Betracht kommen.
- Berücksichtigt man noch die Existenz von Schaltjahren, verdoppelt sich die Anzahl der zu untersuchenden Fälle auf 14.

Tips zu 18

- Man sollte das Datum zuerst in ein kontinuierliches Format umwandeln.
- Weist man den einzelnen Wochentagen eine Zahl zu, kann man durch eine Rechnung auf den Wochentag schließen, wenn man in diese Rechnung das Referenzdatum mit einbezieht.

6.4 Lösungen

Lösung zu 1

```
void ostrcpy(char *z, char *q)
{
int a=0;

  do
    {
      z[a]=q[a];
      a++;
    } while(q[a-1]!=0);
}
```

Den Quellcode dieser Lösung finden Sie auf der Diskette unter \KAP06\01A.CPP.

In der *while*-Anweisung wird überprüft, ob *q[a–1]* ungleich Null ist, weil nach dem Kopieren *a* schon um eins erhöht wurde. Durch diese Abfrage wird überprüft, ob das zuletzt kopierte Zeichen die Endekennung war. Die Funktion leistet zwar das Geforderte, es gibt aber eine viel elegantere Lösung:

```
void ostrcpy(char *z, char *q)
{
  do
    {
      *(z++)=*(q++);
    } while(*(q-1)!=0);
}
```

Den Quellcode dieser Lösung finden Sie auf der Diskette unter \KAP06\01B.CPP.

Diese Lösungsvariante nutzt den Dereferenzierungsoperator, wodurch die Zählvariable eingespart wird. *z* und *q* beinhalten die Adressen der beiden Strings. Da sie aber auch Zeiger auf *char* sind, erhält man z.B. mit **q* den Inhalt der Adresse, auf die *q* zeigt. Das ist am Anfang das erste Zeichen des Strings. Deswegen wird mit **z=*q* das erste Zeichen des Quellstrings ins erste Zeichen des Zielstrings kopiert.

In der Funktion wird die Zuweisung noch durch Postinkrementoperatoren ergänzt, so daß zuerst eine Zuweisung erfolgt und dann die Inhalte von *q* und *z*, die ja die Adressen der Strings sind, um eins erhöht werden. Dadurch zeigen sie anschließend jeweils auf das zweite Zeichen usw.

In der *while*-Anweisung wird das zuletzt kopierte Zeichen durch **(q–1)!=0* daraufhin überprüft, ob es die Endekennung war. *q–1* deswegen, weil durch das Postinkrement die von den Zeigern gespeicherte Adresse schon um eins erhöht wurde.

Da man in C/C++ die explizite Prüfung auf Null weglassen kann, läßt sich die *while*-Anweisung noch wie folgt vereinfachen: *while(*(q–1))*.

Nun noch die *main*-Funktion:

```
int main()
{

char quelle[160],ziel[160];

  cout << "Bitte String eingeben:";
  cin.getline(quelle,160);
  ostrcpy(ziel,quelle);

  cout << "Kopierter String:" << ziel << endl;
}
```

Vergessen Sie *#include <iostream.h>* nicht, denn *stdio.h* wird vorerst nicht mehr benötigt.

Lösung zu 2

```
int ostrlen(char *s)
{
int a=0;
  while(s[a++]);
  return(a);
}
int main()
{
char quelle[160];
  cout << "Bitte String eingeben:";
  cin.getline(quelle,160);
```

```
  cout << "Stringlaenge mit Endekennung: ";
  cout << ostrlen(quelle) << endl;
}
```

Den Quellcode dieser Lösung finden Sie auf der Diskette unter \KAP06\02.CPP.

Bei dieser Lösung brauchen wir eine Zählvariable, weil Zählen die Hauptaufgabe der Funktion ist. Die *while*-Anweisung bricht ab, wenn die Bedingung falsch ist. Die Bedingung ist dann falsch, wenn *s[a]* gleich Null ist, was der Endekennung entspricht. Die Endekennung wird auch mitgezählt, weil *a* durch das Postinkrement auch dann noch einmal erhöht wird, wenn *while* durch die Endekennung abbricht.

Lösung zu 3

```
#include <iostream.h>
#include <ctype.h>

int upstring(char *s)
{
int a=0;

  while(*s)
    {
      if(islower(*s))
        {
          *s=toupper(*s);
          a++;
        }
      s++;
    }
  return(a);
}

int main()
{

char quelle[160];
int umw;

  cout << "Bitte String eingeben:";
  cin.getline(quelle,160);
  umw=upstring(quelle);
  cout << "Umgewandelter String :\"" << quelle << "\".\n";
  cout << "Umwandlungen:" << umw << endl;
}
```

Den Quellcode dieser Lösung finden Sie auf der Diskette unter \KAP06\03.CPP.

Die Funktion macht Gebrauch vom Dereferenzierungsoperator, um eine Zählvariable zu sparen. Die *while*-Schleife wird solange ausgeführt, bis *s* auf die Endekennung zeigt. Zu Beginn zeigt *s* auf den Anfang des Strings, weshalb **s* das erste Zeichen liefert.

Es wird daraufhin überprüft, ob es ein Kleinbuchstabe ist. Wenn ja, wird es in einen Großbuchstaben umgewandelt und die Zählvariable um eins erhöht. Schließlich wird *s* um eins erhöht, so daß der Zeiger nun auf das nächste Zeichen des Strings zeigt usw.

Lösung zu 4

```
#include <iostream.h>
#include <string.h>

void reversstring(char *s)
{
char k[1000];
int x,y=0;

  strcpy(k,s);
  x=strlen(k)-1;
  while(x>=0)
    s[y++]=k[x--];
}

int main()
{

char quelle[160];

  cout << "Bitte String eingeben:";
  cin.getline(quelle,160);
  reversstring(quelle);
  cout << "Umgewandelter String :\"" << quelle << "\"." << endl;
}
```

Den Quellcode dieser Lösung finden Sie auf der Diskette unter \KAP06\04A.CPP.

Diese Lösung ist ziemlich einfach. Zuerst wird eine Kopie des Strings angefertigt. *x* bekommt den Index des letzten Zeichens des Strings *k*, so daß mit *x* der String *k* von hinten nach vorne und mit *y* der String *s* von vorne nach hinten durchlaufen wird. *x* bekommt den um eins erniedrigten Wert von *strlen* zugewiesen, weil das erste Zeichen des String den Index 0 hat.

Diese Lösung ist ziemlich einfach, hat aber den Nachteil, daß die Strings, die mit der Funktion bearbeitet werden können, begrenzt sind. Sobald in diesem Fall der zu bearbeitende String länger als 1000 Zeichen ist, paßt er nicht mehr in die Kopie. Nun bringt es aber auch nichts, die Kopie z. B. 10000 Zeichen lang zu machen, weil ein String mit 10001 Zeichen wieder nicht hineinpaßt.

Sinnvoller wäre daher eine Lösung, die keine Kopie benötigt:

```
void reversstring(char *s)
{
char *b,z;

  b=s+strlen(s)-1;
  while(b>s)
    {
      z=*b;
      *(b--)=*s;
      *(s++)=z;
    }
}
```

Den Quellcode dieser Lösung finden Sie auf der Diskette unter \KAP06\04B.CPP.

Diese Lösung basiert auf der Idee, daß ein String auch umgedreht wird, wenn das erste Zeichen mit dem letzten vertauscht wird, das zweite Zeichen mit dem vorletzten usw.

s zeigt auf den Anfang des Strings. Zusätzlich wird ein zweiter Zeiger *b* angelegt, dem die von *s* gespeicherte Adresse plus der Länge des Strings minus 1 zugewiesen wird. Damit zeigt *b* nun auf das letzte Zeichen des Strings. Zudem ist eine *char*-Variable erforderlich, die das zu kopierende Zeichen zwischenspeichert.

Die Schleife ist dann zu Ende, wenn die zu erhöhende Adresse größer geworden ist, als die zu vermindernde, denn genau dann wurde die Mitte des Strings passiert. Die Inkrement- und Dekrementoperatoren wurden so in die Anweisungen integriert, daß keine zusätzlichen Anweisungen benötigt werden. Man könnte sie auch der Verständlichkeit wegen als gesonderte Anweisungen schreiben:

```
z=*b;
*(b)=*s;
*(s)=z;
s++;
b++;
```

Lösung zu 5

Zuerst die Lösung mit Indizes:

```
#include <iostream.h>
void mixstring(char *z, char *q1, char *q2)
{
int cz=0,cq1=0,cq2=0;
  do
    {
      if(q1[cq1])  z[cz++]=q1[cq1++];
      if(q2[cq2])  z[cz++]=q2[cq2++];
```

```
    } while((q1[cq1])||(q2[cq2]));
  z[cz]=0;
}
int main()
{
char quelle1[160],quelle2[160],ziel[320];
  cout << "Bitte String1 eingeben:";
  cin.getline(quelle1,160);
  cout << "Bitte String2 eingeben:";
  cin.getline(quelle2,160);
  mixstring(ziel,quelle1,quelle2);
  cout << "Vermischter String:" << ziel << "\"." << endl;
}
```

Den Quellcode dieser Lösung finden Sie auf der Diskette unter \KAP06\05A.CPP.

Und nun die Lösung mit Dereferenzierungsoperatoren:

```
void mixstring(char *z, char *q1, char *q2)    /*UEB21-08.C */
{
  do
    {
      if(*q1)  *z++=*q1++;
      if(*q2)  *z++=*q2++;
    } while((*q1)||(*q2));
  *z=0;
}
```

Den Quellcode dieser Lösung finden Sie auf der Diskette unter \KAP06\05B.CPP.

Die Funktionen sind so einfach, daß sie keiner Erklärung bedürfen. Wenn wider Erwarten doch Verständnisprobleme auftreten sollten, dann spielen Sie die Funktion einmal per Hand mit Teststrings durch.

Lösung zu 6

```
#include <iostream.h>
int strlen(char *s)
{
int a=0;
  while(s[a++]);
  return(a-1);
}
int ostrstr(char *s1, char *s2)
{
int x,y,z;
  for(x=0;x<(strlen(s1)-strlen(s2));x++)
    {
      z=1;
      for(y=0;y<strlen(s2);y++)
```

```
        if(s2[y]!=s1[x+y])
          {
            z=0;
            break;
          }
      if(z)  return(x);
    }
  return(-1);
}
int main()
{
char quelle1[160],quelle2[160];
int index;
  cout << "Bitte String eingeben:";
  cin.getline(quelle1,160);
  cout << "Bitte Suchstring eingeben:";
  cin.getline(quelle2,160);
  index=ostrstr(quelle1,quelle2);
  if(index!=-1)
    cout << "String an Position " << index << " gefunden" << endl;
  else
    cout << "Suchstring nicht enthalten!" << endl;
}
```

Den Quellcode dieser Lösung finden Sie auf der Diskette unter \KAP06\06.CPP.

Diese Lösung benötigt die Funktion *strlen*. Da jedoch die Aufgabenstellung ein Benutzen fremder Funktionen nicht erlaubt, wurde *strlen* selbst implementiert. Die selbstgeschriebene Funktion *strlen* ist mit *ownstrlen* aus Übung 2 identisch, nur daß *a–1* anstatt *a* zurückgegeben wird. Dies ist notwendig, um ein der *strlen*-Funkion aus *string.h* identisches Verhalten zu erzeugen[1].

Sollte die Funktion *ostrstr* in einem Programm benutzt werden, kann *strlen* mittels *string.h* zur Verfügung gestellt und die eigene *strlen*-Funktion weggelassen werden.

Die erste Schleife geht alle möglichen Positionen des zu durchsuchenden Strings durch, an denen der Suchstring stehen könnte. *x* läuft bis zur Länge des zu durchsuchenden Strings minus der Länge des Suchstrings, damit während des Vergleichs nicht der Bereich des größeren Strings überschritten wird.

Die nächste Schleife prüft, ob an der aktuellen Stelle *x* des zu durchsuchenden Strings der Suchstring steht. Wenn nicht, bricht die Schleife mit z=0 ab. Hinter der Schleife wird die Funktion verlassen und *x* zurückgegeben, wenn *z* wahr (ungleich 0) ist, was genau dann der Fall ist, wenn alle Vergleiche der vorherigen Schleife stimmten. Sollte der ganze String erfolglos druchsucht worden sein, wird –1 zurückgegeben.

1. Unsere selbstgeschriebene *strlen*-Funktion aus Übung 2 hat ja die Endekennung im Rückgabewert mitberücksichtigt. Die originale *strlen*-Funktion macht dies nicht.

Die Lösung mit zwei verschachtelten Schleifen leistet ihre Dienste, es geht jedoch auch noch anders. In einer späteren Übung werden Sie mit einem ähnlichen Problem wie diesem konfrontiert und dort wird dann eine Lösung mit nur einer Schleife vorgestellt. Sie können aber gerne schon für diese Übung eine Lösung mit nur einer Schleife entwickeln.

Lösung zu 7

```
void leftstr(char *z, char *q, int n)
{
  for(n-=1;n>=0;n--)
    {
      if(!*q) break;
      *(z++)=*(q++);
    }
  *z=0;
}
```

Den Quellcode dieser Lösung finden Sie auf der Diskette unter \KAP06\07.CPP.

Der Bereichsschutz wurde mit der *if*-Anweisung realisiert, die bei Erreichen der Endekennung mit einem *break* die Schleife abbricht.

Lösung zu 8

```
void rightstr(char *z, char *q, int n)
{
  if((int)strlen(q)-n>0)
    q=q+strlen(q)-n;
  leftstr(z,q,n);
}
```

Den Quellcode dieser Lösung finden Sie auf der Diskette unter \KAP06\08.CPP.

rightstr benutzt die Funktionen *strlen* und *leftstr*, die jedoch in Übung 6 und 7 schon programmiert wurden und deswegen hier nicht erneut aufgeführt werden.

Lösung zu 9

```
void midstr(char *z, char *q, int p, int n)
{
  if((int)strlen(q)-p>0)
    q+=p;
  leftstr(z,q,n);
}
```

Den Quellcode dieser Lösung finden Sie auf der Diskette unter \KAP06\09.CPP.

midstr benutzt die Funktionen *strlen* und *leftstr*, die in Übung 6 und 7 programmiert wurden. Sie können zur Übung einmal versuchen, bei der oberen Funktion *rightstr* anstelle von *leftstr* zu benutzen.

Lösung zu 10

Sie sollten immer versuchen, ein größeres Problem zunächst in Teilprobleme aufzuspalten, diese Teilprobleme zu lösen und das Gesamtproblem dann durch Zusammensetzen der einzelnen Teillösungen zu bewältigen.

Wenn ich zum Beispiel die Zahlen von 1–999 in Worte umformen kann, dann nützt mir dies auch bei größeren Zahlen. Denn ab 1000 beginnt der Sprachgebrauch wieder bei 1 (Eintausend).

Das heißt mit der Funktion 1–999, die Zahlen von 1–999 in ein Wort umwandelt, kann ich Zahlen bis 999999 darstellen, wenn ich alle Zahlen größer 999 in folgendes Schema aufteile:

1–999 + "tausend" + 1–999

Zum Beispiel ergibt 234899 "Zweihundertvierunddreissig" + "tausend" + "achthundertneunundneunzig".

Dies wären Gemeinsamkeiten. Die Besonderheiten sind zum Beispiel die Wörter „Million“ und „Milliarde“ mit ihrem anderslautenden Plural („Millionen“ und „Milliarden“).

Doch beschäftigen wir uns zuerst mit dem Problem der Umformung der Zahlen von 1 bis 999. Dazu sollten wir uns über die Gemeinsamkeiten dieser Zahlen Gedanken machen.

Die Zahlen von 1–20 haben keine nennenswerten Gemeinsamkeiten, weswegen wir für sie eine besondere Funktion entwerfen:

```
#include <iostream.h>
#include <string.h>
#include <ctype.h>

void unter20(unsigned long wert, char *s, int eins)
{
  switch(wert)
    {
      case 1:
        if(eins)
          strcat(s,"eins");
        else
          strcat(s,"ein");
      break;
      case 2: strcat(s,"zwei"); break;
      case 3: strcat(s,"drei"); break;
      case 4: strcat(s,"vier"); break;
      case 5: strcat(s,"fuenf"); break;
      case 6: strcat(s,"sechs"); break;
```

```
        case 7: strcat(s,"sieben"); break;
        case 8: strcat(s,"acht"); break;
        case 9: strcat(s,"neun"); break;
        case 10: strcat(s,"zehn"); break;
        case 11: strcat(s,"elf"); break;
        case 12: strcat(s,"zwoelf"); break;
        case 13: strcat(s,"dreizehn"); break;
        case 14: strcat(s,"vierzehn"); break;
        case 15: strcat(s,"fuenfzehn"); break;
        case 16: strcat(s,"sechszehn"); break;
        case 17: strcat(s,"siebzehn"); break;
        case 18: strcat(s,"achtzehn"); break;
        case 19: strcat(s,"neunzehn"); break;
    }
}
```

Eine Besonderheit ist die Zahl 1. Kommt sie alleine vor, dann wird sie „eins" geschrieben. Wird sie jedoch in Kombination mit einer anderen Zahl verwendet, dann schreibt man sie „ein" (z. B. „Einhundert" oder „Einunddreissig").

Die Funktion *unter20* wurde deshalb mit einem Parameter ausgestattet, der es uns ermöglicht, eine Wahl zwischen beiden Schreibweisen zu treffen.

Wir sind nun in der Lage, Zahlen von 1–19 darzustellen. Wenn wir uns die Zahlen ansehen, die größer als 19 sind, dann erkennen wir als nächste Gruppe die Zahlen 20–99. Diese Zahlen können nach folgendem Schema aufgebaut werden:

1–9 + "und" + Zehnerwert

Wobei *Zehnerwert* für "Zwanzig", "Dreissig", "Vierzig" usw. steht. Da wir die Zahlen 1–9 aber schon mit unserer *unter20*-Funktion darstellen können, läßt sich das Schema vereinfachen:

unter20 + "und" + Zehnerwert

Wir schreiben dazu eine Funktion namens *unter100*, die zuerst schaut, ob die umzuformende Zahl kleiner als 20 ist, denn damit wird die *unter20*-Funktion alleine fertig. Sollte die Zahl größer als 19 sein, dann wird eine Zahl XY so aufgespalten, daß die Komponente Y von *unter20* und die Komponente X von *unter100* umgeformt wird:

```
void unter100(unsigned long wert, char *s,int eins)
{

  if(wert<20)
    {
      unter20(wert,s,eins);
      return;
    }

  if(wert%10)
    {
```

```
      unter20(wert%10,s,0);
      strcat(s,"und");
    }

  switch(wert/10)
    {
      case 2: strcat(s,"zwanzig"); break;
      case 3: strcat(s,"dreissig"); break;
      case 4: strcat(s,"vierzig"); break;
      case 5: strcat(s,"fuenfzig"); break;
      case 6: strcat(s,"sechzig"); break;
      case 7: strcat(s,"siebzig"); break;
      case 8: strcat(s,"achtzig"); break;
      case 9: strcat(s,"neunzig"); break;
    }
}
```

Die Funktion *unter100* benutzt die Funktion *unter20*, weswegen auch hier der Parameter *eins* Verwendung findet, der zwischen „Ein“ und „Eins“ entscheidet. Wollen wir nur Zahlen kleiner 100 ausgeben, können wir dies tun, indem wir den Wert 1 für Paramter *eins* wählen.

Die nächste Gruppe mit Gemeinsamkeiten sind die Zahlen 100–999. Wenn Sie sich einmal über das Schema dieser Zahlen Gedanken machen, werden Sie sehen, daß jede Zahl von 100–999 folgendermaßen dargestellt werden kann:

unter20 + "hundert" + *unter100*

Weil die Funktion *unter1000* auch Zahlen umformen soll, die kleiner als 100 sind, muß dies speziell abgefragt werden, damit in diesem Fall nur die Funktion *unter100* aufgerufen wird.

Des weiteren müssen wir darauf achten, daß der Wert, der im oberen Schema von *unter100* umgeformt wird, nicht 0 ist. Denn man sagt ja für 100 nicht „Einhundertnull“.

```
void unter1000(unsigned long wert, char *s, int eins)
{
  if(wert<100)
    {
      unter100(wert,s,eins);
      return;
    }
  unter20(wert/100,s,0);
  strcat(s,"hundert");

  if(wert%100)
    {
      unter100(wert%100,s,eins);
    }
  return;
}
```

Damit wäre das schwierigste programmiert.

Die nächste Gruppe von Zahlen ist 1000–999999. Jede dieser Zahlen läßt sich so umformen:

unter1000 + "tausend" + *unter1000*

Hier muß auch wieder gesichert werden, daß der zweite Aufruf von *unter1000* nicht 0 ist, denn es heißt nicht „Dreiundzwanzigtausendnull".

```
void tausend(unsigned long wert, char *s)
{
  if(wert>=1000)
    {
      unter1000(wert/1000,s,0);
      strcat(s,"tausend");
    }
  if(wert%1000)
    unter1000(wert%1000,s,1);
}
```

Die letzen beiden Funktionen *million* und *milliarde* sind fast identisch mit der Funktion *tausend*. Es muß nur auf die Unterschiede zwischen Singular und Plural geachtet werden.

```
void million(unsigned long wert, char *s)
{
  if(wert>=1000000)
    {
      int mil=wert/1000000;
      if(mil==1)
        {
          strcat(s,"einemillion");
        }
      else
        {
          unter1000(mil,s,0);
          strcat(s,"millionen");
        }
      wert%=1000000;
    }
  tausend(wert,s);
}

void milliarde(unsigned long wert, char *s)
{
  if(wert>=1000000000)
    {
      int mil=wert/1000000000;
      if(mil==1)
        {
          strcat(s,"einemilliarde");
```

```
        }
      else
        {
          unter1000(mil,s,0);
          strcat(s,"milliarden");
        }
      wert%=1000000000;
    }

  million(wert,s);
}
```

Wir können nun alle gewünschten Zahlen darstellen, bis auf die Null. Sie ist ein Sonderfall, der in der *toWord*-Funktion selbst abgefangen wird.

Außerdem sorgt die *toWord*-Funktion durch einen *toupper*-Aufruf dafür, daß das die umgeformte Zahl groß geschrieben wird.

```
void toWord(unsigned long wert, char *s)
{
  if(wert==0)
    {
      strcat(s,"Null");
      return;
    }

  milliarde(wert,s);
  s[0]=toupper(s[0]);
  return;
}
```

Zum guten Schluß noch die triviale *main*-Funktion:

```
int main()
{

unsigned long wert;
char nummer[500];

  cout << "Bitte Zahl eingeben:";
  cin >> wert;
  toWord(wert,nummer);
  cout << nummer << endl;
}
```

Den Quellcode dieser Lösung finden Sie auf der Diskette unter \KAP06\10.CPP.

Lösung zu 11

```
#include <iostream.h>
#include <stdlib.h>
#include <string.h>
#include <ctype.h>

int monthToWord(char *s)
{
  char d[100],*c=d,*o=s;

  while(!isdigit(*o)||*o=='0') o++;
  do{
      *(c++)=*(o++);
    } while(*(o-1)!='.');
  *c=0;
  switch(atoi(o))
    {
      case 1: strcat(d," Januar "); break;
      case 2: strcat(d," Februar "); break;
      case 3: strcat(d," Maerz "); break;
      case 4: strcat(d," April "); break;
      case 5: strcat(d," Mai "); break;
      case 6: strcat(d," Juni "); break;
      case 7: strcat(d," Juli "); break;
      case 8: strcat(d," August "); break;
      case 9: strcat(d," September "); break;
      case 10: strcat(d," Oktober "); break;
      case 11: strcat(d," November "); break;
      case 12: strcat(d," Dezember "); break;
      default:  return(0);
    }

  while(*(o++)!='.');
  strcat(d,o);
  strcpy(s,d);
  return(1);
}

int main()
{
  char datum[100];

  cout << "Bitte Datum eingeben (TT.MM.JJJJ):";
  cin.getline(datum,100);
  if(monthToWord(datum))
    cout << "Neues Datum:" << datum << endl;
  else
    cout << "Datum konnte nicht konvertiert werden!" << endl;
}
```

Den Quellcode dieser Lösung finden Sie auf der Diskette unter \KAP06\11.CPP.

d ist der String, in dem das neue Datum gebildet wird. *c* ist ein Zeiger auf *d*, der verwendet wird, um auf den Indexoperator und damit auf eine Zählvariable verzichten zu können. *o* ist ein Zeiger, der auf denselben String zeigt wie *s*. *o* wird verwendet, damit mit *s* immer noch ein Zeiger auf den Anfang des Originalstrings zur Verfügung steht.

Die erste *while*-Schleife überspringt eventuelle Leerzeichen und Nullen, die dem Tagesdatum vorausgehen.

Die *do*-Schleife kopiert das Tagesdatum einschließlich des ersten Punktes in den neuen String.

Danach wird das Monatsdatum mit *atoi* in eine Ganzzahl umgewandelt. Mit Hilfe der *switch*-Anweisung wird aufgrund dieser Ganzzahl der entsprechende Monat als Wort in den neuen String kopiert.

Die folgende *while*-Schleife läuft den Originalstring bis hinter den zweiten Punkt durch. Alles, was diesem zweiten Punkt folgt, wird mit *strcat* an den neuen String gehängt.

Zum Schluß wird der Originalstring mit dem neu gebildeten Datum überschrieben.

Lösung zu 12

Um diese Aufgabe zu lösen, benötigen wir eine Funktion, die uns sagt, ob ein bestimmtes Jahr ein Schaltjahr ist oder nicht, denn davon hängt ab, ob das Jahr 365 oder 366 Tage hat.

Weil das Thema „Schaltjahr" schon ausführlich in Kapitel 2 mit den Übungen 15 und 17 besprochen wurde, wird für eine Erklärung der Funktion dorthin verwiesen.

Der Vollständigkeit halber ist die *isSchaltjahr*-Funktion hier aber noch einmal aufgeführt:

```
#include <iostream.h>
#include <stdlib.h>

#define STARTYEAR 1900
#define STARTDAY 1

int isSchaltjahr(int x)
{
  if(x%4) return(0);
  if(x%100) return(1);
  if(x%400) return(0);
  return(1);
}
```

Um die tatsächliche Berechnung der Tage weiter zu vereinfachen, schreiben wir eine Hilfsfunktion *daysPerMonth*, die uns für einen bestimmten Monat im Jahr sagt, wieviel Tage dieser besitzt. Dabei muß berücksichtigt werden, daß der Februar eines Schaltjahres 29 Tage besitzt.

```
int daysPerMonth(int month, int year)
{
  switch(month)
    {
      case 0: case 2: case 4: case 6:
      case 7: case 9: case 11:
        return(31);
      case 3: case 5: case 8: case 10:
        return(30);
      case 1:
        return(28+isSchaltjahr(year));
      default:
        return(0);
    }
}

//*****************************************************

unsigned long dateToDays(char *s)
{
  int day=atoi(s)-1;
  while(*(s++)!='.');
  int month=atoi(s)-2;
  while(*(s++)!='.');
  int year=atoi(s);

  unsigned long daysum=STARTDAY+day;

  while(month>=0)
    daysum+=daysPerMonth(month--,year);

  while(year>STARTYEAR)
    daysum+=365+isSchaltjahr(year--);

  return(daysum);
}
```

Zuerst werden Tag, Monat und Jahr aus dem String extrahiert und in Ganzzahlen umgewandelt. Der Tag wird um eins vermindert, weil der aktuelle Tag des Datums nicht mit eingerechnet wird.

Der Monat wir um zwei vermindert, weil erstens der aktuelle Monat nicht mitgerechnet wird und zweitens die *daysPerMonth*-Funktion den ersten Monat als Monat 0 bezeichnet.

Zuerst werden die Tage des angebrochenen Monats zu der Gesamtzahl der Tage addiert. Dann werden in der ersten Schleife zuerst die im aktuellen Jahr bereits verstrichenen Monate aufaddiert und danach die Tage der seit 1900 vergangenen Jahre, wobei bei den Jahren wieder die Schaltjahre berücksichtigt werden müssen (Bei den Monaten brauchen wir uns an dieser Stelle nicht um Schaltjahre zu kümmern, weil dafür bereits die Funktion *daysPerMonth* Sorge trägt).

```
int main()
{
  char datum[100];
  unsigned long dayanz;

  cout << "Bitte Datum eingeben (TT.MM.JJJJ):";
  cin.getline(datum,100);
  dayanz=dateToDays(datum);
  cout << "Der " << datum << " ist der " << dayanz;
  cout << ". Tag seit dem 1.1." << STARTYEAR << endl;
}
```

Den Quellcode dieser Lösung finden Sie auf der Diskette unter \KAP06\12.CPP.

Die *main*-Funktion ist wie in den meisten Fällen trivial.

Lösung zu 13

Die Funktion *daysToDate* benutzt die Funktionen *isSchaltjahr* und *daysPerMonth*, die in Übung 12 erklärt sind.

```
void daysToDate(unsigned long daysum, char *s)
{
  int day=0,month=0,year=STARTYEAR;

  daysum-=STARTDAY;
  while((daysum)>=(unsigned long)((365+isSchaltjahr(year))))
    daysum-=365+isSchaltjahr(year++);

  while((daysum)>=(unsigned long)(daysPerMonth(month,year)))
    daysum-=daysPerMonth(month++,year);

  month++;
  day=daysum+1;
  sprintf(s,"%i.%i.%i",day,month,year);
}
```

Solange die Gesamtzahl der Tage größer ist als die Tage des folgenden Jahres, solange werden die Tage des Jahres (Schaltjahr berücksichtigen) von der Gesamtzahl der Tage abgezogen.

Das Gleiche wird mit den Monaten gemacht, bis schließlich nur noch die Tage des angebrochenen Monats übrigbleiben.

Um den Datumsstring zu erzeugen, wird die Funktion *sprintf* verwendet, weil entsprechende Verfahren in C++ zu diesem Zeitpunkt noch nicht als Wissen vorausgesetzt werden können.

Als nächstes folgt die *main*-Funktion, die ein Überprüfen des Ergebnisses ermöglicht:

```
int main()
{
  char datum[100];
  unsigned long dayanz;

  cout << "Wieviel Tage sind vergangen:";
  cin >> dayanz;
  daysToDate(dayanz,datum);
  cout << "Es ist der " << datum << endl;
}
```

Den Quellcode dieser Lösung finden Sie auf der Diskette unter \KAP06\13.CPP.

Lösung zu 14

Wie bei vielen Lösungsansätzen kann man auch hier zwei verschiedene Strategien anwenden. Die erste ist die, daß wir eine eigenständige und unabhängige Funktion schreiben.

Die Funktion spaltet zuerst die beiden Daten in Tage, Monate und Jahre auf. Dann werden zuerst die beiden Jahreszahlen verglichen. Sollte bei ihnen noch keine Entscheidung fallen, werden die Monate und zum Schluß gegebenenfalls die Tage verglichen.

Die zum Testen notwendige *main*-Funktion wird direkt mit aufgelistet:

```
#include <iostream.h>
#include <stdlib.h>

int isLater(char *s1, char *s2)
{
  int day1=atoi(s1)-1;
  while(*(s1++)!='.');
  int month1=atoi(s1)-2;
  while(*(s1++)!='.');
  int year1=atoi(s1);

  int day2=atoi(s2)-1;
  while(*(s2++)!='.');
  int month2=atoi(s2)-2;
  while(*(s2++)!='.');
  int year2=atoi(s2);

  if(year1==year2)
    {
      if(month1==month2)
        {
          return(day1>day2);
```

```
        }
      else
        {
          return(month1>month2);
        }
    }
  else
    {
      return(year1>year2);
    }
}

//***********************************************************

int main()
{
  char datum1[100],datum2[100];

  cout << "1. Datum :";
  cin.getline(datum1,100);
  cout << "2. Datum :";
  cin.getline(datum2,100);
  if(isLater(datum1,datum2))
    {
      cout << "Der " << datum1 << " ist spaeter als der ";
      cout << datum2 << endl;
    }
  else
    {
      cout << "Der " << datum1 << " ist frueher oder ";
      cout << "gleich dem " << datum2 << endl;
    }
}
```

Den Quellcode dieser Lösung finden Sie auf der Diskette unter \KAP06\14A.CPP.

Dies war die erste Strategie. Der zweite Ansatz sagt: „Warum versuche ich nicht, etwas bereits programmiertes zu verwenden, um meine Lösung eleganter und in einer kürzeren Zeit entwerfen zu können?"

Deswegen benutzt die folgende Lösung die bereits in Übung 12 programmierte Funktion *dateToDays*, um die Lösung kurz zu halten:

```
int isLater(char *s1, char *s2)
{
  return(dateToDays(s1)>dateToDays(s2));
}
```

Den Quellcode dieser Lösung finden Sie auf der Diskette unter \KAP06\14B.CPP.

Diese Lösung ist eleganter als die vorherige aber dafür auch langsamer. Man sollte daher für den konkreten Fall unterscheiden, ob dieser Zeitunterschied bei der heutigen Computergeneration relevant ist[1].

Lösung zu 15

Die Funktion benutzt zur Potenzierung die Funktion *potenz*, die in Kapitel 3, Übung 11 bereits programmiert wurde.

Kommen wir nun zur *getvalue*-Funktion. Zuerst wird geprüft, ob die Zahl ein Vorzeichen besitzt. Sollte die Zahl kein Vorzeichen oder ein positives Vorzeichen besitzen, muß dies lediglich übersprungen werden, weil die Variable *sign*, die das Vorzeichen enthalten soll, schon mit 1 initialisiert wurde. Ist das Vorzeichen negativ, dann wird *sign* der Wert –1 zugewiesen und das Vozeichen im String ebenfalls übersprungen.

Man weiß, daß die x-te Stelle einer dezimalen Zahl die Wertigkeit 10^{x-1} hat. Um sich diese Information zunutze zu machen, muß erst festgestellt werden, aus wieviel Ziffern die Zahl besteht. Diese Aufgabe übernimmt die erste *while*-Schliefe.

Die zweite *while*-Schleife berechnet die Zahl anhand der oben aufgeführten Informationen.

Zum Schluß wird die ermittelte Zahl unter Berücksichtigung des Vorzeichens zurückgeliefert.

```
#include <iostream.h>
#include <ctype.h>
int getvalue(char *str)
{
int x=0,value=0,sign=1;
  if(*str=='+')
    str++;
  else
    if(*str=='-')
      {
        sign=-1;
        str++;
      }
  while(isdigit(str[x+1])) x++;
  while(x>=0) value+=potenz(10,x--)*((*(str++))-'0');
  return(value*sign);
}
int main()
{
char swert[80];
int wert;
```

1. Benutzen Sie zum Beispiel einen Algorithmus, der *isLater* millionenfach aufruft, dann sollten Sie der ersten Lösung den Vorzug geben. Müssen Sie jedoch nur einen Beleg zeitlich richtig einsortieren, reicht der zweite Ansatz allemal.

```
  cout << "Bitte Wert eingeben :";
  cin.getline(swert,80);
  wert=getvalue(swert);
  cout << "Das Ergebnis lautet :" << wert << endl;
}
```

Den Quellcode dieser Lösung finden Sie auf der Diskette unter „\KAP06\15.CPP“.

Lösung zu 16

```
#include <iostream.h>
#include <ctype.h>
```

Zuerst werden ein paar Funktionen definiert, die kleinere, aber wichtige Aufgaben übernehmen:

```
int iscalc(char x)
{
  return((x=='+')||(x=='-')||(x=='*')||(x=='/'));
}

//*************************************************

int isvalue(char *str)
{
int x=0;
  while(isdigit(str[x])) x++;
  return(x);
}

//*************************************************

int isvalid(char *str)
{
int x=0;

  while(str[x])
    {
      if((!isdigit(str[x]))&&(!iscalc(str[x])))
        return(0);
      x++;
    }

  if(!isvalue(str)) return(0);
  str+=isvalue(str);
  while(*str)
    {
      if(!iscalc(*(str++))) return(0);
      if(!isvalue(str)) return(0);
      str+=isvalue(str);
```

```
    }
  return(1);
}
```

Die Funktion *iscalc* prüft, ob es sich bei dem übergebenen Zeichen um eins der gültigen Rechenzeichen handelt. Dementsprechend gibt sie wahr oder falsch zurück. *isvalue* überprüft, ob der Zeiger auf einen numerischen ganzzahligen Wert verweist. Die Funktion gibt die Länge des Wertes in Zeichen zurück oder Null, falls es sich um einen ungültigen Wert handelt. Die Funktion *isvalid* überprüft, ob es sich um eine gültige Formel handelt. Eine gültige Formel darf nur aus Ziffern und den vier gültigen Rechensymbolen bestehen. Des weiteren muß eine gültige Formel mit einer Zahl beginnen und enden. Und innerhalb der Formel müssen Rechensymbole und Zahlen immer abwechselnd hintereinander stehen.

```
int interpreter(char *fptr)
{
int ergeb=getvalue(fptr);

  fptr+=isvalue(fptr);
  while(*fptr)
    {
      switch(*(fptr++))
        {
          case '+':  ergeb+=getvalue(fptr);
                     break;
          case '-':  ergeb-=getvalue(fptr);
                     break;
          case '*':  ergeb*=getvalue(fptr);
                     break;
          case '/':  ergeb/=getvalue(fptr);
                     break;
        }
      fptr+=isvalue(fptr);
    }
  return(ergeb);
}

//**************************************************
int main()
{
char formel[80];
  cout << "Bitte Formel eingeben :";
  cin.getline(formel,80);
  if(!isvalid(formel))
    cout << "Ungueltige Formel!!" << endl;
  else
    cout << "Das Ergebnis lautet :" << interpreter(formel) << endl;
}
```

Den Quellcode dieser Lösung finden Sie auf der Diskette unter \KAP06\16.CPP.

Der Formelinterpreter benutzt die Funktion *getvalue*, die in der vorigen Übung programmiert wurde.

Lösung zu 17

Da es hier um Wochentage geht und es von diesen nur sieben verschiedene gibt, können grundsätzlich nur sieben verschiedene Möglichkeiten auftreten. Zum Beispiel für den Fall, daß der 1. 1. eines Jahres ein Montag ist oder ein Dienstag usw.

Allerdings müssen wir ergänzend noch berücksichtigen, daß manche Jahre Schaltjahre sind und manche nicht. Deswegen ergeben sich insgesamt 14 verschiedene Möglichkeiten, die betrachtet werden müssen.

Die Vorgehensweise sieht folgendermaßen aus. Zuerst beginnen wir mit dem Jahr, in dem der 1. 1. auf einen Montag fällt. Wir numerieren die Wochentage mit Montag beginnend bei Null der Reihenfolge nach durch.

Wenn also der 1. 1. auf einen Tag 0 (Montag) fällt, dann fällt der 13. 1. auf den Tag 13%7, das ergibt 6 und ist demnach ein Sonntag. Da der 1. Monat 31 Tage besitzt, erhalten wir den 13. 2. durch (6+31)%7. Dies ist ein Mittwoch (2).

Der 13. 3. fällt daher auf den Tag (2+28)%7. Es ist also ebenfalls ein Mittwoch (2)[1].

Dies spielen wir für alle zwölf Monate durch und beginnen dann mit dem Fall, daß der 1. 1. ein Dienstag ist, usw.

Zum Schluß wird dies alles noch einmal für den Fall wiederholt, daß es sich um Schaltjahre handelt.

Als erstes schreiben wir ein paar Hilfsfunktionen.

```
#include <iostream.h>
#include <string.h>

void month(int x, char *s)
{
  switch(x)
    {
      case 0: strcat(s," Januar "); break;
      case 1: strcat(s," Februar "); break;
      case 2: strcat(s," Maerz "); break;
      case 3: strcat(s," April "); break;
      case 4: strcat(s," Mai "); break;
      case 5: strcat(s," Juni "); break;
      case 6: strcat(s," Juli "); break;
      case 7: strcat(s," August "); break;
```

1. Dieses Beispiel geht davon aus, daß es sich nicht um ein Schaltjahr handelt. Bei einem Schaltjahr würde der 13. 3. auf einen Donnerstag fallen.

```
      case 8: strcat(s," September "); break;
      case 9: strcat(s," Oktober "); break;
      case 10: strcat(s," November "); break;
      case 11: strcat(s," Dezember "); break;
    }
}
```

Die Funktion *month* wandelt einen Monat in numerischer Form in ein Wort um und hängt es an den übergebenen String an.

```
int daysPerMonth(int month, int syear)
{
  switch(month)
    {
      case 0: case 2: case 4: case 6:
      case 7: case 9: case 11:
        return(31);
      case 3: case 5: case 8: case 10:
        return(30);
      case 1:
        return(28+syear);
      default:
        return(0);
    }
}
```

Die Funktion *daysPerMonth* haben wir in ähnlicher Form bereits kennengelernt. Allerdings wurde hier die Berücksichtigung des Schaltjahres nicht von einer tatsächlichen Jahreszahl sondern von einem zusätzlichen Funktionsparameter abhängig gemacht.

```
int main()
{
  char wochentage[7][15]={"Montag","Dienstag","Mittwoch","Donnerstag",
            "Freitag","Samstag","Sonntag"};
  char outstr[160];

  int start,anzahl;

  for(int z=0;z<2;z++)
    {
      if(z)
        cout << "Fuer Schaltjahre:" << endl;
      else
        cout << "Fuer Nicht-Schaltjahre:" << endl;

      for(int x=0;x<7;x++)
        {
          cout << "1.1. ist ein " << wochentage[x] << " : ";
          start=x;
          anzahl=0;
```

```
        outstr[0]=0;
        for (int y=0;y<12;y++)
          {
            if(((start+12)%7)==4)
              {
                anzahl++;
                month(y,outstr);
              }
            start=(start+daysPerMonth(y,z))%7;
          }
        cout << anzahl << " Freitage (" << outstr;
        cout << ")" << endl;
      }
    cout << endl;
  }
}
```

Den Quellcode dieser Lösung finden Sie auf der Diskette unter \KAP06\17.CPP.

Die *main*-Funktion geht nun mit Schleifen für alle 14 Möglichkeiten die Monate durch und gibt für den Fall, daß der 13. auf einen Freitag fällt, den entsprechenden Monat aus.

Die Ausgabe sieht folgendermaßen aus:

```
Fuer Nicht-Schaltjahre:
1.1. ist ein Montag : 2 Freitage ( April  Juli )
1.1. ist ein Dienstag : 2 Freitage ( September  Dezember )
1.1. ist ein Mittwoch : 1 Freitage ( Juni )
1.1. ist ein Donnerstag : 3 Freitage ( Februar  Maerz  November )
1.1. ist ein Freitag : 1 Freitage ( August )
1.1. ist ein Samstag : 1 Freitage ( Mai )
1.1. ist ein Sonntag : 2 Freitage ( Januar  Oktober )

Fuer Schaltjahre:
1.1. ist ein Montag : 2 Freitage ( September  Dezember )
1.1. ist ein Dienstag : 1 Freitage ( Juni )
1.1. ist ein Mittwoch : 2 Freitage ( Maerz  November )
1.1. ist ein Donnerstag : 2 Freitage ( Februar  August )
1.1. ist ein Freitag : 1 Freitage ( Mai )
1.1. ist ein Samstag : 1 Freitage ( Oktober )
1.1. ist ein Sonntag : 3 Freitage ( Januar  April  Juli )
```

Lösung zu 18

Die Lösung besteht darin, mit Hilfe der *dateToDays*-Funktion aus Übung 12 die vergangenen Tage sowohl für das relevante Datum als auch für das Referenzdatum zu berechnen.

Die Differenz der beiden Werte bedeutet dann, um wieviel Tage sich das aktuelle Datum vom Referenzdatum unterscheidet. Zum Schluß muß nur noch der Wochentag mit Hilfe der Modulo-Operation bestimmt werden.

Es ist jedoch noch wichtig zu berücksichtigen, daß für den Fall einer negativen Differenz durch Aufaddieren eines Vielfachen von 7 ein positiver Wert erzeugt wird. Die wird in der *dayToWord*-Funktion erledigt, die auch den entsprechenden Wochentag als Wort in einen String kopiert.

```
void dayToWord(int d, char *s)
{
  if(d<0) d=d+((abs(d)/7+7)*7);
  d%=7;
  switch(d)
    {
      case 0: strcpy(s,"Montag"); break;
      case 1: strcpy(s,"Dienstag"); break;
      case 2: strcpy(s,"Mittwoch"); break;
      case 3: strcpy(s,"Donnerstag"); break;
      case 4: strcpy(s,"Freitag"); break;
      case 5: strcpy(s,"Samstag"); break;
      case 6: strcpy(s,"Sonntag"); break;
    }
}
```

Die Funktion *dateToWeekday* wandelt die Daten in Tage um und bildet unter Berücksichtgung des Referenztages die für *dayToWord* benötigte Differenz.

```
void dateToWeekday(char *s, char *w)
{
  unsigned long refdate=dateToDays(REFDATE);
  unsigned long aktdate=dateToDays(s);

  dayToWord(aktdate-refdate+REFDAY,w);
}

//*********************************************************

int main()
{
  char datum[100], wochentag[100];

  cout << "Bitte Datum eingeben (TT.MM.JJJJ):";
  cin.getline(datum,100);
  dateToWeekday(datum,wochentag);
  cout << "Der " << datum << " ist ein ";
  cout << wochentag << "." << endl;
}
```

Die *main*-Funktion erledigt die nötigen Ein- und Ausgaben.

Den Quellcode dieser Lösung finden Sie auf der Diskette unter \KAP06\18.CPP.

7 Strukturen und Klassen

7.1 Grundlagen

In diesem Kapitel werden wir uns mit den zusammengesetzten Datentypen – den **Strukturen** – und deren objektorientierte Erweiterungen – den **Klassen** – beschäftigen.

Strukturen

struct

Die Deklaration einer Klasse wird mit dem Schlüsselwort **struct** eingeleitet. Ihm folgt der Name der Struktur sowie in geschweiften Klammern eingeschlossen die einzelnen Strukturelemente.

Syntax

```
struct Name
{
};
```

Achtung: Beachten Sie, daß Strukturen- und Klassendeklarationen die einzigen Fälle sind, bei denen hinter der geschlossenen geschweiften Klammer ein Semikolon steht.

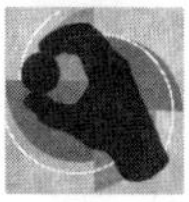

Hier ein Beispiel:

```
struct Haustier
{
  char Name[80];
  int Alter;
  int Preis;
};
```

Um nun eine Variable vom Typ *Haustier* zu definieren, benutzt man in C die folgende Schreibweise:

```
struct Haustier h1;
```

In C++ kann man verkürzt das Schlüsselwort *struct* weglassen:

```
Haustier h1;
```

.

Um nun auf die einzelnen Elemente der Struktur zugreifen zu können, verwendet man den **.**-Operator. Die drei Elemente der Struktur Haustier werden demnach wie folgt angesprochen:

```
h1.Alter=1;
h1.Preis=120;
strcpy(h1.Name,"Hasso");
```

Man kann auch einen Zeiger auf eine Strukturvariable definieren und über sie dann mit Hilfe des Operators -> auf die einzelnen Elemente zugreifen:

```
Haustier *hlptr;
hlptr=&hl;
cout << "Name:" << hlptr->Name;
cout << ", Alter: " << hlptr->Alter << endl;
```

Klassen

class

Ähnlich der Struktur ist in C++ die Klasse aufgebaut. Der einzige Unterschied in der Syntax besteht darin, daß anstelle des Schlüsselwortes *struct* das Schlüsselwort **class** verwendet wird:

```
class Nutztier
{
  char Name[80];
  int Alter;
  int Preis;
};
```

Attribut

Die einzelnen Datenelemente einer Klasse bezeichnet man als **Attribute**.

Zwischen Strukturen und Klassen gibt es jedoch auch noch einen semantischen Unterschied. So ist man bei der eben definierten Klasse nicht in der Lage, in folgender Weise auf die Attribute zuzugreifen:

```
Nutztier h2;
h2.Alter=4;
```

Private und öffentliche Attribute

Das liegt an der Fähigkeit von C++, Attributen unterschiedliche Zugriffsrechte zuzuweisen.

private

Zuerst gibt es da die privaten Attribute. Sie werden mit dem Schlüsselwort **private** eingeleitet. Auf private Attribute kann nur über Anweisungen zugegriffen werden, die zur Klasse selbst gehören. Dies sind die sogenannten Methoden oder Elementfunktionen. Wird in einer Klasse das Zugriffsrecht nicht explizit festgelegt, dann sind die Elemente der Klasse automatisch privat. Deswegen konnte mit der oben aufgeführten Anweisung auch nicht auf das Attribut *Alter* zugegriffen werden.

public

Eine andere Form des Zugriffsrechts sind die öffentlichen Attribute. Sie werden mit dem Schlüsselwort **public** eingeleitet und sind von jeder Stelle des Programms aus erreichbar. öffentliche Attribute verhalten sich exakt wie Strukturelemente unter C. Deswegen sind in C++ alle Elemente einer Struktur automatisch öffentlich, wenn kein Zugriffsrecht explizit angegeben wurde[1].

1. Dadurch ist bezüglich der Strukturen eine Abwärtskompatibilität zu C gewährleistet.

Sowohl in Klassen als auch in Strukturen können private und öffentliche Attribute gemischt werden:

```
class Anrufbeantworter
{
  private:
    char Nachrichten[10][80];
    int Nachrichtenanzahl;

  public:
    char Ansagetext[160];
};
```

Auf die Nachrichten des Anrufbeantworters kann nur die Klasse selbst zugreifen. Der Ansagetext ist allerdings jedem zugänglich und kann daher auch von jedem ausgelesen oder verändert werden.

Die Schlüsselwörter *private* und *public* können innerhalb einer Klasse mehrfach verwendet werden. Allerdings sollte man sich der Übersichtlichkeit wegen an folgende Regel halten:

Tip: Fassen Sie immer Attribute mit gleichem Zugriffsrecht zusammen, und beginnen Sie mit dem kleinsten Zugriffsrecht.

Methoden

Die Frage, die sich stellt, ist natürlich, wie man als Benutzer der Klasse überhaupt an die Nachrichten herankommen kann. Man muß die Klasse dazu mit einer Methode ausstatten, die selbst öffentlich – und damit von außen ansprechbar – ist, aber aufgrund der Klassenzugehörigkeit auf die privaten Elemente der Klasse zugreifen kann:

```
class Anrufbeantworter
{
  private:
    char Nachrichten[10][80];
    int Nachrichtenanzahl;

  public:
    char Ansagetext[160];

    const char *holeNachricht(int n)
    {
      return(Nachrichten[n]);
    }
};
```

Es wurde eine Methode namens *holeNachricht* definiert, die einen Zeiger auf eine Stringkonstante zurückgibt. Dadurch wird verhindert, daß eine außenstehende Instanz über den zurückgelieferten Zeiger dann doch auf die Nachrichten zugreifen kann.

inline

Die Methode wurde in diesem Beispiel direkt innerhalb der Klasse definiert und ist somit **inline**. Das bedeutet, daß bei entsprechenden Aufrufen der Methode nicht der Aufruf in das Programm eingebunden wird, sondern der Code der Methode selbst. Dadurch wird das Programm bei häufigem Aufrufen der Methode zwar länger, aber die Laufzeit verbessert sich.

Anstatt die Methode innerhalb der Klasse zu definieren, kann man dies auch außerhalb tun. Allerdings muß die Methode dann in der Klasse deklariert werden:

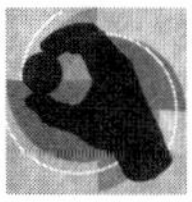

```
class Anrufbeantworter
{
  private:
    char Nachrichten[10][80];
    int Nachrichtenanzahl;

  public:
    char Ansagetext[160];

    const char *holeNachricht(int);
};

const char *Anrufbeantworter::holeNachricht(int n)
{
  return(Nachrichten[n]);
}
```

War bei der Definition der Methode innerhalb der Klasse klar, zu welcher Klasse die Methode gehört, muß jetzt bei der Definition die Klassenzugehörigkeit explizit angegeben werden. Dazu wird der Klassenname, gefolgt von zwei Doppelpunkten, dem Methodennamen vorangestellt.

inline

Dadurch, daß die Funktion außerhalb der Klasse definiert wurde, ist sie nicht mehr inline. Wenn Sie dennoch eine *inline*-Funktion wollen, dann müssen Sie dies explizit angeben:

```
inline const char *Anrufbeantworter::holeNachricht(int n)
{
  return(Nachrichten[n]);
}
```

Die Möglichkeit der expliziten Definition als inline haben Sie auch bei Funktionen, die keiner Klasse angehören.

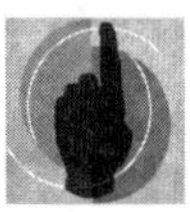

Achtung: Das Schlüsselwort *inline* ist nur eine Empfehlung. Es ist nicht bindend und kann vom Compiler ignoriert werden, wenn der dadurch entstehende Vorteil fraglich ist (die Funktion ist zu lang oder wird zu häufig aufgerufen).

Konstruktoren und Destruktoren

Um die Initialisierung eines Objektes bei seiner Erzeugung und eventuelle „Aufräumarbeiten" bei seiner Zerstörung eleganter abwickeln zu können, wurden die sogenannten Konstruktoren und Destruktoren eingeführt.

Konstruktor

Beschäftigen wir uns zunächst mit den Konstruktoren. Ein Konstruktor ist eine besondere Methode, die exakt den gleichen Namen hat wie die Klasse, zu der er gehört. Ein Konstruktor kann nur Funktionsparameter, nicht aber einen Rückgabeparameter besitzen. Für unsere Beispielklasse Anrufbeantworter könnten wir zum Beispiel einen parameterlosen Konstruktor entwerfen, der die zu Anfang leeren Nachrichten als Nullstring definiert und die Nachrichtenanzahl auf 0 setzt:

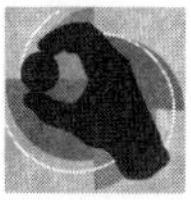

```
Anrufbeantworter::Anrufbeantworter(void)
{
   for(int x=0;x<10;x++)
     Nachrichten[x][0]=0;

   Nachrichtenanzahl=0;
}
```

Oder Sie schreiben einen Konstruktor, dem man zusätzlich noch einen Ansagetext übergeben kann:

```
Anrufbeantworter::Anrufbeantworter(const char *s)
{
   for(int x=0;x<10;x++)
     Nachrichten[x][0]=0;

   Nachrichtenanzahl=0;

   strcpy(Ansagetext,s);
}
```

Natürlich müssen die beiden Konstruktoren noch in der Klasse selbst deklariert werden:

```
class Anrufbeantworter
{
  private:
    char Nachrichten[10][80];
    int Nachrichtenanzahl;

  public:
    char Ansagetext[160];

    const char *holeNachricht(int);
    Anrufbeantworter(void);
    Anrufbeantworter(const char *);
};
```

Überladen von Funktionen

Vielleicht wundern Sie sich als C-Programmier jetzt, daß wir in der Klasse zwei Methoden mit demselben Namen haben. In C++ ist dies möglich, solange die einzelnen Methoden eine unterschiedliche Parameterliste haben.

Dies können Sie auch auf Funktionen anwenden, die zu keiner Klasse gehören. Brauchen Sie zum Beispiel eine *max*-Funktion mit zwei Parametern und eine mit drei Parametern, dann müßten Sie diese in C unterschiedlich benennen. In C++ ist dies kein Problem:

```
int max(int a, int b)
{
  return((a>b)?a:b);
}


int max(int a, int b, int c)
{
  return(max(max(a,b),c));
}
```

Wenn Sie Funktionen überladen wollen, dann reicht es nicht, daß sie sich im Rückgabeparameter unterscheiden. Es muß ein Unterschied in der Parameterliste vorliegen.

Konstruktor

Doch wenden wir uns nun wieder den Konstruktoren zu. Um die beiden Konstruktoren der Klasse *Anrufbeantworter* zu benutzen, definieren wir ganz einfach eine Variable dieses Typs. Der Konstruktor ohne Parameter wird automatisch bei der normalen Definition aufgerufen:

```
Anrufbeantworter ab1;
```

Um den zweiten Konstruktor zu verwenden, müssen wir den zu übergebenden Parameter in runden Klammern hinter den Variablennamen schreiben:

```
Anrufbeantworter ab2("Bitte sprechen Sie nach dem Signalton");
```

Destruktor

Kommen wir nun zu den Destruktoren. Ein Destruktor wird automatisch aufgerufen, wenn das Objekt zerstört wird. Destruktoren haben weder einen Rückgabewert noch Übergabeparameter. Sie heißen genauso wie die Klasse, zu der sie gehören, allerdings mit einer vorangestellten Tilde.

Für unseren Anrufbeantworter könnten wir als Destruktor z.B. eine Methode verwenden, die noch vorhandene Nachrichten auf den Bildschirm ausgibt, damit sie nicht verloren gehen:

```
Anrufbeantworter::~Anrufbeantworter()
{
   for(int x=0;x<Nachrichtenanzahl;x++)
     cout << Nachrichten[x] << endl;
}
```

Elementinitialisierungsliste

Zum Schluß gibt es noch eine Besonderheit der Konstruktoren zu erwähnen. Um Elemente der Klasse in einem Konstruktor zu initialisieren, muß man dies nicht explizit im Körper der Methode tun.

Es gibt die sogenannte Elementinitialisierungsliste, die hinter dem Funktionskopf mit einem Doppelpunkt getrennt aufgeführt wird. Unser parameterloser Konstruktor könnte dadurch folgendermaßen vereinfacht werden:

```
Anrufbeantworter::Anrufbeantworter(void) : Nachrichtenanzahl(0)
{
   for(int x=0;x<10;x++)
     Nachrichten[x][0]=0;
}
```

Die Elementinitialisierungliste wird unverzichtbar, wenn Sie in einer Klasse Referenzen als Elemente verwenden. Da Referenzen bei ihrer Definition initialisiert werden müssen, käme eine Zuweisung im Konstruktorkörper zu spät.

Achtung: Eine Referenz muß in der Elementinitialisierungsliste initialisiert werden.

Sie finden den Anrufbeantworter mit allen bisher entworfenen Methoden auf der Diskette unter \KAP07\BSP\BSP01.CPP.

Freunde

Um den Zugriff auf die privaten Elemente einer Klasse explizit für außenstehende Funktionen oder Klassen zu ermöglichen, kann die Klasse, auf deren private Elemente zugegriffen werden soll, sogenannte Freunde definieren. Das Schlüsselwort dazu ist **friend**. Freunde haben die gleichen Zugriffsmöglichkeiten auf die Klasse wie die Klasse selbst. Dazu einmal drei Beispiele:

```
class Anrufbeantworter
{
  friend class Besitzer;
  friend void changeMessage(const char*);
  friend void Hersteller::Wartung(void);

  private:
    char Nachrichten[10][80];
    int Nachrichtenanzahl;

  public:
    char Ansagetext[160];

    const char *holeNachricht(int);
    Anrufbeantworter(void);
    Anrufbeantworter(const char *);
};
```

Als Freunde wurden die Klasse *Besitzer*, die Funktion *changeMessage* und die Elementfunktion *Wartung* der Klasse *Hersteller* deklariert.

Statische Attribute

Eine Besonderheit bilden in C++ die statischen Attribute. Sie haben keine direkten Gemeinsamkeiten mit den statischen Variablen der Funktionen. Bei Klassen bedeutet eine statische Variable bzw. ein statisches Attribut, daß für jede Instanz der Klasse dasselbe statische Attribut verwendet wird.

Würden wir von unserem Anrufbeantworter zwei Instanzen definieren, dann hätte jede Instanz ihre eigenen Attribute. Das heißt, daß eine Änderung z.B. des Attributs *Nachrichtenanzahl* keine Auswirkungen auf das gleiche Attribut der anderen Klasse hat.

Dies ist bei statischen Attributen nicht der Fall:

```
#include <iostream.h>

class Counter
{
  private:
  static int anzahl;
  int wert;

  public:
    Counter(void) {anzahl++;}
    ~Counter() {anzahl--;}
    void print(void){cout << anzahl << endl;}
};

int Counter::anzahl=0;

int main()
{
  Counter v1;
  v1.print();

  Counter v2[5];
  v1.print();
}
```

Den Quellcode finden Sie auf der Diskette unter \KAP07\BSP\BSP02.CPP.

Wie Sie sehen, teilen sich alle Instanzen der Klasse *Counter* das Attribut *anzahl*. Auf diese Weise läßt sich sehr schön verfolgen, wie viele Instanzen augenblicklich existent sind.

Ein statisches Attribut muß außerhalb der Klasse initialisiert werden, weil ein statisches Attribut nur einmal initialisiert werden darf, der Konstruktor einer Klasse jedoch bei jeder Instanzerzeugung aufgerufen wird.

Templates

Es gibt häufig Situationen, bei denen man eine bestimmte Klasse für mehrere Datentypen gebrauchen könnte. Nehmen wir einmal eine einfache Klasse namens *Paar*, welche zwei Werte vom Typ *int* aufnehmen kann:

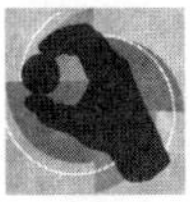

```
class Paar
{
  private:
    int a,b;

  public:
    Paar(int x, int y) : a(x), b(y) {};
    int W1(void) {return(a);}
    int W2(void) {return(b);}

};
```

Diese Klasse hat in ihrer jetzigen Form keinen praktischen Nutzen. Man könnte sie allerdings um eine *swap*-Methode erweitern, die die beiden Werte vertauscht, usw.

Unter der Voraussetzung, daß diese Klasse nun nützlich wäre, könnte sie auch für andere Typen wie *float* oder *bool* interessant sein. Anstatt nun aber drei Klassen namens *IntPaar, FloatPaar* und *BoolPaar* zu implementieren, schreiben wir die aktuelle Klasse einfach als Template[1] um:

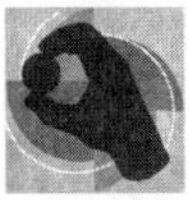

```
template<class T>
class Paar
{
  private:
    T a,b;

  public:
    Paar(T x, T y) : a(x), b(y) {};
    T W1(void) {return(a);}
    T W2(void) {return(b);}

};
```

Ein Template wird mit dem Schlüsselwort template eingeleitet, gefolgt von der Liste der Datentypen, die variabel gehalten werden sollen. Diese Liste der Datentypen steht in eckigen Klammern.

In unserem Fall wollen wir nur einen Datentypen variabel halten, den wir willkürlich *T* nennen. An jeder Stelle, an der der variable Datentyp verwendet wird, benutzen wir nun den Typ *T*.

1. „Template“ heißt auf deutsch soviel wie „Schablone“.

Wenn wir nun ein Paar für den Typ *int* definieren wollen, dann sieht dies so aus:

```
Paar<int> x1(2,4);
```

Der gewünschte Datentyp wird hinter dem Template-Namen in eckigen Klammern angegeben. An jeder Stelle im Template, an der wir den variablen Typ *T* verwendet haben, wird nun intern der Typ *int* eingesetzt. Wir erhalten damit die Klasse, wie sie vor der Umwandlung in ein Template aussah. Wir können aber auch für andere Datentypen ein Paar definieren:

```
Paar<double> x2(27.842,5.346);
Paar<bool> x3(false, true);
```

Für den Fall, daß Sie eine Methode des Templates außerhalb der Klassendefinition definieren wollen, müssen Sie explizit angeben, daß es sich um eine Methode des entsprechenden Tempates handelt:

```
template<class T>
T Paar<T>::W1(void)
{
  return(a);
}
```

Sie sehen, daß der Name der Template-Klasse ebenfalls um den variablen Datentyp erweitert wurde.

Dynamische Speicherverwaltung

Bevor wir nun mit den Übungen beginnen, schauen wir uns noch die neuen Möglichkeiten der dynamischen Speicherverwaltung an, die uns C++ bietet.

new

Das Schlüsselwort zum Anfordern von Speicher heißt **new**. Der Rückgabewert ist die Adresse des reservierten Speicherbereichs. Der Typ dieser Adresse hängt von dem Typ ab, für den Speicher angefordert wird.

Wollen wir zum Beispiel einen *Anrufbeantworter* dynamisch anfordern, dann brauchen wir zuerst einen Zeiger auf den Typ *Anrufbeantworter*, der die Adresse aufnehmen kann:

```
Anrufbeantworter *abptr;
```

Diesem Zeiger wird dann die von *new* gelieferte Adresse zugewiesen:

```
abptr=new Anrufbeantworter("Testnachricht");
```

Die Parameter für den Konstruktor werden hinter den Typnamen geschrieben.

delete

Der so reservierte Speicher muß auch vom Programmierer wieder freigegeben werden. Dies geschieht mit **delete**:

```
delete(abptr);
```

Wollen Sie ein Feld von Anrubeantwortern reservieren, dann machen Sie das folgerndermaßen:

```
abptr=new Anrufbeantworter[10];
```

Beachten Sie, daß Sie in diesem Fall keine Parameter an den Konstruktor übergeben können. Das heißt, daß die Klasse dann auf jeden Fall einen parameterlosen Konstruktor besitzen muß.

Freigegeben wird der Speicher wieder mit *delete*:

```
delete[](abptr);
```

Die eckigen Klammern hinter *delete* sind wichtig, damit für jede einzelne Instanz des Feldes der Destruktor aufgerufen wird und nicht nur für die erste.

7.2 Übungen

1. Übung

LEICHT

Schreiben Sie eine Klasse *Bruch*, die als Attribute die *long*-Variablen *Zaehler* und *Nenner* besitzt. Die Klasse soll folgenden Konstruktor haben:

```
Bruch(long zaehler, long nenner);
```

Um mit der Klasse arbeiten zu können, werden die folgenden Methoden benötigt:

```
long Zaehler(void);
long Nenner(void);
double Wert(void);
```

Zaehler liefert den Zähler des Bruches. Analog dazu liefert *Nenner* den Nenner des Bruches und *Wert* den reellen Wert des Bruches, der sich aus Zähler und Nenner ergibt.

Überlegen Sie sich, welche Zugriffsrechte den einzelnen Attributen und Methoden zugewiesen werden sollten.

Schreiben Sie dazu eine *main*-Funktion, die eine Bruch-Variable definiert, die mit dem Bruch 22/7 initialisiert wird. Danach sollen Zähler, Nenner und resultierender Wert ausgegeben werden können.

2. Übung

LEICHT

Schreiben Sie eine Klasse *Nibble*, die ein Nibble repräsentiert. Zur Erinnerung: Ein Nibble ist ein halbes Byte, besteht also aus 4 Bit. Die Klasse *Nibble* soll einen Konstruktor besitzen, die aus einem *unsigned int*-Wert ein Nibble erzeugt. Da ein Nibble nur Werte von 0–15 darstellen kann, müssen Sie bei größeren Werten den Modulo-Operator verwenden.

Die Klasse soll außerdem die Methoden *Get* und *Set* besitzen, mit der das Nibble gelesen und beschrieben werden kann.

MITTEL

3. Übung

Schreiben Sie eine Klasse *Stack*, die einen Stack[1] repräsentiert.

ADT

Ein Stack ist ein **abstrakter Datentyp**. Abstrakte Datentypen – abgekürzt **ADT** – zeichnen sich durch eine spezielle Organisation der in ihnen gespeicherten Daten aus, auf die man mit fest definierten Methoden zugreifen kann. Die Bezeichnung „abstrakt" rührt daher, daß es dem Benutzer des ADT egal ist, wie der entsprechende ADT tatsächlich implementiert wurde. Ein Stack z.B. kann sowohl mit einem Feld als auch mit einer Liste implementiert werden. Der Benutzer aber darf keinen Unterschied bemerken.

Schauen wir uns einmal die Eigenschaften des ADTs Stack an. Ein Stack ist organisiert wie ein realer Stapel. Man stapelt einzelne Objekte (z.B. Zeitschriften) aufeinander. Ein Stapel grenzt den Zugriff auf die einzelnen Objekte so ein, daß es nur möglich ist, auf die obere Schicht des Stapels zuzugreifen.

Das heißt, daß ein Objekt nur oben auf den Stapel draufgelegt werden kann. Und man kann nur das Element vom Stapel nehmen, das als oberstes auf dem Stapel liegt. Dies hat zur Folge, daß dasjenige Element, das als letztes auf den Stack gelegt wurde, auch als erstes wieder von ihm entfernt wird. Man bezeichnet einen Stack daher auch als **LIFO**-Struktur[2]. Die Methode zum Ablegen auf den Stack nennt man **Push**[3] und die zum entfernen vom Stack **Pop**[4]. Abbildung 7.1 stellt die beiden Methoden grafisch dar.

Abbildung 7.1: push und pop bei Stacks

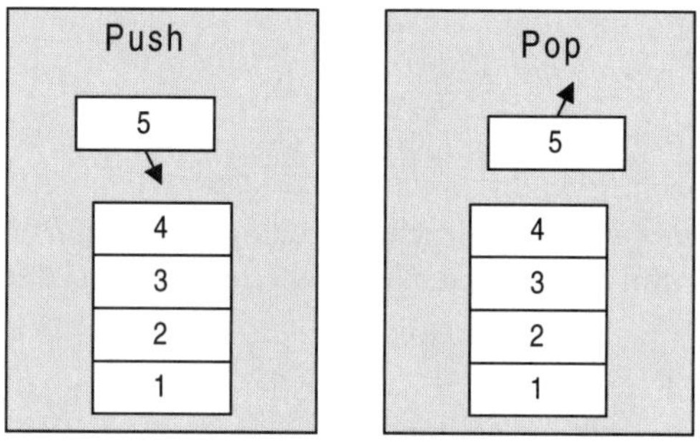

Implementieren Sie einen Stack für *int*-Werte. Entwerfen Sie die Methoden *Push* und *Pop*, wobei *Push* mit dem Rückgabewert darüber informieren soll, ob noch Platz für das auf den Stapel zu legende Element ist oder nicht.

Des weiteren benötigt der Stack eine Methode namens *isEmpty*, die zurückliefert, ob der Stack leer ist oder Elemente beinhaltet.

Der Konstruktor des Stacks soll als Argument die Größe des Stacks besitzen. Der vom Stack verwendete Speicher soll dynamisch angefordert werden.

1. „Stack" ist englisch und wird im Deutschen auch als „Stapel" bezeichnet.
2. LIFO steht für „Last In First Out", was auf deutsch soviel wie „Zuletzt rein, zuerst raus" bedeutet.
3. Zu deutsch „drücken".
4. Zu deutsch u.a. „herausplatzen".

Implementieren Sie den Stack so, daß die Klassendefinition in einer Header-Datei steht.

4. Übung

LEICHT

Schreiben Sie eine *main*-Funktion, die Sie zur Eingabe eines Strings auffordert. Geben Sie den eingegebenen String rückwärts wieder aus. Benutzen Sie dazu unterstützend die Klasse *Stack*.

5. Übung

MITTEL

Schreiben Sie eine Klasse *Queue*, die eine Queue repräsentiert. „Queue" bedeutet zu deutsch „Schlange" oder „Warteschlange". Genau wie bei den Warteschlangen in den Ämtern kommt immer derjenige zuerst dran, der auch als erster da war. Man bezeichnet eine Queue daher auch als **FIFO**-Struktur[1].

Die beiden Operationen einer Queue heißen **Enqueue**, um ein Element an die Queue zu hängen, und **Dequeue**, um ein Element aus der Queue zu entfernen. Abbildung 7.2 stellt die Wirkungsweise der beiden Methoden dar.

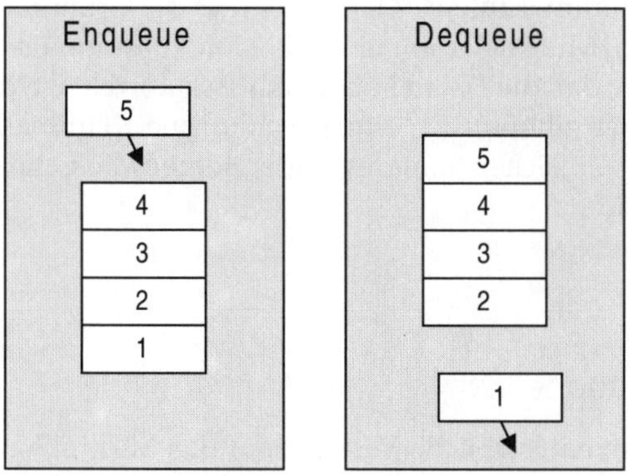

Abbildung 7.2: enqueue und dequeue bei Queues

Die Queue soll *int*-Werte verwalten können und außer den beiden Methoden *Enqueue* und *Dequeue* noch die Methode *isEmpty* besitzen, die ein boolechen Wert zurückliefert, der Auskunft darüber gibt, ob die Queue leer ist oder noch Elemente beherbergt.

Der Konstruktor soll einen Parameter besitzen, der es ermöglicht, die maximale Größe der Queue festzulegen. Der benötigte Speicher soll dynamisch angefordert werden.

1. FIFO ist die Abkürzung für „First In First Out". Übersetzt bedeutet es „Zuerst rein, zuerst raus".

SCHWER **6. Übung**

Sie haben in den vorherigen zwei Übungen die ADTs Stack und Queue kennengelernt. Beide ADTs haben wir intern als Felder implementiert.

Implementieren Sie nun die Klasse *SQueue*, die intern keine Felder, sondern Stacks verwendet. Für den Benutzer darf es keinen Unterschied zwischen *SQueue* und *Queue* geben. Das heißt, das alle für Queues definierten Methoden (*Enqueue*, *Dequeue* und *isEmpty*) existieren müssen.

LEICHT **7. Übung**

Formen Sie die Klasse *Stack* aus Übung 3 in ein Template um. Nennen Sie die Template Klasse *TStack*.

SCHWER **8. Übung**

Diese Übung ist besonders schwer und aufwendig. Sie sollten sich hierfür viel Zeit nehmen.

Schreiben Sie eine Klasse namens *Parser*, deren Konstruktor Sie einen String übergeben können. Dieser String soll eine mathematische Formel enthalten, in der nur Fließkommazahlen[1], Klammern und die Grundrechenarten Addition, Subtraktion, Multiplikation und Division vorkommen dürfen. Sie dürfen voraussetzen, daß die Formel mathematisch korrekt ist, d. h., zu jeder geöffneten Klammer gibt es auch eine geschlossene Klammer, und es dürfen keine zwei Rechenzeichen hintereinander folgen. Folgende Formeln sind korrekte Beispiele:

–3*6+4

(2+2)*(3.4+3)

(2*(3+3*(4+8.286)))–6*(–1.2)

Der in der Mathematik übliche Verzicht auf das Multiplikationssymbol bei Klammern soll nicht unterstützt werden. Zum Beispiel darf 2*(3+3) nicht durch 2(3+3) abgekürzt werden.

Die Formel muß *mathematisch korrekt* berechnet werden (Punkt-vor-Strich-Regel und Klammersetzung beachten).

SCHWER **9. Übung**

Erweitern Sie die Klasse *Bruch* aus Übung 1 um die folgenden Konstruktoren:

```
Bruch(long);
Bruch(double);
```

Bedenken Sie, daß die Methoden *Zaehler* und *Nenner* immer noch funktionieren müssen.

1. Ganzzahlen werden dabei als Fließkommazahlen ohne Nachkommastellen betrachtet.

7.3 Tips

Tips zu 3

- Lösen Sie die Übung mit Hilfe eines *int*-Feldes, welches dynamisch angefordert wird.
- Verwenden Sie eine Positionsvariable, damit Sie wissen, an welcher Stelle Sie einfügen oder entnehmen müssen
- Zählen Sie mit, wieviel Elemente auf dem Stack sind, damit die *isEmpty*-Methode effizient implementiert werden kann.
- Schützen Sie den Stack vor Überlauf.

Tips zu 5

- Sie sollten die Queue als Feld implementieren.
- Zählen Sie mit, wieviel Elemente die Queue beinhaltet, damit die *isEmpty*-Methode effizient implementiert werden kann.
- Bedenken Sie, daß sich die Einfüge- und Entnahmeposition bei einer Queue unterscheidet. Sie brauchen deshalb zwei Positionsvariablen.
- Schützen Sie die Queue vor Überlauf.

Tips zu 6

- Elemente in die Queue einfügen ist kein Problem. Sie legen Sie einfach auf den Stack, den Sie intern verwenden sollen.
- Sie müssen sich nur überlegen, wie Sie bei der Entnahme eines Elementes vorgehen. Das benötigte Element liegt ganz unten auf dem Stack, der Stack gibt Ihnen jedoch nur das oberste Element.
- Sie müssen eine einfache Möglichkeit finden, die Elemente, die alle auf dem von Ihnen benötigten Element liegen, an anderer Stelle zwischenzuspeichern.
- Benutzen Sie einen zweiten temporären Stack für die Zwischenspeicherung der Elemente.

Tips zu 8

- Da sich durch die unterschiedlichen Prioritäten der Rechenoperationen und durch Verwenden von Klammern die Operationen schachteln, müssen Sie eine Methode finden, die Operationen, die Sie schon aus der Formel isoliert haben, jedoch noch nicht anwenden können, zwischenzuspeichern.
- Sie müssen eine Möglichkeit finden, Zwischenergebnisse zu speichern, und zwar so, daß sie zum richtigen Zeitpunkt verfügbar sind. Da die Operation mehrfach verschachtelt sein dürfen, können auch mehrere Zwischenergebnisse auftreten.
- Betrachten Sie jeden Klammerausdruck wie eine kleine lokale Formel innerhalb der großen Formel. Erst wenn die Klammer berechnet ist, bearbeiten Sie die Formel außerhalb der Klammer weiter. Dadurch bekommt

ein Klammerausdruck höchste Priorität, den er in der Mathematik ja auch hat. Bedenken Sie, daß innerhalb eines Klammerausdrucks wiederum ein Klammerausdruck stehen kann. Dann hat dieser noch lokalere Ausdruck Priorität.

- Versuchen Sie, einen Ausdruck zuerst auf eine Summe zu reduzieren und diese Summe dann zu berechnen.
- Speichern Sie Zwischenergebnisse und deren Operatoren getrennt ab.
- Benutzen Sie jeweils für die Operatoren und für die Operanden einen Stack (Operatorenstack und Operandenstack).

Tips zu 9

- Denken Sie daran, daß Zähler und Nenner nur Ganzzahlen sein dürfen. Einen Bruch wie 1.254/1 soll es nicht geben.
- Erzeugen Sie einen Bruch, den Sie so lange erweitern, bis Zähler und Nenner Ganzzahlen sind.
- Für das Erweitern bietet sich der Faktor 10 an.

7.4 Lösungen

Lösung zu 1

```
#include <iostream.h>

class Bruch
{
  private:
    long zaehler,nenner;

  public:
    Bruch(long z, long n) : zaehler(z),nenner(n) {}
    long Zaehler(void) {return(zaehler);}
    long Nenner(void) {return(nenner);}
    double Wert(void)
      {return((double)(zaehler)/(double)(nenner));}

};

int main()
{
  Bruch b(22,7);

  cout << b.Zaehler() << "   " << b.Nenner() << "   ";
  cout << b.Wert() << endl;
}
```

Den Quellcode dieser Lösung finden Sie auf der Diskette unter \KAP07\01.CPP.

Lösung zu 2

```
#include <iostream.h>
class Nibble
{
  private:
    unsigned int nibble;
  public:
    Nibble(unsigned int n) :nibble(n%16) {}
    void Set(unsigned int n){nibble=n%16;}
    unsigned int Get(void){return(nibble);}
};
```

Den Quellcode dieser Lösung finden Sie auf der Diskette unter \KAP07\02.CPP.

Der Typ der Variablen, die das Nibble aufnimmt, ist *unsigned int*, weil ein Nibble nur positive Werte haben kann.

Lösung zu 3

Schauen wir uns zuerst die Header-Datei an, die sinnigerweise STACK.H genannt wurde:

```
#ifndef __STACK_H
#define __STACK_H

class Stack
{
  private:
    int *data;
    unsigned long anz;
    unsigned long maxanz;

  public:
    Stack(unsigned long);
    ~Stack();

    bool Push(int);
    int Pop(void);
    bool isEmpty(void);
};

#endif /* __STACK_H */
```

Die Präprozessoranweisungen wurden dazu verwendet, eine Mehrfachdeklaration auszuschließen. Nur wenn *__STACK_H* nicht definiert ist, wird die Klasse deklariert und *__STACK_H* definiert. Dadurch ist bei einem eventuellen zweiten Aufruf der Header-Datei *__STACK_H* definiert, und die Klasse wird nicht erneut deklariert.

Tip: Bitte beachten Sie, daß hinter dem Präprozessor-Befehl die „alte“ Schreibweise für Kommentare verwendet wurde. Dies sollte man sich angewöhnen, weil häufig die alten C-Präprozessoren verwendet werden, die die neue Schreibweise nicht verstehen würden.

Kommen wir nun zur Implementation der Methoden:

```
Stack::Stack(unsigned long s)
{
  data=new(int[s]);
  if(data)
    {
      anz=0;
      maxanz=s;
    }
  else
    {
      anz=maxanz=0;
    }
}
```

Der Konstruktor prüft, ob der benötigte Speicher reserviert werden konnte. Falls nicht, wird die Größe des Stacks auf 0 gesetzt.

```
Stack::~Stack()
{
  if(data) delete[](data);
}
```

Für die Freigabe des Speichers wurde die Schreibweise *delete[]* verwendet. Auch wenn eine *int*-Variable keinen Destruktor besitzt, der aufgerufen werden müßte, erhöht diese Schreibweise die Lesbarkeit des Programms, weil man sofort erkennen kann, daß ein Feld freigegeben wird und nicht nur ein einzelnes *int*-Element.

```
bool Stack::Push(int w)
{
  if(anz<maxanz)
    {
      data[anz++]=w;
      return(true);
    }
  else
    {
      return(false);
    }
}
```

Push verwendet als Rückgabeparameter den in C++ neuen Datentypen *bool*, weil es sich um eine wahr/falsch bzw. ja/nein-Aussage handelt.

```
int Stack::Pop(void)
{
```

```
  if(anz>0)
    return(data[--anz]);
  else
    return(0);
}

bool Stack::isEmpty(void)
{
  return(anz==0);
}
```

Die Quellcodes dieser Lösung finden Sie auf der Diskette im Verzeichnis \KAP07\STACK1\.

Lösung zu 4

```
#include <iostream.h>
#include <string.h>
#include "stack.h"

int main()
{
const unsigned long SIZE=100;
Stack stack(SIZE);
char str[SIZE];
unsigned int x;

  cout << "Bitte String eingeben:";
  cin.getline(str,SIZE);

  for(x=0;x<strlen(str);x++)  stack.Push(str[x]);
  cout << endl;
  while(!stack.isEmpty()) cout << (char)(stack.Pop());
  cout << endl;
}
```

Die Quellcodes dieser Lösung finden Sie auf der Diskette im Verzeichnis \KAP07\STACK2\.

Die dahinterstehende Idee ist die, daß die Elemente in umgekehrter Reihenfolge vom Stack genommen werden, in der sie auf den Stack geschrieben wurden. Daher werden zuerst die einzelnen Zeichen des Strings auf den Stack geschrieben und dann beim anschließenden Entfernen vom Stack ausgegeben.

Da *cout* den auszugebenden Typ selbstständig erkennt, muß der Rückgabewert von *Pop*, der ja *int* ist, explizit in einen *char* umgewandelt werden.

Lösung zu 5

Schauen wir uns als erstes die Deklaration an:

```
class Queue
{
  private:
    int *data;
    unsigned long anz;
    unsigned long maxanz;
    unsigned long inpos, outpos;

  public:
    Queue(unsigned long);
    ~Queue();

    bool Enqueue(int);
    int Dequeue(void);
    bool isEmpty(void);
};
```

Da das Einfügen und Herausnehmen von Elementen bei der Queue nicht mehr nur an einem Ende der Datenstruktur geschieht, brauchen wir die Einfüge- und Entnahmeposition zwei getrennte Variablen (*inpos* und *outpos*). Der Rest der Klasse ist von der Deklaration her der Klasse *Stack* sehr ähnlich.

Die Methoden von *Queue* sehen wie folgt aus:

```
Queue::Queue(unsigned long s)
{
  data=new(int[s]);
  if(data)
    {
      anz=inpos=outpos=0;
      maxanz=s;
    }
  else
    {
      anz=maxanz=inpos=outpos=0;
    }
}
```

Der Konstruktor von *Queue* ist bis auf den Unterschied, daß zusätzlich noch die Attibute *inpos* und *outpos* initialisiert werden müssen, mit dem Konstruktor von *Stack* identisch.

```
Queue::~Queue()
{
  if(data) delete[](data);
}

bool Queue::Enqueue(int w)
```

```
{
  if(anz<maxanz)
    {
      anz++;
      data[inpos++]=w;
      if(inpos==maxanz) inpos=0;
      return(true);
    }
  else
    {
      return(false);
    }
}

int Queue::Dequeue(void)
{
  if(anz>0)
    {
      unsigned long aktpos=outpos;
      if((++outpos)==maxanz) outpos=0;
      anz--;
      return(data[aktpos]);
    }
  else
    return(0);
}
```

Die Methoden *Enqueue* und *Dequeue* sollten wir uns etwas genauer ansehen. Angenommen, daß sich die Einfügeposition der Queue am Ende des Speichers und die Entnahmeposition am Anfang des Speichers befindet[1].

Solange wir nur einfügen, wächst die Größe der Queue stetig an. Entnehmen wir nun ein Element, dann wird die Queue kleiner und somit Speicher frei. Aufgrund der Organisation der Queue wird der Speicher aber nicht an der Stelle der Einfügeposition frei, sondern genau am anderen Ende der Queue. Damit dieser freigewordene Speicher beim Einfügen verwendet werden kann, müssen alle in der Queue gespeicherten Elemente so verschoben werden, daß an der Entnahmeposition kein freier Platz mehr ist. Je nachdem, wie groß die Queue ist, kostet das Verschieben mehr Rechenzeit als die Verwaltung der Queue selbst.

Wir verwenden daher eine andere Lösung, die in Abbildung 7.3 dargestellt ist.

1. Genaugenommen spielt es keine Rolle, ob nun am Ende oder am Anfang eingefügt oder entnommen wird. Die hier zu besprechende Problematik tritt so oder so auf. Bei der einen Variante haben wir das Problem beim Entnehmen, und bei der anderen Variante fände es sich beim Einfügen wieder.

Abbildung 7.3: Das Arbeiten mit der Queue

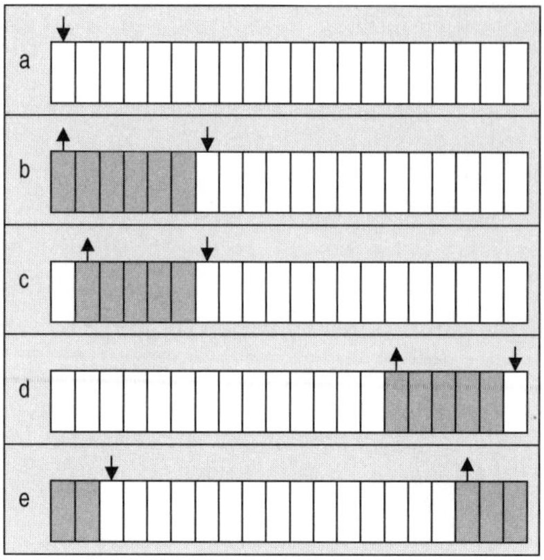

In 7.3 a sehen Sie die leere Queue nach ihrer Erzeugung. Es existiert lediglich eine gültige Einfüge-Position, weil aus einer leeren Queue keine Elemente entfernt werden können. Abbildung 7.3 b zeigt die Queue, nachdem sechs Elemente eingefügt wurden. Die Einfüge-Position steht auf dem nächsten freien Feld, und die Entnahme-Position steht auf dem ersten eingefügten Element.

Nachdem ein Element aus der Queue entfernt wurde, sieht die Queue wie in Abbildung 7.3 c dargestellt aus. Es entsteht am Anfang des Feldes ein freier Platz. Anstatt jedoch die noch in der Queue befindlichen Elemente nach links zu verschieben, läßt man den belegten Teil der Queue durch das Feld wandern.

Abbildung 7.3 d zeigt die Queue nach weiteren 13 *enqueue*- und 13 *dequeue*-Operationen. Der belegte Bereich der Queue ist fast bis ans Ende des Feldes gewandert. Die Einfüge-Position zeigt auf das letzte freie Element des Feldes. Um aber auch hier ein Verschieben der belegten Felder an den Anfang zu vermeiden, wird das komplette Feld als Ring betrachtet. Die Positionen, die rechts aus dem Feld herausgehen, kommen links wieder herein. Abbildung 7.3 e zeigt die Queue nach weiteren drei *enqueue*- und *dequeue*-Operationen. Die Einfüge-Position ist bereits über den rechten Rand hinaus links wieder in das Feld hineingekommen.

Durch diese Betrachtung des Feldes als Ring besteht natürlich die Gefahr, daß die Einfüge-Position die Entnahme-Position einholt[1]. Dadurch würden Elemente überschrieben. Um dies zu verhindern, muß darauf geachtet werden, daß die Queue keine Elemente mehr aufnimmt, wenn die Kapazität des Feldes erschöpft ist.

1. Dies geschieht genau dann, wenn die Queue mehr Elemente aufnehmen muß, als das verwendete Feld aufnehmen kann.

Um die Queue zu vervollständigen, fehlt noch die triviale *isEmpty*-Methode:

```
bool Queue::isEmpty(void)
{
  return(anz==0);
}
```

Die Quellcodes dieser Lösung finden Sie auf der Diskette im Verzeichnis \KAP07\QUEUE1\.

Lösung zu 6

```
class SQueue
{
  private:
    Stack *data;
    unsigned long anz;

  public:
    SQueue(unsigned long);
    ~SQueue();

    bool Enqueue(int);
    int Dequeue(void);
    bool isEmpty(void);
};
```

Die Klassendefinition hat sich nur unwesentlich verändert. Lediglich das Feld hat einem Stack Platz gemacht, und die beiden Attribute zur Verwaltung der Einfüge- und Entnahmeposition wurden eingespart[1].

```
SQueue::SQueue(unsigned long s)
{
  data=new Stack(s);
  anz=0;
}

SQueue::~SQueue()
{
  if(data) delete(data);
}
```

Konstruktor und Destruktor haben sich nur in der Weise geändert, daß anstelle eines Feldes nun ein Stack der entsprechenden Größe dynamisch angefordert und wieder freigegeben wird.

```
bool SQueue::Enqueue(int w)
{
```

1. Hätten wir einen total dynamischen Stack programmiert, einen Stack also, der keine maximale Größenbeschränkung hat, dann hätten wir auch auf das Attribut *anz* verzichten können. So jedoch wird es benötigt, um später einen temporären Stack der entsprechenden Größe erzeugen zu können.

```
  if(data->Push(w))
    {
      anz++;
      return(true);
    }
  else
    return(false);
}
```

Enqueue versucht, das einzufügende Element auf den Stack zu schreiben. Wenn es gelingt, wird *anz* um eins erhöht und *true* zurückgeliefert. Andernfalls wird *false* zurückgegeben.

```
int SQueue::Dequeue(void)
{
  if(data->isEmpty()) return(0);

  int w;
  Stack buf(anz);
  while(!data->isEmpty()) buf.Push(data->Pop());
  w=buf.Pop();
  while(!buf.isEmpty()) data->Push(buf.Pop());
  anz--;
  return(w);
}
```

Die Dequeue-Methode ist der schwierigste Teil dieser Aufgabe. Zuerst wird überprüft, ob überhaupt noch Elemente auf dem Stack liegen. Wenn nicht, wird 0 zurückgegeben.

Für den Fall, daß noch Elemente auf dem Stack liegen, wird es interessant. Eine Queue liefert das zuerst gespeicherte Element zurück, ein Stack jedoch das zuletzt gespeicherte. Das von *Dequeue* benötigte Element liegt also als unterstes Element auf dem Stapel.

Um an dieses Element heranzukommen, werden alle darüberliegenden Elemente vom Stack geholt und auf einen temporären zweiten Stack geschrieben. Nachdem das gewünschte Element erreicht ist, wird es vom Stack genommen und alle Elemente des temporären Stacks wieder auf den originalen Stack verschoben. Dies ist notwendig, weil die Elemente auf dem zweiten Stack in umgekehrter Reihenfolge abgespeichert sind[1].

Als letztes fehlt noch *isEmpty*:

```
bool SQueue::isEmpty(void)
{
  return(data->isEmpty());
}
```

Die Quellcodes dieser Lösung finden Sie auf der Diskette im Verzeichnis \KAP07\QUEUE2\

1. Das oberste Element des Originalstacks liegt auf dem temporären Stack ganz zuunterst.

Lösung zu 7

```
#ifndef __TSTACK_H
#define __TSTACK_H

template <class TData>
class TStack
{
  private:
    TData *data;
    unsigned long anz;
    unsigned long maxanz;

  public:
    TStack(unsigned long);
    ~TStack();

    bool Push(TData);
    TData Pop(void);
    bool isEmpty(void);
};

template <class TData>
TStack<TData>::TStack(unsigned long s)
{
  data=new(TData[s]);
  if(data)
    {
      anz=0;
      maxanz=s;
    }
  else
    {
      anz=maxanz=0;
    }
}

template <class TData>
TStack<TData>::~TStack()
{
  if(data) delete[](data);
}

template <class TData>
bool TStack<TData>::Push(TData w)
{
  if(anz<maxanz)
    {
      data[anz++]=w;
      return(1);
```

```
    }
  else
    {
      return(0);
    }
}

template <class TData>
TData TStack<TData>::Pop(void)
{
  if(anz>0)
    return(data[--anz]);
  else
    return(0);
}

template <class TData>
bool TStack<TData>::isEmpty(void)
{
  return(anz);
}
#endif /* __TSTACK_H */
```

Die Quellcodes dieser Lösung finden Sie auf der Diskette im Verzeichnis \KAP07\TSTACK\.

Lösung zu 8

Schauen wir uns zunächst die Klassendeklaration an:

```
class Parser
{
  private:
    char *str;
    int len;
    double result;
    void parse(void);
    bool isopt(char);
    double getopd(long&);
    void copystring(char*);

  public:
    Parser(char*);
    Parser(void);
    double Result(void);
    void Parse(char*);
};
```

str ist für eine Kopie des zu bearbeitenden Strings vorgesehen. *len* enthält die Länge der Kopie, und *result* wird das Ergebnis der Formel beinhalten. Als nächstes kommt der Konstruktor an die Reihe:

```
Parser::Parser(char *s)
{
  str=0;
  copystring(s);
  parse();
}
```

Zuerst wird der zu bearbeitende String kopiert, und dann wird er berechnet. Eine Erklärung für die Anfertigung einer Kopie gibt die private Methode *copystring*:

```
void Parser::copystring(char *s)
{
  if(str) delete[](str);
  str=new(char[strlen(s)]);
  for(unsigned int x=0,y=0;x<strlen(s);x++)
    {
      if((isopt(s[x]))||(isdigit(s[x]))||(s[x]=='.'))
        str[y++]=s[x];
      if(s[x]==',') str[y++]='.';
    }
  str[y]=0;
  len=y;
  cout << "\nVerwendete Formel:\"" << str << "\"\n";
}
```

Durch die Anfertigung einer „intelligenten Kopie" des Strings kann man die ursprüngliche Formel in eine gewünschte Form bringen. In diesem Fall wurden alle unnötigen Leerzeichen entfernt, und das Komma wurde durch den Dezimalpunkt ersetzt. Die Kopierroutine könnte auch noch weiter gehen und z.B. zwei direkt aufeinanderfolgende Rechenzeichen durch Klammern trennen. Da dies aber kein Bestandteil der Aufgabe war, wurde hier darauf verzichtet. Schauen wir uns nun noch zwei Hilfsfunktionen an:

```
inline bool Parser::isopt(char c)
{
  return(((c=='+')||(c=='-')||(c=='*')||(c=='/
')||(c=='(')||(c==')')));
}

double Parser::getopd(long &p)
{
  double wert=atof(&(str[p]));
  if(isopt(str[p])) p++;
  while(!isopt(str[p])) p++;
  return(wert);
}
```

Die Methode *isopt* gibt einen wahren Wert zurück, wenn es sich bei dem übergebenen Zeichen um eines der in der Formel erlaubten Zeichen (außer den Zeichen für die Zahlendarstellung) handelt. Ansonsten wird ein falscher Wert zurückgegeben. Die Methode *getopd* wandelt die an der Stelle *p* im Formelstring stehende Zahl in einen *double*-Wert um und setzt *p* auf das erste Zeichen hinter der umgewandelten Zahl.

Kommen wir nun zum Herzstück des Parsers, der Methode *parse*, die die Formel berechnet. Die hinter *parse* stehende Idee ist die, die Formel von links nach rechts durchzugehen, dabei alle Multiplikationen/Divisionen zu berechnen und somit die Formel auf eine Folge von Additionen/Subtraktionen zu reduzieren. Am Ende angekommen, werden die Additionen/Subtraktionen von rechts nach links ausgeführt, und das Ergebnis ist berechnet.

Diese Idee wird im kleinen auch auf jeden Klammerinhalt angewendet. Da Klammern zuerst berechnet werden müssen, geht die Methode die Klammer von links nach rechts durch, um die Multiplikationen/Divisionen zu berechnen, und addiert/subtrahiert dann die so entstandene Folge von Additionen/Subtraktionen.

Warum gerade die Multiplikationen/Divisionen zuerst ausgeführt werden, um die Formel auf Additionen/Subtraktionen zu reduzieren, liegt in der Punkt-vor-Strich-Regel begründet. Wenn Sie beispielsweise die Formel "2+3*4*5+6*7" von links nach rechts durchgehen, dann können Sie die Addition von 2 und 3 nicht durchführen, weil wegen der Punkt-vor-Strich-Regel die 3 zuerst mit der 4 multipliziert werden müßte.

Wir können jedoch ohne Probleme die Formel durchgehen, dabei Additionen/Subtraktionen überspringen und nur die Multiplikationen/Divisionen ausführen. Die erste auszuführende Operation ist damit "3*4", wir berechnen die Teilformel und schreiben das Teilergebnis an die Stelle der Teilformel: "2+12*5+6*7". Dann fahren wir fort und stoßen wieder auf eine Multiplikation, die auch ausgeführt wird: "2+60+6*7". Die dann folgende Addition wird wieder übersprungen. Die nächste auszuführende Operation ist "6*7". Die gesamte Formel sieht dann so aus: "2+60+42". Gleichzeitig haben wir das Ende der Formel erreicht.

Wir brauchen nun einfach die Formel Operation für Operation zurückzugehen und zu berechnen. Nach der ersten Operation sieht die Formel so aus: "2+102". Nachdem die letzte Operation ausgeführt wurde, steht das Endergebnis fest: 104.

Sollten in der Formel Klammern vorkommen, so werden sie nach dem gleichen Schema berechnet, und das Ergebnis des Klammerausdrucks nimmt dessen Platz in der Formel ein.

Doch nun die Implementation:

```
void Parser::parse(void)
{
TStack<char> opt(len);
TStack<double> opd(len);

long strpos=0;
double wert;
char op;
```

Um die Formel nach obigem Schema berechnen zu können, benutzen wir zwei Stacks: Einmal den Operatoren-Stack *opt*, der die Rechenzeichen und Klammern speichert, und den Operanden-Stack *opd*, der die verwendeten Zahlen speichert.

Die Größe der Stacks entstand aufgrund der Überlegung, daß eine Formel nie mehr Operatoren oder Operanden haben kann als die Anzahl der Zeichen, aus der sie besteht. Für den größten Teil der Fälle werden die Stacks jedoch viel zu groß angelegt sein. Muß man sehr auf die Größe des benutzten Speichers achten, könnte man zum Beispiel in der *copystring*-Methode eine bessere Schätzung durchführen, indem man die in der Formel enthaltenen Operatoren zählt.

Die Variable *strpos* wird als Zeiger auf die aktuelle Position innerhalb der Formel verwendet. *wert* und *op* werden benutzt, um temporär einen Operanden oder einen Operator aufnehmen zu können.

```
if((str[strpos]=='+')||(str[strpos]=='-'))
  opd.Push(getopd(strpos));
```

Handelt es sich bei der zu bearbeitenden Formel um eine den Regeln nach gültige, dann geht einem Rechenzeichen immer eine geöffnete Klammer[1] oder ein Operand[2] voraus. Die einzige Ausnahme bildet die erste Zahl der Formel. Denn dort kann ein Rechenzeichen (+ oder –) stehen, ohne daß ihm eine Klammer oder ein Operand vorausgeht. Deswegen wird am Anfang der Formel geprüft, ob dies der Fall ist.

```
while(strpos<len)
  {
    switch(str[strpos])
      {
```

Nun wird die Formel Zeichen für Zeichen betrachtet. Dabei wird zwischen einzelnen Rechenzeichen und zur Darstellung eines Operanden nötigen Zeichen unterschieden.

```
      case'+':
      case'-':
        opt.Push(str[strpos++]);
        break;
```

Wie wir bereits besprochen haben, werden bei dem ersten Durchlaufen der Formel von links nach rechts keine Additionen/Subtraktionen ausgeführt. Deswegen wird hier auch nichts anderes getan, als den Operator für die spätere Verwendung auf den Operator-Stack zu schieben.

```
      case'(':
        while(str[strpos]=='(') opt.Push(str[strpos++]);
        opd.Push(getopd(strpos));
        break;
```

1. Für den Fall, daß das Rechenzeichen angibt, ob die ihm folgende Zahl positiv oder negativ ist.
2. Für den Fall, daß es sich um ein normales Rechenzeichen handelt.

Zuerst werden mit Hilfe einer Schleife alle geöffneten Klammern[1] auf den Stack geschoben, damit wir später wissen, wo denn überhaupt der Anfang des Klammerausdrucks war. Des weiteren wissen wir, daß hinter einer geöffneten Klammer nur ein Operand stehen kann. Selbst wenn dort ein Operator steht, gehört dieser zum Operanden[2]. Deswegen wird dieser Operand auf den Operanden-Stack geschoben.

```
case'*':
case'/':
  if(str[strpos+1]=='(')
    opt.Push(str[strpos++]);
  else
    {
      wert=opd.Pop();
      if(str[strpos++]=='*')
        opd.Push(wert*getopd(strpos));
      else
        opd.Push(wert/getopd(strpos));
    }
  break;
```

Für den Fall, daß dem Multiplikations-/Divisionsoperator eine geöffnete Klammer folgt, muß zuerst der Klammerausdruck berechnet werden. Deswegen wird der Multiplikations-/Divisionsoperator nur auf den Stack geschrieben und nicht ausgeführt.

Sollte einem Multiplikations-/Divisionsoperator jedoch ein Operand folgen, so kann die Multiplikation/Division direkt ausgeführt werden. Der dem Operator folgende Operand ist noch nicht ermittelt, deswegen wird er mit Hilfe von *getopd* aus der Formel extrahiert. Der dem Operator vorangehende Operand muß der zuletzt auf den Operanden-Stack geschriebene Operand sein. Daher wird er mit *Pop* vom Stack geholt. Das Ergebnis der Operation wird wieder auf den Operanden-Stack geschrieben[3].

```
case')':
  strpos++;
  op=opt.Pop();
  wert=opd.Pop();
```

Wenn wir eine schließende Klammer erreichen, wissen wir, daß der dazugehörige Klammerausdruck bereits auf Additionen/Subtraktionen reduziert ist. Wir brauchen also nur bis zur entsprechenden geöffneten Klammer zurückzugehen und dabei die Additionen/Subtraktionen durchzuführen.

1. Denn es können ja mehrere geöffnete Klammern hintereinander folgen.
2. Wenn hinter einer geöffneten Klammer ein Operator steht, dann kann dies nur „+" oder „–" sein, und zwar, um den dem Operator folgenden Operanden explizit als positiv oder negativ zu definieren.
3. In den Vorüberlegungen entspricht dies dem Ersetzen der Multiplikation/Division durch ihr Ergebnis.

```
        while(op!='(')
          {
            if(op=='+')  wert=opd.Pop()+wert;
            if(op=='-')  wert=opd.Pop()-wert;
            op=opt.Pop();
          }
```

An dieser Stelle haben wir den Anfang der Klammer erreicht. Das Ergebnis des Klammerausdrucks steht nun in der Variablen *wert*. Es kann aber sein, daß die gerade berechnete Klammer mit einem vor ihr stehenden Operanden multipliziert/dividiert wird. Deswegen müssen wir für den Fall, daß noch Operatoren auf dem Operator-Stack sind, überprüfen, ob es sich um eine Multiplikation/Division handelt. Wenn ja, wird sie mit dem auf dem Stack befindlichen Operanden und *wert* ausgeführt. Wenn nicht, dann wird der Operator wieder zurück auf den Stack geschrieben. In jedem Fall aber wird das Ergebnis in *wert* auf den Stack geschrieben.

```
        if(!opt.isEmpty())
          {
            op=opt.Pop();
            if((op=='/')||(op=='*'))
              {
                if(op=='*')  wert=opd.Pop()*wert;
                if(op=='/')  wert=opd.Pop()/wert;
              }
            else
              opt.Push(op);
          }
        opd.Push(wert);
        break;
```

Der Klammerausdruck ist nun komplett berechnet. Eine eventuelle Multiplikation/Division mit einem vorhergehenden Operanden ist durchgeführt, und das Ergebnis des Klammerausdrucks steht auf dem Stack.

```
      default:
        opd.Push(getopd(strpos));
        break;
```

Für den Fall, daß es sich um einen Operanden handelt, wird dieser einfach auf den Operanden-Stack geschrieben.

```
      }
  }
```

An dieser Stelle haben wir das Ende der Formel erreicht. Alle Klammern wurden aufgelöst und alle Multiplikationen/Divisionen durchgeführt. Damit wurde die Formel auf reine Additionen/Subtraktionen reduziert. Des weiteren stehen alle auszuführenden Additionen/Subtraktionen auf dem Operator-Stack und die dazugehörigen Operanden auf dem Operanden-Stack. Diese Operationen müssen für das endgültige Ergebnis noch ausgeführt werden.

```
  wert=opd.Pop();
  while(!opt.isEmpty())
    {
      op=opt.Pop();
      if(op=='+')  wert=opd.Pop()+wert;
      if(op=='-')  wert=opd.Pop()-wert;
    }
  result=wert;
}
```

Der Klasse wurde noch ein weiterer Konstruktor und eine öffentliche Methode *Parse* hinzugefügt, um mehrere Formeln berechnen zu können, ohne immer wieder eine neue Instanz des Parsers erzeugen zu müssen:

```
Parser::Parser(void)
{
  str=0;
  len=0;
}


void Parser::Parse(char *s)
{
  copystring(s);
  parse();
}
```

Sie können dem Parser nun die Formel bei der Definition übergeben:

```
  Parser parser(str);
```

Oder aber Sie verwenden ihn erneut mit der *Parse*-Methode:

```
  parser.Parse(str);
```

Die Quellcodes dieser Lösung finden Sie auf der Diskette im Verzeichnis \KAP07\PARSER\.

Lösung zu 9

Der Konstruktor zum Umwandeln eines *long*-Wertes in einen Bruch ist sehr einfach:

```
Bruch(long z) : zaehler(z),nenner(1) {}
```

Jede Ganzzahl *x* ist als Bruch geschrieben x/1.

Bei den *double*-Werten wird es etwas schwieriger. Zunächst gehen wir wie bei den *long*-Werten vor. Zum Beispiel schreiben wir für 0.75 den Bruch 0.75/1. Nun Erweitern wir diesen Bruch so lange mit 10, bis wir im Zähler eine Ganzzahl haben: 7.5/10 ... 75/100. Dann brauchen wir den so erhaltenen Bruch nur noch zu kürzen: 3/4.

Schauen wir uns den entsprechenden Konstruktor an:

```
Bruch::Bruch(double d)
{
```

```
  double dummy;
  long p=1;
  while(fabs(modf(d,&dummy))>=0.0000001)
    {
      d*=10;
      p*=10;
    }
  zaehler=(long)(d);
  nenner=p;
  if((p=ggt(zaehler,nenner))>1)
    {
      zaehler/=p;
      nenner/=p;
    }
}
```

Der Bruch wird so lange mit 10 erweitert, bis die Nachkommastellen des Zählers <=0.0000001 sind. Wir können nicht auf 0 prüfen, weil sich immer kleine Rechenfehler einschleichen und der Wert äußerst selten exakt 0 wird.

Die Funktion *x=modf(a,&b)* spaltet die Fließkommazahl *a* in einen ganzzahligen Teil, der in *b* gespeichert wird, und in einen Nachkommateil, der von der Funktion zurückgegeben wird. Mit *a=12.345* ist *x=0.345* und *b=12.*

Danach wird mit Hilfe der Funktion *ggt* der größte gemeinsame Teiler von Zähler und Nenner ermittelt. Durch diesen werden dann Zähler und Nenner geteilt. Dadurch erhalten wir den optimal gekürzten Bruch.

Zur Vollständigkeit hier noch einmal die *ggt*-Funktion, die für die Klasse *Bruch* an *long*-Werte angepaßt wurde:

```
long Bruch::ggt(long x, long y)
{
long a;

  x=abs(x);
  y=abs(y);

  a=(x<y)?x:y;

  while((x%a)||(y%a))
    a--;

  return(a);
}
```

Die Quellcodes dieser Lösung finden Sie auf der Diskette im Verzeichnis \KAP07\BRUCH\.

In der Funktion wurden die Absolutwerte der beiden Parameter *x* und *y* bestimmt, weil es auch negative Zähler und Nenner geben kann.

8 Überladen von Operatoren

8.1 Grundlagen

Diese Kapitel ist dem Überladen der in C++ gebräuchlichen Operatoren gewidmet. Überladen bedeutet in diesem Zusammenhang, daß die Funktionalität der Operatoren auf eigenen Klassen erweitert werden kann.

Folgende Operatoren können in C++ überladen werden:

+	-	*	/	%	^	&	|
~	!	=	<	>	+=	-=	*=
/=	%=	^=	&=	|=	<<	>>	<<=
>>=	==	!=	<=	>=	&&	||	++
--	->*	,	->	[]	()	new	delete

Tabelle 8.1: Tabelle aller überladbaren Operatoren

Um die nächsten Schritte praktisch an einer Klasse nachvollziehen zu können, entwerfen wir schnell eine einfache Klasse namens *OwnInt*, die sich – wenn wir mit diesem Kapitel fertig sind – genau so verhalten soll, wie der elementare C++-Datentyp *int*:

```
#include <iostream.h>
class OwnInt
{
  private:
    int *wert;
  public:
    OwnInt(int w)
      {
        wert=new int;
        *wert=w;
      }
    ~OwnInt() {if(wert) delete(wert);}
    void Print(void) {cout << *wert << endl;}
    void Set(int w) {*wert=w;}
};
```

Um die Sache ein wenig interessanter zu gestalten, wird der für den *int*-Wert benötigte Speicher dynamisch reserviert. Zusätzlich wurde die Klasse noch mit einer *Print*-Methode, die den Wert ausgibt, und einer *Set*-Methode, die einen neuen Wert zuweist, ausgestattet.

Zuweisung und Initialisierung

Zuerst wollen wir uns über den Unterschied zwischen einer Zuweisung und einer Initialisierung Klarheit verschaffen, denn der Compiler interpretiert diese beiden Begriffe ein wenig anders. Schauen Sie sich folgendes Fragment an:

```
int a=20;
int b;
b=30;
```

In der ersten Zeile wird die Variable *a* definiert und mit 20 initialisiert. Die zweite Zeile definiert *b*, und die dritte Zeile initialisiert *b* mit 30.

Und genau hier stimmen die Ansichten des Compilers nicht mehr mit unseren überein. Denn *b* wird in den Augen des Compilers nicht mit 30 initialisiert, sondern *b* wird der Wert 30 zugewiesen.

Diese Unterscheidung liegt in der Vorgehensweise des Compilers begründet. In der ersten Zeile erzeugt er eine *int*-Variable, die den Wert 20 enthält. Das ist für ihn eine Initialisierung.

In der zweiten Zeile erzeugt er eine *int*-Variable, die mit irgendeinem von uns nicht bestimmten Wert initialisiert wird. In der dritten Zeile wird dieser bereits initialisierten Variablen dann ein neuer Wert zugewiesen.

Initialisierung

copy-Konstruktor

Nachdem wir dies nun wissen, wenden wir uns zunächst der Initialisierung zu. Die wichtigste Form der Initialisierung ist die mit einem Objekt derselben Klasse. Die Methode, die diese Kopie anfertigt, nennt man **copy-Konstruktor**.

Der Compiler stattet jede Klasse automatisch mit einem Standard-copy-Kontruktor aus. Dieser Konstruktor hat allerdings einen Nachteil. Schauen wir uns dazu folgendes Programmfragment an:

```
OwnInt a(4),b=a;

  a.Print();
  b.Print();

  a.Set(20);

  a.Print();
  b.Print();
```

Zuerst wird die Variable *a* mit dem Wert 4 initialisiert. Die Variable *b* wird mit *a* initialisiert, wodurch auch sie den Wert 4 besitzt. Die beiden nachfolgenden Print-Aufrufe bestätigen dies.

Danach wird *a* ein neuer Wert (20) zugewiesen. Doch nun zeigt sich das Dilemma. Beide Variablen haben nun den Wert 20. Abbildung 8.1 zeigt die Problematik:

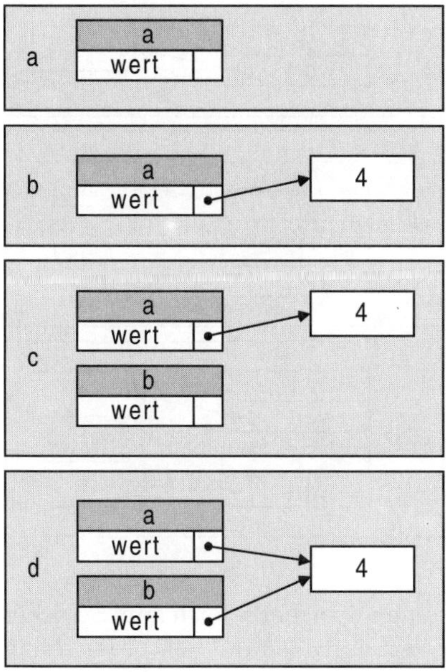

Abbildung 8.1: Die Arbeitsweise des Standard-copy-Konstruktors

Flache Kopie

Abbildung 8.1 a zeigt die Variable *a* nach ihrer Erzeugung, aber noch vor dem Aufruf ihres Konstruktors. In 8.1 b sehen Sie die vollständig erzeugte Variable *a*. Abbildung 8.1 c zeigt die Variable *b* vor dem Aufruf des *copy*-Konstruktors. 8.1 d stellt das Endresultat dar.

Man sieht, der Standard-*copy*-Konstruktor erstellt nur eine flache Kopie.

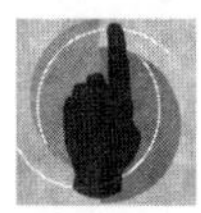

Achtung: Bei einer flachen Kopie werden lediglich die Daten des zu kopierenden Elementes selbst kopiert, nicht aber die Daten, auf die eventuell Zeiger des Elementes verweisen.

Tiefe Kopie

Wir benötigen einen *copy*-Konstruktor, der eine sogenannte tiefe Kopie erzeugt. Der typische Kopf eines *copy*-Konstruktors sieht so aus:

```
KLASSENNAME(const KLASSENNAME&)
```

Angewendet auf unsere *OwnInt*-Klasse kommt folgendes heraus:

```
OwnInt(const OwnInt &k)
      {
        wert=new int;
        *wert=*k.wert;
      }
```

Abbildung 8.2 zeigt das Verhalten des neuen *copy*-Konstruktors.

Abbildung 8.2: Die Arbeitsweise des eigenen copy-Konstruktors

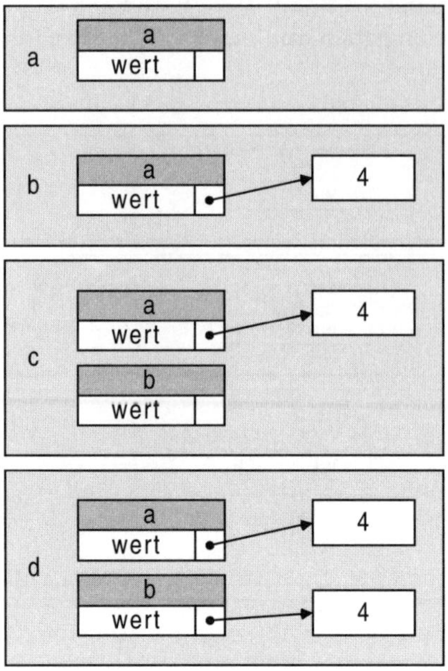

Weil *b* nun seinen eigenen Speicherbereich zum Speichern des *int*-Wertes besitzt, kann jetzt der Wert von *a* verändert werden, ohne das *b* davon beeinflußt wird. Diese Art der Vorgehensweise nennt man **tiefe Kopie**.

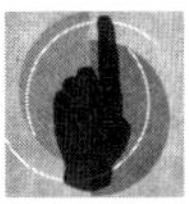

Achtung: Bei einer tiefen Kopie werden sowohl die Daten des zu kopierenden Elementes als auch die Daten, auf die eventuell Zeiger des Elements verweisen, kopiert.

Zuweisung

Die Zuweisung erfolgt gewöhnlich über den =-Operator, weswegen wir diesen Operator überladen müssen:

```
const OwnInt &operator=(const OwnInt &k)
{
  if(!wert) wert=new int;
  *wert=*k.wert;
  return(*wert);
}
```

Da die Funktion eine Methode der Klasse ist, würde eine Zuweisung der Form *a=b* umgesetzt in:

```
a.operator=(b)
```

Die *operator=*-Methode hat einen Rückgabewert, um Zuweisungen der Form *a=b=c* zu ermöglichen.

Der Konstruktor als Umwandlungsoperator

Verblüffenderweise sind wir mit den bisher implementierten Methoden auch in der Lage, folgende Zuweisung korrekt zu compilieren:

```
OwnInt a(2);
a=20;
```

Dies funktioniert problemlos, ohne das wir den =-Operator für *int*-Zuweisungen überladen haben. Der Grund hierfür ist der, daß der Compiler durch den Konstruktor weiß, wie er aus einem *int*-Wert ein *OwnInt*-Element erzeugt. Er wandelt deshalb den *int*-Wert zuerst in ein *OwnInt*-Element um und benutzt dann die normale Zuweisung für *OwnInt*-Elemente.

explicit

Der Compiler zieht nur Konstruktoren mit einem einzigen Funktionsparameter zur Umwandlung in Betracht. Wollen Sie, daß ein Konstruktor auf keinen Fall zur Umwandlung herangezogen wird, dann müssen Sie ihn mit dem Schlüsselwort **explicit** als expliziten Konstruktor kennzeichnen.

Vergleichsoperatoren

Um zwei selbstdefinierte Klassen vergleichen zu können, ist man in der Lage, die Vergleichsoperatoren „==“, „!=“, „<“, „>“, „<=“ und „>=“ zu überladen.

Dies könnte zum Beispiel so aussehen:

```
int operator<(const OwnInt &k)
{
  return(*wert<*k.wert);
}
```

Sollte die Funktion nicht als Elementfunktion implementiert werden, dann muß sie als Freund der Klasse deklariert werden und folgendermaßen aussehen:

```
int operator<(const OwnInt &k1, const OwnInt &k2)
{
  return(*k1.wert<*k2.wert);
}
```

Alle anderen Vergleichsoperatoren werden analog zu diesem Beispiel implementiert.

Ein-/Ausgabeoperatoren

Damit die eigenen Klassen auch C++-typisch ausgegeben werden können, wollen wir hier den <<-Operator überladen:

```
ostream &operator<<(ostream &ostr, const OwnInt &k)
{
  ostr << *k.wert;
  return(ostr);
}
```

Da diese Methode, wenn sie als Elementfunktion definiert würde, zu *ostream* gehören müßte, sind wir nicht in der Lage, sie als Elementfunktion unserer Klasse zu definieren. Es darf daher nicht vergessen werden, die überladene *operator*<<-Funktion als freund zu deklarieren.

Wichtig ist, daß die Funktion wieder eine Referenz auf den Stream zurückgibt, damit weitere Ausgaben folgen können (*cout << a << b*).

Analog dazu gehen Sie bei der *operator*>>-Funktion vor.

Grundrechenarten

Stellvertretend für die vier Grundrechenarten werden wir hier die Addition besprechen.

Der +-Operator ist verglichen mit den bisher besprochenen Operatoren insofern etwas anderes, weil er kein betroffenes Objekt manipuliert. Er erzeugt lediglich aus der Summe der beiden betroffenen Elemente ein neues Element und gibt es als Rückgabewert zurück:

```
OwnInt operator+(const OwnInt &k1, const OwnInt &k2)
{
  OwnInt k(*k1.wert+*k2.wert);
  return(k);
}
```

Die Funktion wurde nicht als Elementfunktion definiert, um möglichst viele Situationen abzudecken. Da eine Addition *a+b* folgendermaßen umgesetzt wird:

```
operator+(a,b)
```

können folgende Summen mit ihr bestimmt werden[1]:

```
a+b
x+2
4+b
```

Hätten wir die Funktion dagegen als Elementfunktion deklariert, dann wäre die Addition *a+b* so umgesetzt worden:

```
a.operator+(b)
```

Dies hat zur Konsequenz, daß der linke Operand der Addition auf jeden Fall ein *OwnInt*-Objekt sein muß. Deswegen würde die Addition *4+b* nicht berechnet werden können.

1. Die *int*-Werte werden dabei automatisch durch den *OwnInt*-Konstruktor in *OwnInt*-Objekte umgewandelt.

Der Additions-Zuweisungsoperator „+=“ kann wiederum ohne Bedenken als Elementfunktion definiert werden:

```
OwnInt &operator+=(const OwnInt &k)
{
  *wert+=*k.wert;
  return(*this);
}
```

Die Operatoren [] und ()

Da ein bestimmtes Element über den Index-Operator „[]“ sowohl gelesen als auch beschrieben werden kann, muß die entsprechende Funktion eine Referenz zurückliefern:

```
int &operator[](int p)
{
  return(*wert);
}
```

Die Funktion hat in diesem Zusammenhang natürlich nicht viel Sinn, weil der Wert des Indizes (p) nicht ausgewertet wird.

Die *operator()*-Funktion hat gegenüber dem Index-Operator den Vorteil, daß sie mehrfach überladen werden kann. Man kann sie z.B. bei einer String-Klasse dazu verwenden, Teile des Strings auszuschneiden.

Umwandlungsoperatoren

Umwandlungsoperatoren werden dann benötigt, wenn Sie dem Compiler die Möglichkeit geben wollen, mittels impliziter Typumwandlung die eigene Klasse in andere Datentypen umzuwandeln:

```
operator int()
{
  return(*wert);
}
```

Durch diese Elementfunktion kann die Klasse *OwnInt* an jeder Stelle verwendet werden, an der auch ein *int*-Wert Verwendung findet.

Die komplette Klasse *OwnInt* finden Sie auf der Diskette im Verzeichnis \KAP08\BSP\OWNINT\.

Ausnahmebehandlung

throw

Kommen wir noch kurz zur Fehlermitteilung mit Hilfe von Ausnahmen. Das Schlüsselwort, mit dem man eine Ausnahme aufwirft, heißt **throw**. Schauen wir uns dazu die folgende Funktion an:

```
void mussPositivSein(int x)
{
  if(x<0) throw("Fehler");
}
```

Die Funktion wirft für den Fall, daß eine nicht-positive Zahl übergeben wird, eine Ausnahme auf. Wir brauchen nun eine Möglichkeit, diese Ausnahme abzufangen.

try Um die Ausnahme überhaupt auffangen zu können, müssen wir dem Compiler mitteilen, daß in dem entsprechenden Programmstück eine Ausnahme auftreten kann. Der „kritische" Bereich muß in einem sogenannten **try**-Block liegen. In diesem Fall bietet es sich an, den Funktionsaufruf als kritischen Bereich zu betrachten:

```
try
  {
    mussPositivSein(-5);
  }
```

catch Der Compiler weiß nun, daß er hier mit einer Ausnahme rechnen muß. Für den Fall, daß tatsächlich eine Ausnahme auftritt, kann in einem **catch**-Block auf sie eingegangen werden:

```
catch(const char *s)
  {
  }
```

Sollte eine Ausnahme vom Typ *const char* auftreten, dann wird sie mit dem obigen *catch*-Konstrukt aufgefangen. Innerhalb des Blocks können nun entsprechende Vorkehrungen getroffen werden, um entweder den aufgetretenen Fehler zu beheben oder um alle nötigen Schritte einzuleiten, damit das Programm ohne Datenverlust beendet werden kann.

Innerhalb des *catch*-Blocks kann die Ausnahme erneut mit *throw* aufgeworfen werden, um anderen Programmteilen die Möglichkeit zu geben, auf die Ausnahme zu reagieren.

8.2 Übungen

Sollten Sie bei Ihrem bisherigen Studium der Programmiersprache C++ schon das Überladen von Operatoren durchgenommen haben, nicht aber das behandeln von Ausnahmen, dann können Sie eventuelle Forderungen nach Fehlerbehandlungen in den Übungen einfach vernachläßigen und die entsprechenden Aufgaben ohne Ausnahmebehandlung lösen.

Sie können die Fehlerbehandlung ja zu gegebenem Zeitpunkt nachholen.

LEICHT

1. Übung

In dieser Übung soll die Klasse *Nibble*, die im vorigen Kapitel von Ihnen entworfen wurde, mit Hilfe des in diesem Kapitel erworbenen Wissens auf den neuesten Stand gebracht werden. Folgende „Eingriffe" sollen Sie vornehmen:

- Erweitern Sie die Klasse um den Konstruktor *Nibble(int)*. Überlegen Sie sich, wie der Konstruktor auf negative Parameterwerte reagieren soll.
- Schreiben Sie eigene Methoden zur Initialisierung und Zuweisung.
- Überladen Sie den Ausgabe-Operator.
- Implementieren Sie einen Umwandlungsoperator, um die Klasse *Nibble* als *int* nutzen zu können.
- Überladen Sie die Zuweisungsoperatoren der Grundrechenarten (+=, –=, *=, /=) sowie den Modulo-Zuweisungs-Operator %=.
- Überladen Sie die normalen Grundrechenoperatoren (+, –, *, /, %).
- Überladen Sie die Vergleichsoperatoren.

2. Übung

MITTEL

In dieser Übung wollen wir uns der Klasse *Bruch* annehmen. Folgende Verbesserungen werden wir durchführen:

- Die Klasse *Bruch* soll den von ihr repräsentierten Bruch immer in seiner optimal gekürzten Form verwalten. Schreiben Sie dazu eine private Methode *void kuerzen(void)*, die den Bruch optimal kürzt. Schreiben Sie bereits aus früheren Übungen vorhandene Programmteile so um, daß Sie von der Methode *kuerzen* Gebrauch machen.
- Brüche können sowohl positiv als auch negativ sein. Um die klasseninterne Arbeit mit den Brüchen zu vereinfachen, soll die Regel gelten, daß der Nenner des Bruches immer positiv ist. Der Zähler des Bruches ist damit in Abhängigkeit des Bruch-Vorzeichens entweder positiv oder negativ. Schreiben Sie eine private Methode *void vorzeichen(void)*, die für den Fall, daß der Nenner negativ ist, entsprechende Umformungen durchführt, die den Nenner in eine positive Zahl umwandeln. Achten Sie darauf, daß sich der Wert des Bruches durch die Umwandlung nicht ändert. Schreiben Sie bereits aus früheren Übungen vorhandene Programmteile so um, daß Sie von der Methode *vorzeichen* Gebrauch machen.
- Schreiben Sie eigene Methoden zur Initialisierung und Zuweisung.
- Überladen Sie den Ausgabe-Operator. Der Bruch soll in der Form (zaehler/nenner) ausgegeben werden. Als Beispiel: (3/4)
- Implementieren Sie Umwandlungsoperatoren, um die Klasse *Bruch* auch verwenden zu können, wenn eigentlich *float*- oder *double*-Werte erwartet werden.
- Überladen Sie die Zuweisungsoperatoren der Grundrechenarten (+=, –=, *=, /=).
- Überladen Sie die normalen Grundrechenoperatoren (+, –, *, /)
- Überladen Sie den unären Minus-Operator.
- Überladen Sie die Vergleichsoperatoren. Implentieren Sie die Vergleichsoperatoren nicht in der Form, daß Sie die Werte der Brüche berechnen (Zähler:Nenner) und diese dann vergleichen. Sobald auch nur ein Rechenfehler von 10^{-20} auftritt, wird der Test auf Gleichheit fehlschlagen. Versuchen Sie, eine bessere Vergleichsmöglichkeit zu finden.

MITTEL

3. Übung

Wir werden die nächsten elf Übungen dazu nutzen, eine String-Klasse zu entwerfen, die uns den Umgang mit Strings erleichtern soll. String-Klassen gehören im allgemeinen zur Klassenbibliothek eines jeden Compilers, aber Sinn und Zweck der Übungen ist es, das „Wie“ zu vermitteln und Übung in der Anwendung der Programmiersprache zu bekommen.

Gerade weil die folgenden Aufgaben aufeinander aufbauen, sollten Sie nach der Bearbeitung jeder Aufgabe Ihre Lösung mit der abgedruckten vergleichen, damit sich eventuelle Fehler nicht über mehrere Aufgaben hinweg potenzieren.

Die komplette Klasse *String* mit allen in den folgenden elf Übungen entworfenen Methoden finden Sie auf der Diskette im Verzeichnis \KAP08\STRING\.

Doch kommen wir nun zur ersten Übung, die sich mit der String-Klasse beschäftigt:

Entwerfen Sie eine Klasse namens *String*, die einen privaten Zeiger auf einen dynamischen Speicherbereich besitzt. Als weitere Attribute sollen *len* für die Stringlänge und *bufsize* für die Größe des Stringpuffers angelegt werden. Schreiben Sie drei Konstruktoren *String(void)*, *String(const char*)* und *String(const char)*, die den nötigen Speicherbereich reservieren, und zwar soll der für den String verwendete Speicherbereich immer um 15 Zeichen größer sein als benötigt. Schreiben Sie drei Zuweisungsoperatoren *operator=(String)*, *operator=(const char *)* und *operator=(const char)* sowie einen copy-Konstruktor *String(const String&)*. Vergessen Sie den Destruktor nicht.

Um die vom Benutzer ansprechbaren Funktionen von der tatsächlichen Verwaltung des Speichers zu kapseln, entwerfen Sie eine private Methode *replace*, die einen neuen String übernimmt und alle dazu nötigen Maßnahmen ergreift.

Des weiteren soll die Klasse mit überladenen <<- und >>-Operatoren ausgestattet werden, wobei die Eingabe vorerst mit einer maximalen Größe arbeiten darf.

SCHWER

4. Übung

Wenden wir uns nun den Additionsoperatoren zu. Implementieren Sie für *operator+* und *operator+=* alle nötigen Funktionen, um die Datentypen *const String&*, *const char** und *const char* verarbeiten zu können.

Überlegen Sie, welche Funktionen als Elementfunktionen deklariert werden können und welche als Nicht-Elementfunktionen deklariert werden müssen.

Benutzen Sie zur Implementierung der *operator*-Funktionen eine Funktion *insert(unsigned long pos, unsigned long len, const char *s)*, die an der Stelle *pos* im Stringspeicher die ersten *len* Zeichen des Strings *s* einfügt. *insert* soll dabei Gebrauch vom zusätzlichen Speicher des Stringpuffers machen. Denn nur, wenn auch der zusätzliche Speicher zum Einfügen nicht mehr ausreicht, muß neuer Speicher reserviert werden.

5. Übung

LEICHT

Überladen Sie den []-Operator, um auf die einzelnen Zeichen eines *String*-Objekts genau so zugreifen zu können wie auf ein *char*-Feld.

6. Übung

LEICHT

Überladen Sie für die Klasse *String* die Vergleichsoperatoren.

7. Übung

MITTEL

Überladen Sie den ()-Operator so, daß Sie ihn mit *(pos,len)* aufrufen können und er dann einen Teilstring erzeugt, der an der Position *pos* beginnt und *len* Zeichen lang ist.

8. Übung

SCHWER

Überladen Sie den –=-Operator für *const String&*, *const char** und *const char*. Zum Beispiel soll der Aufruf

```
str-="otto";
```

alle Vorkommnisse des Strings „otto“ in *str* löschen. Schreiben Sie dazu eine private Methode namens *remove*, der Sie Position und Länge des zu löschenden Teils im Stringpuffer übergeben. Denken Sie daran, daß bei entsprechender Verkleinerung des Strings der Effizienz wegen auch der Stringpuffer verkleinert werden sollte. Dabei sollte der beim Einfügen benutzte zusätzliche Speicher des Stringpuffers nicht verloren gehen.

9. Übung

LEICHT

Schreiben Sie eine Methode namens *Insert* für *const String&* und *const char**, die den ihr übergebenen String an der ihr ebenfalls übergebenen Position einfügt.

10. Übung

MITTEL

Schreiben Sie eine Methode *Overwrite* für *const String&* und *const char**, die den String ab der übergebenen Position mit dem übergebenen String überschreibt. Gegebenenfalls muß der String verlängert werden.

11. Übung

LEICHT

Schreiben Sie eine Methode *Remove*, die einen Teilstring aus dem Stringpuffer herausschneidet. Position und Länge des Teilstrings werden der Funktion übergeben.

12. Übung

LEICHT

Schreiben Sie eine Methode *Includes* für *const String&* und *const char**, die einen wahren Wert zurückliefert, wenn der übergebene Teilstring im Stringpuffer enthalten ist. Ansonsten soll sie einen falschen Wert zurückgeben.

LEICHT

13. Übung

Schreiben Sie eine Methode *toChar*, die einen konstanten Zeiger auf den String zurückliefert, damit wir unseren String auch mit den normalen Funktionen aus *string.h* bearbeiten können.

MITTEL

14. Übung

Kommen wir nun zu einer Übung, die mit der String-Klasse nichts zu tun hat: Implementieren Sie ein Template *Feld*, welches sich wie ein Feld verhält. Folgende Initialisierung soll beispielsweise möglich sein:

```
Feld<int> fd(20,0);
```

Wobei 20 die Startgröße und 0 der Initialisierungswert[1] des Feldes sein soll.

Damit das Template wie ein gewöhnliches Feld benutzt werden kann, soll der []-Operator überladen werden. Er soll aber verglichen mit einem normalen Feld folgenden Unterschied besitzen: Wenn sich der Index außerhalb des gültigen Bereichs befindet, dann wird das Feld automatisch so vergrößert, daß das über den Index angesprochene Element vorhanden ist.

Definieren Sie eine Konstante, die angibt, um wieviel mehr das Feld vergrößert werden soll.

Berücksichtigen Sie, daß bei einer Vergrößerung des Feldes die neu hinzugekommenen Elemente ebenfalls initialisiert werden müssen.

Überladen Sie auch den Ausgabeoperator, sodaß das Feld in der folgenden Weise ausgegeben wird:

```
(3,7,5,0,0)
```

8.3 Tips

Tips zu 2

- Zwei Brüche werden addiert, indem man sie so erweitert, daß sie den gleichen Nenner besitzen, und die erweiterten Zähler addiert.
- Zwei Brüche werden subtrahiert, indem man sie so erweitert, daß sie den gleichen Nenner besitzen, und die erweiterten Zähler subtrahiert.
- Zwei Brüche werden multipliziert, indem man die Zähler miteinander und die Nenner miteinander multipliziert.
- Zwei Brüche werden dividiert, indem man den ersten Bruch mit dem Kehrwert des zweiten Bruchs multipliziert.

1. Da es sich um ein Template handelt, kann *Feld* die unterschiedlichsten Datentypen verwalten. Und bei einigen würde eine Initialisierung mit 0 keinen Sinn ergeben. Deswegen soll der Initialisierungswert als Konstruktorparameter eingeführt werden.

- Der Kehrwert eines Bruchs wird durch Vertauschen von Zähler und Nenner gebildet.
- Brüche können verglichen werden, indem man sie auf einen gemeinsamen Nenner bringt und dann ihre Zähler vergleicht.

Tips zu 4

- Die Funktion *insert* muß unterscheiden können, ob der zusätzliche freie Speicher ausreicht, die entsprechenden Zeichen einzufügen, oder nicht.
- Reicht der zusätzliche Speicher aus, dann braucht lediglich an der Einfügestelle eine entsprechend große Lücke geschaffen werden.
- Die Lücke kann dadurch geschafffen werden, daß man den Teilstring, der rechts von der Einfügeposition liegt, um die benötigte Anzahl an Positionen nach rechts verschiebt.
- Reicht der zusätzliche Speicher nicht aus, dann muß der benötigte Speicher (Zusatzpuffer nicht vergessen) bestimmt werden. Dieser Speicher wird reserviert, die Daten des alten Speichers in den neuen kopiert und der alte Speicher gelöscht.

Tips zu 8

- Die *remove*-Funktion muß zwei Fälle unterscheiden. Und zwar, ob der freie Speicher durch das Entfernen von Zeichen so groß geworden ist, daß er verkleinert werden muß, oder ob er noch klein genug ist, um beibehalten zu werden.
- Sollte der freie Speicher zu groß geworden sein, dann wird im Wesentlichen analog zur *insert*-Funktion vorgegangen: Zuerst neuen, kleineren Speicher anfordern, dann die Information in den neuen Speicher kopieren und anschließend den alten Speicher löschen.

Tips zu 10

- Die Methode *Overwrite* muß zuerst prüfen, ob der Teil, mit dem überschrieben wird, über das Ende des existierenden Strings hinausgeht oder nicht.
- Sollte das Überschreiben über das Stringende hinausgehen, dann muß darauf geachtet werden, daß der noch freie Speicher ausreicht, um alle Daten aufzunehmen. Andernfalls muß ein neuer, größerer Speicherblock reserviert werden.
- Man sollte versuchen, die Implementation von *Overwrite* durch Verwenden von bereits vorhandenen Methoden der Klasse zu vereinfachen.

8.4 Lösungen

Lösung zu 1

Schauen wir uns zunächst die Klassendeklaration an:

```
class Nibble
{
  friend ostream &operator<<(ostream&, const Nibble&);
  friend Nibble operator+(const Nibble&, const Nibble&);
  friend Nibble operator-(const Nibble&, const Nibble&);
  friend Nibble operator*(const Nibble&, const Nibble&);
  friend Nibble operator/(const Nibble&, const Nibble&);
  friend Nibble operator%(const Nibble&, const Nibble&);

  private:
    unsigned int nibble;

  public:
    Nibble(int);
    Nibble(unsigned int n) : nibble(n%16){}
    Nibble(const Nibble &n) :nibble(n.nibble) {}
    Nibble &operator=(const Nibble&);
    Nibble &operator+=(const Nibble&);
    Nibble &operator-=(const Nibble&);
    Nibble &operator*=(const Nibble&);
    Nibble &operator/=(const Nibble&);
    Nibble &operator%=(const Nibble&);
    int operator<(const Nibble&);
    int operator>(const Nibble&);
    int operator==(const Nibble&);
    int operator!=(const Nibble&);
    int operator<=(const Nibble&);
    int operator>=(const Nibble&);
    operator int() {return(nibble);}
};
```

Als erstes war der neue Konstruktor gefordert:

```
Nibble::Nibble(int n)
{
  if(n<0)
    n+=((abs(n)/16+1)*16);
  n%=16;
  nibble=n;
}
```

Für den Fall, daß Sie den Parameter mit *abs* bearbeitet haben, damit er auf jeden Fall positiv ist, werden Sie sich fragen, warum diese Lösung vergleichsweise kompliziert aussieht.

Das liegt daran, daß man den Zahlenbereich als Ring betrachten kann. Ein Nibble kann nur die Zahlen von 0–15 darstellen. Die 15+1, also 16, ist dann wieder 0. Analog dazu wäre die Zahl 0–1, also –1, dann 15.

Wenn Sie aber *abs(–1)* bilden, dann erhalten Sie 1 und nicht 15.

Die korrekte Lösung erhalten Sie, wenn Sie zu einer negativen Zahl *a* den Wert *16*x* hinzuaddieren. Wobei *x* so gewählt werden muß, daß *a+16*x* positiv wird. Im unserem konkreten Fall mit *a=–1* wäre *x* ebenfalls 1. Wir erhalten *–1+16*, und das ist *15*. Und 15 ist der richtige Wert.

Es geht weiter mit den Zuweisungs- und Inititalisierungsmethoden:

```
Nibble(const Nibble &n) :nibble(n.nibble) {}

Nibble &Nibble::operator=(const Nibble &n)
{
  nibble=n.nibble;
  return(*this);
}
```

Die *operator=*-Funktion muß eine Referenz auf das aktuelle Objekt zurückliefern, damit verkettete Zuweisungen wie *a=b=c=d* möglich werden.

Der überladene Ausgabe-Operator ist sehr einfach:

```
ostream &operator<<(ostream &ostr, const Nibble &n)
{
  ostr << n.nibble;
  return(ostr);
}
```

Die *operator<<*-Funktion ist keine Elementfunktion von Nibble, weil die Funktion, wenn sie eine Elementfunktion wäre, zur Klasse *ostream* gehören würde. Und dort können wir keine Methoden hinzufügen. Wichtig ist, daß *operator<<* in Klasse *Nibble* als Freund deklariert ist, weil sie sonst nicht auf das private Attribut *nibble* zugreifen könnte. Auch hier gilt, daß zur Verkettung der Ausgabeoperatoren (*cout << a << b << c;*) der Ausgabe-Stream als Rückgabewert fungieren muß.

Als nächstes kommt der Umwandlungsoperator an die Reihe, der sehr einfach aufgebaut ist:

```
operator int() {return(nibble);}
```

Der nächste Punkt sind die Zuweisungsoperatoren:

```
Nibble &Nibble::operator+=(const Nibble &n)
{
  nibble=(nibble+n.nibble)%16;
  return(*this);
}
```

Es muß darauf geachtet werden, daß die Summe der beiden Nibbles nicht größer als 15 ist.

```
Nibble &Nibble::operator-=(const Nibble &n)
{
  Nibble np(-1*n.nibble);
  nibble=(nibble+np.nibble)%16;
  return(*this);
}
```

Da bei der Subtraktion ein negativer Wert entstehen kann, haben wir hier wieder das Problem der Umwandlung in eine positive Zahl. Um nicht schon wieder den entsprechenden Programmtext zu implementieren, erzeugen wir einfach ein neues Nibble, dem wir als Initialisierungswert den negativen Wert des zweiten Nibbles übergeben. Auf diese Weise erledigt der Konstruktor die Umformung in einen positiven Wert.

Den so erhaltenen Wert addieren wir dann zum ersten Nibble. Wir haben hier die Umformung a–b ist gleich mit a+(–b) ausgenutzt.

Wichtig ist auch, daß man anstelle von *–1*n.nibble* nicht *-n.nibble* hätte schreiben können. Das liegt daran, daß der einstellige Minus-Operator keine Typumwandlung vornimmt. Bei der Multiplikation mit –1 ist –1 bereits *unsigned int. n.nibble* wird dadurch implizit zu *unsigned int* umgewandelt.

```
Nibble &Nibble::operator*=(const Nibble &n)
{
  nibble=(nibble*n.nibble)%16;
  return(*this);
}

//****************************************************

Nibble &Nibble::operator/=(const Nibble &n)
{
  nibble/=n.nibble;
  return(*this);
}

//****************************************************

Nibble &Nibble::operator%=(const Nibble &n)
{
  nibble%=n.nibble;
  return(*this);
}
```

Die restlichen drei Zuweisungsoperatoren sind einfach. Nur bei der Multiplikation muß man wieder darauf achten, daß das Produkt größer als 15 sein kann.

Die Operatoren, die wir nun betrachten werden, sind die Grundrechenarten, einschließlich des Modulo-Operators:

```
Nibble operator+(const Nibble &n1, const Nibble &n2)
{
  Nibble n(n1.nibble+n2.nibble);
  return(n);
}

//**************************************************

Nibble operator-(const Nibble &n1, const Nibble &n2)
{
  Nibble n((int)(n1.nibble)-n2.nibble);
  return(n);
}

//**************************************************

Nibble operator*(const Nibble &n1, const Nibble &n2)
{
  Nibble n(n1.nibble*n2.nibble);
  return(n);
}

//**************************************************

Nibble operator/(const Nibble &n1, const Nibble &n2)
{
  Nibble n(n1.nibble/n2.nibble);
  return(n);
}

//**************************************************

Nibble operator%(const Nibble &n1, const Nibble &n2)
{
  Nibble n(n1.nibble%n2.nibble);
  return(n);
}
```

Da bei diesen Operatoren das Ergebnis der Operation nicht in einem der beteiligten Objekte gespeichert wird, sondern als neues Objekt von der Funktion zurückgeliefert wird, brauchen wir uns um die Problematik der Ergebnisse nicht zu kümmern. Dafür sorgt wieder der Konstruktor des neu erzeugten Objekts.

Als Rückgabewert muß das Objekt selbst fungieren. Es darf keine Referenz wie bei den anderen Funktionen verwendet werden, weil das lokal erzeugte Objekt der Funktion nach ihrer Beendigung wieder gelöscht würde und die Referenz dann ins Nichts zeigte.

In der *operator*-Funktion wird einer der bei der Differenzbildung beteiligten Nibbles explizit in *int* umgewandelt, damit das Ergebnis der Differenz auch *int* ist und dadurch der *Nibble(int)*-Konstruktor verwendet wird. Andernfalls wäre der *Nibble(unsigned int)*-Konstruktor verwendet worden, was zu einem falschen Ergebnis geführt hätte.

Kommen wir zum Schluß zu den Vergleichsoperatoren, die fast identisch mit den originalen sind, weil das Nibble ja intern als der elementare Datentyp *unsigned int* realisiert wurde.

```
int Nibble::operator<(const Nibble &n)
{
  return(nibble<n.nibble);
}

//**************************************************

int Nibble::operator==(const Nibble &n)
{
  return(nibble==n.nibble);
}

//**************************************************

int Nibble::operator!=(const Nibble &n)
{
  return(nibble!=n.nibble);
}

//**************************************************

int Nibble::operator<=(const Nibble &n)
{
  return(nibble<=n.nibble);
}

//**************************************************

int Nibble::operator>(const Nibble &n)
{
  return(nibble>n.nibble);
}

//**************************************************

int Nibble::operator>=(const Nibble &n)
{
  return(nibble>=n.nibble);
}
```

Die Quellcodes dieser Lösung finden Sie auf der Diskette im Verzeichnis \KAP08\NIBBLE\.

Lösung zu 2

Als erstes schauen wir uns die Klassendeklaration an:

```
class Bruch
{
  friend ostream &operator<<(ostream&, Bruch&);
  friend Bruch operator+(const Bruch&, const Bruch&);
  friend Bruch operator-(const Bruch&, const Bruch&);
  friend Bruch operator*(const Bruch&, const Bruch&);
  friend Bruch operator/(const Bruch&, const Bruch&);

  private:
    long zaehler,nenner;
    long ggt(long, long) const;
    long kgv(long, long) const;
    void kuerzen(void);
    void vorzeichen(void);

  public:
    Bruch(long, long);
    Bruch(long z) : zaehler(z),nenner(1) {}
    Bruch(double);
    Bruch(const Bruch&);
    Bruch &operator=(const Bruch&);
    Bruch &operator+=(const Bruch&);
    Bruch &operator-=(const Bruch&);
    Bruch &operator*=(const Bruch&);
    Bruch &operator/=(const Bruch&);
    Bruch operator-();
    int operator==(const Bruch&);
    int operator<(const Bruch&);
    int operator!=(const Bruch&);
    int operator<=(const Bruch&);
    int operator>(const Bruch&);
    int operator>=(const Bruch&);

    operator double();
    operator float();
    long Zaehler(void) {return(zaehler);}
    long Nenner(void) {return(nenner);}
};
```

Bevor wir zu den einzelnen Operatoren kommen, wollen wir uns die beiden Hilfsmethoden *kuerzen* und *vorzeichen* ansehen:

```
void Bruch::kuerzen(void)
{
  long p;
  if((p=ggt(zaehler,nenner))>1)
    {
      zaehler/=p;
      nenner/=p;
    }
}
```

kuerzen sucht den größten gemeinsamen Teiler von Zähler und Nenner und dividiert beide dann durch ihn. Dadurch erhält man einen Bruch, der nicht mehr weiter zu kürzen ist. Sollte der ggT den Wert 1 haben, dann war der Bruch bereits optimal gekürzt.

```
void Bruch::vorzeichen(void)
{
  if(nenner<0)
    {
      zaehler*=-1;
      nenner*=-1;
    }
}
```

Wenn man Zähler und Nenner jeweils mit derselben Zahl multipliziert, dann bleibt der Wert des Bruchs erhalten. Sollte der Nenner also negativ sein, dann wird sowohl der Nenner als auch der zähler mit –1 multipliziert. Folgende Funktionen mußten abgeändert werden, um die Hilfsmethoden zu verwenden:

```
Bruch::Bruch(long z, long n):zaehler(z),nenner(n)
{
  vorzeichen();
  kuerzen();
}

//*********************************************

Bruch::Bruch(double d)
{
  double dummy;
  long p=1;
  while(fabs(modf(d,&dummy))>=0.0000001)
    {
      d*=10;
      p*=10;
    }
  zaehler=(long)(d);
```

```
  nenner=p;
  kuerzen();
}
```

Als nächstes sind die Methoden zur Zuweisung und Initialisierung dran:

```
Bruch::Bruch(const Bruch &b)
{
  zaehler=b.zaehler;
  nenner=b.nenner;
}

//*********************************************

Bruch &Bruch::operator=(const Bruch &b)
{
  zaehler=b.zaehler;
  nenner=b.nenner;
  return(*this);
}
```

Da wir nicht mit dynamisch reserviertem Speicher arbeiten, fallen die beiden Methoden ziemlich einfach aus. Wichtig ist wieder der vorhandene Rückgabewert bei *operator=*, damit eine verkettete Zuweisung erfolgen kann.

Der überladene Ausgabeoperator sieht so aus:

```
ostream &operator<<(ostream &ostr, Bruch &b)
{
  ostr << "(" << b.zaehler << "/" << b.nenner << ")";
  return(ostr);
}
```

Die *operator<<*-Methode muß in *Bruch* als Freund deklariert werden.

Es folgen die Umwandlungsoperatoren:

```
Bruch::operator double()
{
  return((double)(zaehler)/(double)(nenner));
}

//*********************************************

Bruch::operator float()
{
  return((float)(zaehler)/(float)(nenner));
}
```

Als nächstes sind die Zuweisungsoperatoren der Grundrechenarten an der Reihe:

```
Bruch &Bruch::operator+=(const Bruch &b)
{
  long v=kgv(nenner,b.nenner);

  zaehler=(zaehler*v/nenner)+(b.zaehler*v/b.nenner);
  nenner=v;
  kuerzen();
  return(*this);
}
```

Zuerst müssen die Brüche auf einen gleichen Nenner gebracht werden. Dann können wir ihre Zähle addieren, und wir haben das Ergebnis der Addition.

Der kleinste gemeinsame Nenner ist gleichbedeutend mit dem kleinsten gemeinsamen Vielfachen der beiden Nenner. Man erhält einen gemeinsamen Nenner auch, wenn man die beiden Nenner miteinander multipliziert. Allerdings kann dieser gemeinsame Nenner sehr groß werden. (Als Beispiel nehmen wir einmal die Nenner 100 und 150. Multipliziert ergibt das 15000, obwohl das kgV der beiden Nenner nur 300 ist.)

Wenn die Summe berechnet ist, wird noch die Methode *kuerzen* aufgerufen, um wieder einen optimal gekürzten Bruch zu erhalten. Die verwendete Hilfsmethode *kgv* sieht so aus:

```
long Bruch::kgv(long x, long y) const
{
long a;

  x=abs(x);
  y=abs(y);

  a=(x>y)?x:y;

  while((a%x)||(a%y))
    a++;

  return(a);
}
```

Doch kommen wir wieder zu unseren Zuweisungsoperatoren zurück:

```
Bruch &Bruch::operator-=(const Bruch &b)
{
  long v=kgv(nenner,b.nenner);

  zaehler=(zaehler*v/nenner)-(b.zaehler*v/b.nenner);
  nenner=v;
  kuerzen();
  return(*this);
}
```

Die *operator–=*-Funktion ist analog zur *operator+=*-Funktion, nur daß nicht die Summe der Zähler, sondern die Differenz gebildet wird.

```
Bruch &Bruch::operator*=(const Bruch &b)
{
  zaehler*=b.zaehler;
  nenner*=b.nenner;
  kuerzen();
  return(*this);
}
```

Zwei Brüche werden multipliziert, indem man ihre Zähler und ihre Nenner multipliziert.

```
Bruch &Bruch::operator/=(const Bruch &b)
{
  zaehler*=b.nenner;
  nenner*=b.zaehler;
  vorzeichen();
  kuerzen();
  return(*this);
}
```

Zwei Brüche werden dividiert, indem man den Kehrwert des zweiten Bruches bildet und die beiden Brüche dann multipliziert.

Als nächstes sind die normalen Rechenoperatoren an der Reihe.

```
Bruch operator+(const Bruch &b1, const Bruch &b2)
{
  long v=b1.kgv(b1.nenner,b2.nenner);

  Bruch b((b1.zaehler*v/b1.nenner)+(b2.zaehler*v/b2.nenner),v);
  return(b);
}

//*********************************************

Bruch operator-(const Bruch &b1, const Bruch &b2)
{
  long v=b1.kgv(b1.nenner,b2.nenner);

  Bruch b((b1.zaehler*v/b1.nenner)-(b2.zaehler*v/b2.nenner),v);
  return(b);
}

//*********************************************

Bruch operator*(const Bruch &b1, const Bruch &b2)
{
  Bruch b(b1.zaehler*b2.zaehler,b1.nenner*b2.nenner);
  return(b);
```

```
}

//******************************************

Bruch operator/(const Bruch &b1, const Bruch &b2)
{
  Bruch b(b1.zaehler*b2.nenner,b1.nenner*b2.zaehler);
  return(b);
}
```

Das Kürzen der Brüche und die Überprüfung der Vorzeichen übernimmt bei allen vier Operator-Funktionen der Konstruktor des temporären Bruches.

Der unäre Minus-Operator ist wieder ziemlich einfach:

```
Bruch Bruch::operator-()
{
  Bruch b(-zaehler,nenner);
  return(b);
}
```

Zum Schluß besprechen wir noch die Vergleichsoperatoren:

```
int Bruch::operator==(const Bruch &b)
{
  return((zaehler==b.zaehler)&&(nenner==b.nenner));
}
```

Bei optimal gekürzten Brüchen sind zwei Brüche genau dann gleich, wenn sowohl die Zähler als auch die Nenner gleich sind.

```
int Bruch::operator<(const Bruch &b)
{
  long v=kgv(nenner,b.nenner);
  return((zaehler*v/nenner)<(b.zaehler*v/b.nenner));
}
```

Um einen Kleiner-Vergleich durchführen zu können, bringen wir zuerst beide Brüche auf einen gemeinsamen Nenner. Die dadurch erweiterten Zähler können wir dann normal vergleichen.

Anstatt alle Vergleichsoperatoren neu zu definieren, leiten wir alle übrigen Vergleichsoperatoren vom < und ==-Operator ab:

```
int Bruch::operator!=(const Bruch &b)
{
  return(!(*this==b));
}

//******************************************

int Bruch::operator<=(const Bruch &b)
{
  return((*this<b)||(*this==b));
```

```
}

//*******************************************

int Bruch::operator>=(const Bruch &b)
{
  return(!(*this<b));
}

//*******************************************

int Bruch::operator>(const Bruch &b)
{
  return(!((*this<b)||(*this==b)));
}
```

Die Quellcodes dieser Lösung finden Sie auf der Diskette im Verzeichnis \KAP08\BRUCH\.

Lösung zu 3

Die Lösungen, die hier für die Übungen der String-Klasse gegeben werden, beinhalten keine Ausnahmebehandlungen, um eventuell auftretende Fehler abzufangen. Dies wurde in den Übungen auch nicht gefordert.

assert

Allerdings machen die Lösungen Gebrauch vom **assert**-Makro, welches nur dann Anwendung findet, wenn das Programm im Debug-Modus kompiliert wurde. Die Anweisung

```
assert(bedingung);
```

bricht das Programm genau dann ab, wenn die Bedingung *bedingung* falsch ist. Man hat dann die Möglichkeit, im Debugger den aufgetretenen Fehler zu identifizieren und gegebenenfalls zu beheben.

Die *assert*-Anweisungen wurden deshalb eingefügt, um Ihre Sicht ein wenig für die Fehler zu schärfen, die auftreten können.

Doch kommen wir nun zur Lösung der Übung. Der erste Entwurf unserer Klasse sieht bis jetzt folgendermaßen aus:

```
#ifndef __STRING_H
#define __STRING_H

#include <iostream.h>

#define FWDBUFFER 15
#define INPBUFFER 200
class String
{
  private:
    char *string;
    unsigned long len;
```

```
    unsigned long bufsize;

    inline void replace(const char*);

  public:
    String(void);
    String(const char*);
    String(const char);
    String(const String&);
    ~String();

    friend ostream &operator<<(ostream&, const String&);
    friend istream &operator>>(istream&, String&);
    const String &operator=(const String&);
    const String &operator=(const char*);
    const String &operator=(const char);
};

#endif
```

FWDBUFFER ist die Konstante für den zusätzlichen Speicher des Stringpuffers. *INPBUFFER* ist die Konstante für die maximale Länge des Eingabestrings.

Schauen wir uns zuerst die private Methode *replace* an, denn sie spielt eine zentrale Rolle:

```
void String::replace(const char *s)
{
  if(string) delete[](string);
  len=strlen(s);
  bufsize=FWDBUFFER+len+1;
  string=new(char[bufsize]);
  assert(string!=0);
  strcpy(string,s);
}
```

Zuerst wird eventuell schon vorhandener Stringspeicher freigegeben. Danach wird die Länge des zu kopierenden Strings ermittelt und nach *len* geschrieben. Durch das Ermitteln der Stringlänge zu diesem Zeitpunkt sparen wir uns ein weiteres Aufrufen von *strlen* bei der Reservierung neuen Speichers mittels *new*. *bufsize* ist wegen der abschließenden Null eines Strings um ein Zeichen länger.

Zum Schluß wird der String kopiert, nachdem abgesichert wurde, daß tatsächlich Speicher reserviert worden ist.

Kommen wir nun zu den Konstruktoren:

```
String::String(void)
{
  len=0;
  bufsize=0;
  string=0;
}
```

Der argumentlose Konstruktor braucht lediglich die Attribute mit Null zu initialiseren, weil es sich ja um einen leeren String handelt.

```
String::String(const char *s)
{
  string=0;
  replace(s);
}
```

Da bei einem Konstruktor-Aufruf kein Attribut initialisiert ist, müssen wir vor dem Aufruf von *replace string* auf Null setzen, damit *replace* ordnungsgemäß erkennt, daß noch kein String vorhanden ist.

```
String::String(const char c)
{
  string=0;
  char s[2];
  s[0]=c;
  s[1]=0;
  replace(s);
}
```

Der Trick dieses Konstruktors besteht darin, aus dem Zeichen einen einelementigen String zu machen und diesen dann genau wie im *String(const char*)*-Konstruktor zu behandeln.

```
String::String(const String &s)
{
  string=0;
  replace(s.string);
}
```

Für den *copy*-Konstruktor gilt das gleiche, wobei sich nur das Argument von *replace* geändert hat.

```
String::~String()
{
  if(string) delete[](string);
}
```

Nach all unseren Beispielen ist der Destruktor trivial. Wenden wir uns daher direkt den Zuweisungsoperatoren zu:

```
const String &String::operator=(const String &s)
{
```

```
  replace(s.string);
  return(*this);
}
const String &String::operator=(const char *s)
{
  replace(s);
  return(*this);
}
const String &String::operator=(const char c)
{
  char s[2];
  s[0]=c;
  s[1]=0;
  replace(s);
  return(*this);
}
```

Auch die Zuweisungsoperatoren bedürfen keiner weiteren Erklärung. Man sieht aber sehr schön, wie einfach all diese Funktionen zu realisieren sind, nur weil wir die Funktion *replace* eingeführt haben. Ein weiterer Vorteil liegt darin, daß alle Änderungen bezüglich der eigenen Speicherverwaltung bis jetzt nur in *replace* vorgenommen zu werden brauchen, weil die vom Benutzer zugänglichen Funktionen keine eigenen Anweisungen zur Speicherverwaltung besitzen. Als letztes besprechen wir noch die Ein- und Ausgabeoperatoren:

```
ostream &operator<<(ostream &ostr, const String &s)
{
  if(s.len) ostr << s.string;
  return(ostr);
}

istream &operator>>(istream &istr, String &s)
{
  char buf[INPBUFFER+1];
  istr.getline(buf,INPBUFFER);
  s.replace(buf);
  return(istr);
}
```

Abgesehen vom *replace*-Aufruf in *operator>>* sind beide Funktion nahezu identisch mit denen unserer Beispielklasse *Name*.

Lösung zu 4

Schauen wir uns zunächst die *insert*-Funktion an, die ja das Herzstück der kommenden Funktionen ist:

```
inline void String::insert(unsigned long pos, unsigned long slen,
                           const char *s)
{
  if(!string)
```

```
  {
    len=slen;
    bufsize=FWDBUFFER+len+1;
    string=new(char[bufsize]);
    assert(string!=0);
    strcpy(string,s);
    return;
  }
```

Zuerst wird der Fall eines leeren Strings behandelt. Da ein leerer String keine Zeichen enthält, können einzufügende Zeichen nur an den Anfang gesetzt werden. Deswegen ist dieser Programmteil nahezu identisch mit dem der *replace* Funktion. Das nächste Programmstück behandelt die Situation, in der ein String in einen schon bestehenden eingefügt werden soll

```
else
  {
    if((len+slen+1)<=bufsize)
      {
        for(unsigned long x=len+1;x>=pos+1;x--)
          string[x+slen-1]=string[x-1];
        for(x=0;x<slen;x++)
          string[x+pos]=s[x];
        len+=slen;
      }
```

Für das Einfügen in einen bestehenden String müssen zwei Fälle unterschieden werden. Entweder ist der einzufügende String kleiner/gleich dem noch freien Speicher im Stringpuffer, oder er ist es nicht. Der obere Programmteil behandelt den ersten Fall, der in Abbildung 8.3 grafisch dargestellt ist:

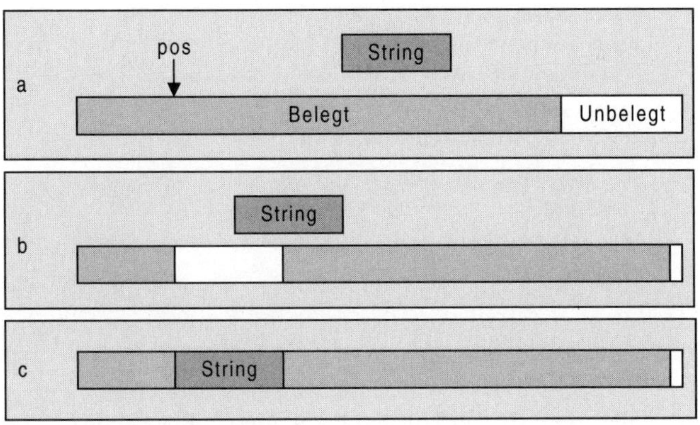

Abbildung 8.3: Der noch freie Pufferspeicher ist groß genug

Weil der Stringpuffer groß genug ist, um den einzufügenden String aufzunehmen, müssen lediglich Teile des Stringpuffers verschoben werden. Bild a in Abbildung 8.3 zeigt den Stringpuffer mit seinem belegten und unbelegten Speicher. Um nun Platz an der Einfügeposition (pos) zu schaffen, muß der Stringteil rechts der Einfügeposition so weit nach rechts geschoben werden, wie der einzufügende String lang ist. Dies erledigt in unserem Programmstück die erste Schleife. Bild b zeigt die Situation, nachdem die Verschiebung abgeschlossen ist. Die zweite Schleife unseres Programms kann nun den einzufügenden String in den freigewordenen Bereich kopieren. Das Ergebnis ist in Bild c dargestellt.

Eine Anmerkung ist noch zur ersten Schleife zu machen. Ist Ihnen aufgefallen, daß *x* mit *len+1* initialisiert wird, aber bei jeder Benutzung von *x* im Ausdruck –1 vorkommt? Rein mathematisch gesehen könnte einfach das *+1* und alle *–1* weggelassen werden. Der Grund ist ganz einfach und wird offensichtlich, wenn man die Grenzpunkte der Schleife betrachtet.

Stellen Sie sich einmal vor, die *+1* und *–1* wären nicht vorhanden und die Länge des Strings wäre 0. Dann würde *x* mit Null initialisiert und wäre durch das *x--* im Schleifenkopf nach dem ersten Schleifendurchlauf eine extrem große positive Zahl[1]. Obwohl die Schleife abbrechen müßte, täte sie dies nicht, weil als Bedingung *x>=pos* steht, und das ist selbst bei einer extrem großen Zahl gegeben.

Deswegen wird der Wert um eins erhöht, um einen korrekten Schleifenabbruch zu gewährleisten. Damit sich diese Änderung nicht auf das Ergebnis auswirkt, muß bei der Benutzung von *x* der Wert von *x* um eins vermindert werden.

Kommen wir nun zum zweiten Fall:

```
      else
        {
          bufsize=FWDBUFFER+len+slen+1;
          char *sptr=new(char[bufsize]);
          assert(sptr!=0);
          unsigned long y=0;
          for(unsigned long x=0;x<pos;x++)
            sptr[y++]=string[x];
          for(x=0;x<slen;x++)
            sptr[y++]=s[x];
          for(x=pos;x<=len;x++)
            sptr[y++]=string[x];
          len+=slen;
          delete[](string);
          string=sptr;
        }
    }
}
```

Dies ist der Fall, wenn der einzufügende String größer ist als der noch freie Platz des Stringpuffers. In diesem Fall muß ein größerer Speicherbereich reserviert werden. In Abbildung 8.4 sehen Sie die einzelnen Schritte.

1. Weil durch die Deklaration von *x* als *unsigned* kein negativer Zahlenbereich vorhanden ist.

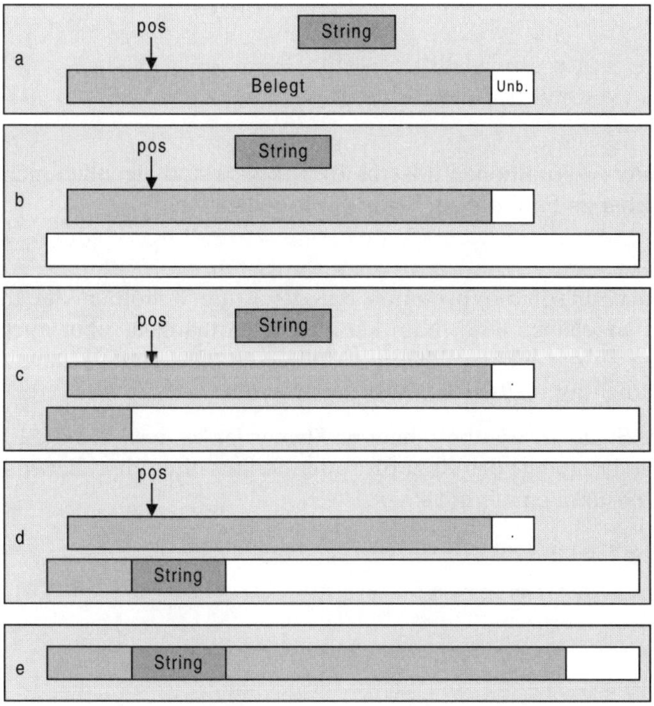

Abbildung 8.4: Der noch freie Pufferspeicher ist zu klein

Bild a in Abbildung 8.4 zeigt die Ausgangssituation. Zuerst muß ein größerer Speicherbereich reserviert werden. Der neue Speicherbereich wird erneut größer angelegt als eigentlich nötig, damit die nächsten Einfügeoperationen wieder unter Fall 1 bearbeitet werden können. Die Situation ist in Bild b dargestellt.

Danach wird der Stringteil links von der Einfügeposition in den neuen Speicherbereich kopiert (Bild c). Unser Programm macht dies mit der ersten Schleife. Die zweite Schleife kopiert den einzufügenden String direkt hinter den bisher kopierten Stringteil im neuen Speicherbereich (Bild d). Die letzte Schleife hängt im neuen Speicherbereich den Teilstring rechts von der Einfügeposition an den eingefügten String an (Bild e).

Durch diese drei Schleifen bleibt uns das Verschieben erspart. Wir hätten auch einfach den neuen größeren Speicher reservieren, dann den kompletten String in den neuen Speicherbereich kopieren können und hätten somit das Problem auf Fall 1 reduziert. Dies ist aber von der Laufzeit her ungünstiger.

Zum Schluß muß der alte Speicher noch freigegeben werden.

Als nächstes stehen die *operator*-Funktionen an. Besprechen wir zunächst die *operator+=*-Funktionen. Da die für unsere Klasse in Frage kommenden *operator+=*-Funktionen üblicherweise als linkes Argument ein Objekt unserer Klasse haben, können sie getrost als Elementfunktionen deklariert werden.

```
const String &String::operator+=(const String &s)
{
  insert(len,strlen(s.string),s.string);
  return(*this);
}
```

Die *operator+=*-Funktionen unserer Stringklasse sind eigenlich nichts anderes als Anhänge-Funktionen. Wenn wir zum Beispiel

```
s+="Anton";
```

schreiben, dann soll dies bedeuten, daß der String "Anton" an den Inhalt des Strings *s* angehängt wird. Nun kann man „Anhängen" aber auch als ein „Einfügen an der letzten Position" definieren. Deswegen können wir zur Realisierung unsere *insert*-Funktion verwenden.

Die letzte Stelle unseres bestehenden Strings ist *len*, weil das die Länge des Strings ist. Die Länge des einzufügenden Strings ohne abschließendes Nullzeichen[1] bestimmen wir mit *strlen*.

Und nun die restlichen beiden *operator+=*-Funktionen:

```
const String &String::operator+=(const char *s)
{
  insert(len,strlen(s),s);
  return(*this);
}

const String &String::operator+=(const char c)
{
  insert(len,1,&c);
  return(*this);
}
```

Da wir für die *insert*-Funktion keinen String mit Endekennung benötigen, können wir ein Zeichen ganz einfach als einen String der Länge 1 an die Funktion übergeben.

Bei den *operator+*-Funktionen müssen wir bedenken, daß keine der involvierten Klassen das Ergebnis der Konkatenation[2] zugewiesen bekommt. Wir müssen deswegen ein temporäres Objekt erzeugen, welches das Ergebnis aufnehmen kann.

```
const String operator+(const String &s1, const String &s2)
{
  String tmp=s1.string;
  tmp.insert(tmp.len,strlen(s2.string),s2.string);
  return(tmp);
}
```

1. Würde die abschließende Null mitkopiert, dann hätte der sich ergebende String eine Stringendemarkierung irgendwo mittendrin oder deren zwei am Ende.
2. „Konkatenation" bedeutet in diesem Zusammenhang soviel wie „Verknüpfung".

Diese *operator+*-Funktion wurde als Freund deklariert, um möglichst umfangreich sein zu können. Diese Funktion kann alle Additionen vornehmen, für die der Compiler einen entsprechenden Typumwandlungskonstruktor findet. Der Nachteil besteht darin, daß für jede Typumwandlung ein temporäres Objekt erzeugt werden muß. Deswegen werden wir für die typischen Verknüpfungen spezielle *operator+*-Funktionen implementieren, die ohne ein temporäres Objekt auskommen:

```
const String String::operator+(const char *s)
{
  String tmp=string;
  tmp.insert(len,strlen(s),s);
  return(tmp);
}

const String String::operator+(const char c)
{
  String tmp=string;
  tmp.insert(len,1,&c);
  return(tmp);
}
```

Dies sind die beiden *operator+*-Funktionen, bei denen der linke Operand vom Typ *String* ist. Wir können sie als Methoden der Klasse deklarieren. Diejenigen *operator+*-Funktionen jedoch, bei denen nur der rechte Operand vom Typ *String* ist, müssen als Freunde der Klasse deklariert werden:

```
const String operator+(const char *s, const String &str)
{
  String tmp=s;
  tmp.insert(tmp.len,strlen(str.string),str.string);
  return(tmp);
}

const String operator+(const char c, const String &str)
{
  String tmp=c;
  tmp.insert(tmp.len,strlen(str.string),str.string);
  return(tmp);
}
```

Lösung zu 5

```
char &String::operator[](unsigned long p)
{
  assert(p<len);
  return(string[p]);
}
```

Wir haben diese Funktion schon bei der Klasse *Name* besprochen. *assert* stellt sicher, daß sich *p* im für den Index gültigen Bereich befindet. Es wird eine

Referenz übergeben, weil die Variable sowohl gelesen als auch beschrieben werden kann.

Lösung zu 6

```
int String::operator<(const String &s)
{return(strcmp(string,s.string)<0);}

int String::operator<=(const String &s)
{return(strcmp(string,s.string)<=0);}

int String::operator==(const String &s)
{return(strcmp(string,s.string)==0);}

int String::operator!=(const String &s)
{return(strcmp(string,s.string)!=0);}

int String::operator>=(const String &s)
{return(strcmp(string,s.string)>=0);}

int String::operator>(const String &s)
{return(strcmp(string,s.string)>0);}
```

Zu den Vergleichsoperatoren ist nicht mehr viel zu sagen. Man hätte auch die Operatoren wie *operator<=* durch eine Verknüpfung von *operator<* und *operator=* implementieren können:

```
return((string<s.string)||(string==s.string));
```

Aber bei dieser Vorgehensweise wird die *strcmp*-Funktion zweimal aufgerufen, für jeden Operator einmal. Deswegen ist es von der Laufzeit her günstiger, jeden Operator für sich allein zu implementieren.

Lösung zu 7

```
const String String::operator()(unsigned long p, unsigned long l)
{
  assert((p<len)&&((p+l)<=len));
  String tmp="";
  tmp.insert(0,l,string+p);
  return(tmp);
}
```

Zuerst wird sichergestellt, daß sowohl Position als auch Länge des Teilstrings sich im gültigen Bereich befinden. Dann wird ein Objekt vom Typ *String* mit einem leeren String erzeugt. Dadurch haben wir unser Objekt schonmal mit einer Stringendekennung versehen.

Dann wird einfach mit Hilfe der *insert*-Funktion der Teilstring an den Anfang des leeren Strings eingefügt. Da der String nur aus der Endekennung bestand, wird der Teilstring vor die Endekennung gesetzt. Das Ergebnis ist der Teilstring mit Endekennung, der dann als Rückgabeparameter verwendet wird.

Lösung zu 8

Die *remove*-Funktion muß zwei Fälle unterscheiden. Im ersten Fall wird der zusätzliche Speicher durch das Entfernen des Teilstrings nicht größer als FWDBUFFER:

```
inline void String::remove(unsigned long p, unsigned long l)
{
  if((bufsize-len-1+l)<=FWDBUFFER)
    {
      for (unsigned long x=p;(x+l)<=len;x++)
        string[x]=string[x+l];
      len-=l;
    }
```

Hier brauchen lediglich die durch das Ausschneiden eines Teilstrings entstandenen Stringhälften wieder aneinandergehängt zu werden. Dazu verschieben wir den rechten Teil so weit nach links, daß er an den linken anschließt.

Im zweiten Fall bleibt durch das Löschen eines Teilstrings soviel Speicherplatz des Stringpuffers unbenutzt, daß ein kleinerer Speicherbereich angefordert wird:

```
  else
    {
      bufsize=len+1-l+FWDBUFFER;
      char *sptr=new(char[bufsize]);
      assert(sptr!=0);
      unsigned long y=0;
      for (unsigned long x=0;x<p;x++)
        sptr[y++]=string[x];
      for (x=p+l;x<=len;x++)
        sptr[y++]=string[x];
      delete[](string);
      string=sptr;
    }
}
```

Der neue Speicher wird angefordert und anschließend zuerst der Teilstring links vom zu löschenden Stück und danach der Teilstring rechts vom zu löschenden Stück in den neuen Speicherbereich kopiert. Danach wird der alte Speicherbereich freigegeben.

Als nächstes sind die *operator-=*-Funktionen an der Reihe:

```
const String &String::operator-=(const String &s)
{
  char *sptr;
  while(sptr=strstr(string,s.string))
    remove(sptr-string,s.len);
  return(*this);
}
```

Der Aufruf *strstr(a,b)* prüft daraufhin, ob der String *b* im String *a* enthalten ist[1]. Wenn ja, gibt *strstr* die Adresse des ersten Vorkommens zurück, ansonsten beträgt der Rückgabewert Null.

```
const String &String::operator-=(const char *s)
{
  char *sptr;
  unsigned long l=strlen(s);
  while(sptr=strstr(string,s))
    remove(sptr-string,l);
  return(*this);
}
```

Die Stringlänge von *s* wird zuerst ermittelt und dann einer Variablen zugewiesen. Dies hat den Vorteil, daß die Stringlänge nur einmal und nicht bei jedem *remove*-Aufruf bestimmt werden muß.

```
const String &String::operator-=(const char c)
{
  char *sptr;
  while(sptr=strchr(string,c))
    remove(sptr-string,1);
  return(*this);
}
```

Hier wurde die Funktion *strchr* benutzt, die die gleiche Funktionsweise hat wie *strstr*, nur daß sie anstelle eines Strings nach einem einzelnen Zeichen sucht.

Lösung zu 9

```
const String &String::Insert(const String &s, unsigned long p)
{
  assert(p<=len);
  insert(p,s.len,s.string);
  return(*this);
}
```

Da dies eine ziemlich einfache Funktion ist, wird hier nur die Variante für *const String&* aufgeführt.

Lösung zu 10

```
const String &String::Overwrite(const String &s, unsigned long p)
{
  if(len>=(p+s.len))
    {
      strncpy(string+p,s.string,s.len);
    }
  else
    {
```

1. Bei dieser Überprüfung wird der String *b* ohne Endekennung betrachtet.

```
      strncpy(string+p,s.string,len-p);
      insert(len,p+s.len-len,s.string+len-p);
    }
  return(*this);
}
```

Die *Overwrite*-Funktion muß wieder zwei Fälle unterscheiden. Der erste Fall tritt dann ein, wenn der Stringpuffer nicht vergrößert werden muß. Dies ist zum Beispiel dann der Fall, wenn an Position 4 eines 30-Zeichen-Strings 5 Zeichen überschrieben werden.

Der zweite Fall tritt zum Beispiel dann ein, wenn an Position 10 eines 20-Zeichen-Strings 15 Zeichen überschrieben werden sollen. Da der 20-Zeichen-String von Position 10 an nur noch 10 Zeichen besitzt, muß für die letzten 5 Zeichen neuer Platz geschaffen werden. Deswegen wird im zweiten Fall zuerst das überschrieben, wofür Platz vorhanden ist, und das Übriggebliebene dann angehängt.

Die *Overwrite*-Funktion für *const char** sieht nahezu identisch aus. Da aber die Länge des Strings, mit dem überschrieben werden soll, häufiger benutzt wird, sollte man eine lokale Variable anlegen, der dann die Länge des Strings zugewiesen wird.

Lösung zu 11

```
const String &String::Remove(unsigned long p, unsigned long l)
{
  assert((p<len)&&((p+l)<=len));
  remove(p,l);
  return(*this);
}
```

Lösung zu 12

```
int String::Includes(const String &s)
{return(strstr(string,s.string)!=0);}
```

Lösung zu 13

```
const char *String::toChar(void)
{return(string);}
```

Lösung zu 14

Beachten Sie bei dieser Lösung, daß alle Methoden innerhalb des Templates definiert sind. Bisher haben wir größere Methoden in der Klasse bzw. im Template nur deklariert und die Definition außerhalb vorgenommen. Die Definition innerhalb des Templates spart uns aber einiges an Schreibarbeit bei den Funktionsköpfen.

```
template<class X>
class Feld
{
```

```
private:
  X *feld;
  X init;

  long groesse;
```

feld ist der Zeiger auf das Feld, das die einzelnen Elemente aufnehmen wird. *init* ist das an den Konstruktor übergebene Initialisierungselement.

```
public:
  Feld(long g, X i)
    {
      groesse=g;
      init=i;
      feld=new X[g];
      for(int x=0;x<groesse;x++)
        feld[x]=init;
    }
```

Der Konstruktor reserviert Speicher für das Feld und initialisert es mit dem Initialisierungswert.

```
  ~Feld()
    {
      delete(feld);
    }
```

Der Destruktor gibt den reservierten Speicher wieder frei.

```
  X &operator[](int p)
    {
      if(p>=groesse)
        {
          X *nfeld=new X[p+PUFFER];
          for(int x=0;x<groesse;x++)
            nfeld[x]=feld[x];
          groesse=p+PUFFER;
          for(;x<groesse;x++)
            nfeld[x]=init;
          delete(feld);
          feld=nfeld;
        }
      return(feld[p]);
    }
```

Die *operator[]*-Funktion prüft zuerst, ob der Index innerhalb des augenblicklich existenten Feldes liegt. Ist dies nicht der Fall, wird ein zweites Feld reserviert, welches um *PUFFER* größer ist als der an *operator[]* übergebene Index.

Die im alten Feld vorhandenen Elemente werden in das neue Feld kopiert. Anschließend werden die neu hinzugekommenen Elemente mit dem vom Konstruktor gespeicherten Initialisierungswert initialisiert.

Dann wird der Speicher des alten Feldes freigegeben und die Referenz des über den Index angesprochenen Elements von der Funktion zurückgegeben.

```
    friend ostream &operator<<(ostream &ostr, const class Feld<X> &f)
      {
        ostr << "(" << f.feld[0];
        for(int x=1;x<f.groesse;x++)
          ostr << "," << f.feld[x];
        ostr << ")";
        return(ostr);
      }
};
```

Zum Schluß noch die triviale *operator<<*-Funktion.

Die Quellcodes dieser Lösung finden Sie auf der Diskette im Verzeichnis \KAP08\FELD\.

9 Vererbung

9.1 Grundlagen

Vererbung findet dann Anwendung, wenn zwei Klassen X und Y in der Beziehung „X ist ein(e) Y" stehen. Denn dann kann X an Y vererben. Zum Beispiel würden die Klassen *Säugetier*, *Hund*, *Dackel* und *Mensch* in der in Abbildung 9.1 dargestellten Weise in Beziehung stehen.

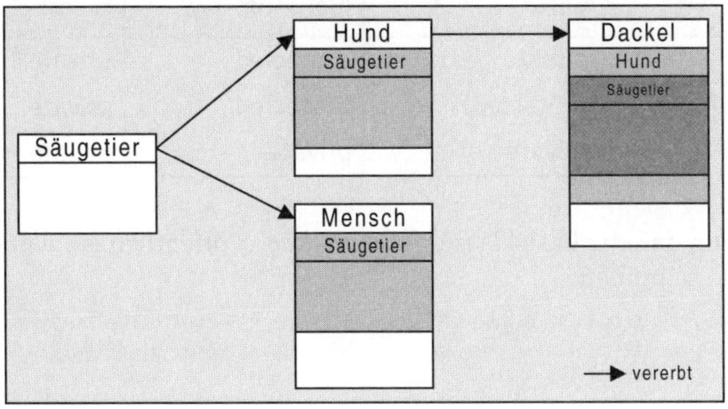

Abbildung 9.1: Das Prinzip der Vererbung

Wir haben bisher private und öffentliche Elemente kennengelernt. Die privaten Elemente können nur von der eigenen Klasse angesprochen werden, wohingegen die öffentlichen Elemente von allen möglichen Klassen und Funktionen angesprochen werden können.

protected

Speziell für die Vererbung gibt es noch eine besondere Form: **geschützte Elemente**. Geschützte Elemente werden mit dem Schlüsselwort **protected** eingeleitet und liegen von den Zugriffsmöglichkeiten her zwischen den privaten und öffentlichen Elementen. Auf geschützte Elemente können die eigene Klasse und alle Klassen, die von ihr abgeleitet wurden, zugreifen.

Tabelle 9.1: Zugriffserlaubnis der verschieden gekapselten Klassenelemente

Zugriffstyp	Eigene Klasse*	Abgeleitete Klasse	fremde Klasse†
private	ja	nein	nein
protected	ja	ja	nein
public	ja	ja	ja

* Hierzu zählen auch Freunde der Klasse.
† Hierzu zählen auch nicht zu Klassen gehörende Funktionen.

Die Syntax des Ableitens sieht folgendermaßen aus:

Syntax

```
class Dackel : Hund
{
};
```

Vererbungstypen

Hinter dem Klassennamen steht – durch einen Doppelpunkt getrennt – der Name der Klasse, von der geerbt wird. Vor dem Namen der Basisklasse kann der Vererbungstyp angegeben werden.

Achtung: Der implizite Vererbungstyp ist *private.*

Tabelle 9.2: Auswirkungen öffentlicher, geschützter und privater Basisklassen

Basisklasse	public-Element wird	protected-Element wird	private-Element bleibt
public	public	protected	private
protected	protected	protected	private
private	private	private	private

Wollten wir, daß die Basisklasse *Hund* bei *Dackel* öffentlich ist, dann würden wir dies so schreiben:

Syntax

```
class Dackel : public Hund
{
};
```

Statten wir für Experimente die beiden Klassen mit einer kleinen Methode aus:

```
class Hund
{
  public:
    void Print(void)
      {
        cout << "Hund" << endl;
      }
};
class Dackel : public Hund
{
  public:
    void Print(void)
      {
        cout << "Dackel" << endl;
      }
};
```

Die Methode *Print* von *Hund* wird in der Klasse *Dackel* überschrieben, so daß ein Dackel sich auch als Dackel zu erkennen gibt:

```
Hund h;
Dackel d;

h.Print();
d.Print();
```

Der erste *Print*-Aufruf gibt "Hund" aus, und der zweite gibt "Dackel" aus.

Nur weil *Dackel* eine neue *Print*-Methode implementiert, heißt das nicht, daß es im Dackel nicht auch noch die *Print*-Methode von *Hund* gibt. Wie Sie wissen, besteht der Name einer Elementfunktion auch aus dem Klassennamen. Wir können daher die Ausgabe von "Hund" in der Klasse *Dackel* folgendermaßen erreichen:

```
d.Hund::Print();
```

Polymorphie

Weil für den Compiler durch die Vererbungsbeziehung ein Dackel nun auch ein Hund ist, kann ein Zeiger auf einen Hund auch auf einen Dackel zeigen:

```
Hund *ptr;
Dackel d;

ptr=&d;
```

Diese Fähigkeit eines Zeigers, auch auf abgeleitete Klassen verweisen zu können, nennt man **Polymorphismus**. Allerdings bringt dies ein kleines Problem mit sich. Wenn wir nun über den Zeiger die *Print*-Funktion aufrufen:

```
ptr->Print();
```

dann geht der Compiler, weil *ptr* ein Zeiger auf *Hund* ist, davon aus, daß die Methode *Hund::Print* gemeint ist. Um diesem Dilemma zu entgehen, müßten wir konkret eine explizite Typumwandlung vornehmen:

```
((Dackel*)(ptr))->Print();
```

In diesem Fall ist das kein Problem, denn wir wissen ja, daß *ptr* auf ein Objekt des Typs *Dackel* zeigt. Wenn wir aber verschiedene Hunderassen in einer Liste, die Objekte vom Typ *Hund* aufnehmen kann, verwalten, dann können wir nicht mehr genau bestimmen, von welchem Typ genau das einzelne Objekt ist.

Virtuelle Funktionen

Dieses Problem tritt deshalb auf, weil der Compiler nicht prüft, von welchem Typ das Objekt ist. Es gibt aber eine Möglichkeit, dem Compiler mitzuteilen, daß er beim Aufruf bestimmter Methoden genau prüfen soll, um welchen Klassentyp es sich handelt, und er dann auch exakt die Methode des ermittelten Klassentyps verwendet. Man nennt diese Methoden **virtuelle Methoden**. Das Schlüsselwort heißt **virtual**.

Weil der Compiler beim Aufruf der Methode der Klasse *Hund* prüfen soll, ob es sich wirklich um einen Hund oder um eine abgeleitete Klasse handelt, deklarieren wir die *Print*-Methode von Hund als virtuell:

```
class Hund
{
  public:
    virtual void Print(void)
      {
        cout << "Hund" << endl;
      }
};
```

Wenn wir nun über einen Zeiger auf *Hund* die *Print*-Methode aufrufen, wird bei einem *Dackel*-Objekt auch das Wort "Dackel" ausgegeben.

Rein virtuelle Funktionen

Rein virtuelle Funktionen sind virtuelle Funktionen, die keine Funktionsdefinition besitzen. Eine Klasse, die rein virtuelle Funktionen besitzt, nennt man **abstrakte Klasse**. Von einer abstrakten Klasse kann man keine Instanz bilden. Man muß von ihr ableiten und alle rein virtuellen Funktionen überladen, damit sie instanziiert werden kann.

Mehrfachvererbung

Eine Klasse kann auch mehrere Basisklassen haben. Die Basisklassen werden dann durch Kommata getrennt:

```
class Dackel : public Hund, protected Vierbeiner
{
};
```

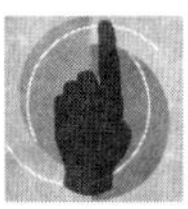

Achtung: Passen Sie bei der Deklaration der Mehrfachvererbung auf, denn sie ist nicht identisch mit der Variablendeklaration:

```
class Dackel : public Hund, Vierbeiner
{
};
```

Die obige Deklaration besagt nicht, daß *Hund* und *Vierbeiner* beides öffentliche Basisklassen sind. Vielmehr wurde für *Vierbeiner* kein Vererbungstyp angegeben, weshalb dann *private* verwendet wird.

9.2 Übungen

Wenn in den folgenden Übungen gefordert wird, daß Sie C-File-Handling verwenden, jedoch nur mit dem File-Handling von C++ vertraut sind, dann verwenden Sie bitte dieses.

Der Grund für die Verwendung des File-Handlings von C liegt darin, daß es noch nicht objektorientiert in Klassen gekapselt ist. Es ist daher für Übungszwecke ganz gut geeignet.

Fall Sie das Handling von C++ verwenden, dann tun Sie am besten einfach so, als wäre es nicht gekapselt.

1. Übung

LEICHT

Schreiben Sie eine Klasse *GeoObjekt*, die als Basisklasse geometrischer Objekte dienen soll. Die Klasse soll x- und y-Koordinaten des Objektes aufnehmen. Für diese Attribute soll sie einen Konstruktor besitzen sowie eine *Print*-Methode. Von der Klasse darf keine Instanz erzeugt werden können.

Schreiben Sie zusätzlich eine Klasse *Circle*, die *GeoObjekt* um den Durchmesser des Kreises erweitern soll. Die Klasse soll ihre eigene *Print*-Methode erhalten.

Zum Schluß implementieren Sie noch eine Klasse *Rectangle*, die *GeoObjekt* um Breite und Höhe des Rechtecks erweitert. Auch *Rectangle* soll eine *Print*-Methode erhalten.

2. Übung

MITTEL

Entwerfen Sie eine Klasse *Mem* als Template, welches Sie in die Lage versetzt, dynamisch für jeden beliebigen Datentyp Speicher anzufordern. Der Konstruktor sollte den Speicher anfordern und der Destruktor ihn wieder freigeben. Werfen Sie einen Fehler auf[1], wenn die Allokation fehlschlägt. Entwerfen Sie Umwandlungsoperatoren, um die Handhabung zu erleichern.

3. Übung

MITTEL

Schreiben Sie eine Klasse *Datei*, deren Konstruktor eine Datei öffnet und deren Destruktor diese Datei wieder schließt. Dem Konstruktor soll dabei Dateiname und -modus übergeben werden. Falls beim öffnen ein Fehler auftritt, dann soll die Klasse einen Fehler mit Hilfe der Ausnahmebehandlung aufwerfen.

Implementieren Sie Umwandlungsoperatoren, damit die Klasse wie ein normales Filehandle verwendet werden kann.

Die Klasse soll einen Zähler besitzen, der die Anzahl der im Augenblick über die Klasse *Datei* geöffneten Dateien beinhaltet.

1. Mit Hilfe der Ausnahmebehandlung.

SCHWER

4. Übung

Schreiben Sie eine Klasse namens *DateiImage*, die Ihnen den Lese- und Schreibzugriff auf eine Datei so zugänglich macht, als ob Sie ein Feld vor sich hätten. Folgende Anweisung spricht das 800001. Byte der Datei „test.txt“ an[1]:

```
DateiImage img("test.txt");
cout << img(800000);
```

Dabei soll aber nie die gesamte Datei im Speicher gehalten werden. Führen Sie eine Konstante ein, mit der Sie die Größe des im Speicher befindlichen Teils der Datei festlegen können. Es soll auch möglich sein, über folgende Schreibweise ein Byte ändern zu können:

```
img(800000,50);
```

Natürlich soll sich diese Änderung auch auf die Originaldatei auswirken. Benutzen Sie zur Implementation die Klassen *Datei* und *Mem*. Denken Sie an eine ausreichende Fehlerbehandlung.

Der Konstruktor soll zuerst versuchen, die Datei zum Lesen und Schreiben zu öffnen. Falls dies mißlingt, soll versucht werden, die Datei nur zum Lesen zu öffnen. Erst wenn auch das nicht funktioniert, soll ein Fehler aufgeworfen werden.

MITTEL

5. Übung

Schreiben Sie eine Klasse namens *Linkable*, die nur die Eigenschaft besitzen soll, daß sie einfach und doppelt verketteten Listen als Element dienen kann. Legen Sie die Zugriffsrechte so fest, daß *Linkable* als Basisklasse fungieren kann.

Schreiben Sie ergänzend eine Listenklasse namens *Liste*, die eine doppelt verkettete Listenstruktur mit zwei Dummy-Elementen als Grundlage haben soll. Eine solche Liste hat eine wie in Abbildung 9.2 dargestellte Struktur.

Abbildung 9.2: Eine doppelt verkettete Liste mit Dummy-Elementen (grau schraffiert)

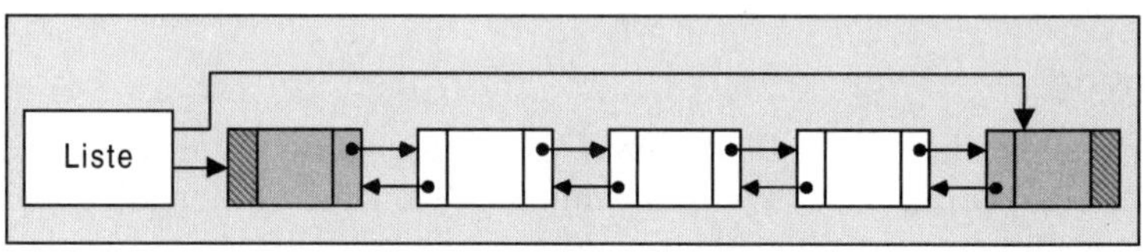

Die Dummy-Elemente selbst enthalten keine relevanten Informationen. Sie dienen lediglich dazu, daß Einfügen und Entfernen von Elementen zu vereinfachen. Die Dummy-Elemente sind fester Bestandteil der Liste. Eine leere Liste ist in Abbildung 9.3 dargestellt.

1. Weil das erste Byte an Position 0 liegt.

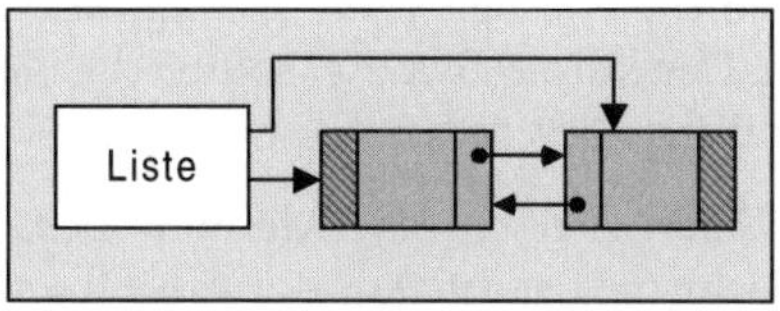

Abbildung 9.3: Eine leere Liste mit Dummy-Elementen

Die Listen-Klasse soll Elemente vom Typ *Linkable* verwalten können. Da die beiden Klassen *Liste* und *Linkable* eine gemeinsame Basis bilden sollen, kann *Liste* als Freund von *Linkable* deklariert werden. *Liste* soll folgende Methoden besitzen:

Methode	Aufgabe
void BInsert(Linkable *)	Einfügen eines Elements am Anfang der Liste.
void EInsert(Linkable *)	Einfügen eines Elements am Ende der Liste.
int Delete(Linkable *)	Element aus Liste löschen.
Linkable *Next(Linkable*)	Nachfolger von übergebenem Element ermitteln. Falls nicht existent, soll 0 zurückgegeben werden.
Linkable *Previous(Linkable*)	Vorgänger von übergebenem Element ermitteln. Falls nicht existent, soll 0 zurückgegeben werden.
Linkable *First(void)	Erstes Element zurückgeben. Falls nicht existent, soll 0 zurückgegeben werden.
Linkable *Last(void)	Letztes Element zurückgeben. Falls nicht existent, soll 0 zurückgegeben werden.

Denken Sie sich eine sinnvolle Fehlerbehandlung aus.

LEICHT

6. Übung

Entwerfen Sie eine Klasse namens *Datenpaar*, die zwei Elemente eines Datentyps sowie die Position der Elemente speichern kann. Die Klasse soll für das Speichern zweier in Beziehung zueinander stehender Datenelemente dienen, so daß nur eine Position für beide Elemente gespeichert zu werden braucht. Entwerfen Sie die Klasse so, daß ein Ableiten möglich ist.

Damit die Klasse möglichst flexibel einsetzbar ist, sollte sie als Template entworfen werden.

SCHWER

7. Übung

Schreiben Sie eine Klasse namens *DateiVgl*, die zwei Dateien miteinander vergleicht und die Unterschiede speichert. Schreiben Sie dazu ergänzend eine Klasse namens *CmpKn*, die einen Unterschied so protokolliert, daß die Position des Unterschieds sowie die beiden unterschiedlichen Daten aus den beiden Dateien in ihr gespeichert werden. *CmpKn* soll dazu von der Klasse *Datenpaar* Gebrauch machen. Um alle vorhandenen Unterschiede verwalten zu können, sollten Sie die Klassen *Liste* und *Linkable* aus den vorherigen Übungen verwenden. Der Klasse *DateiVgl* sollten die Namen der beiden Dateien im Konstruktor übergeben werden.

Des weiteren sollte *DateiVgl* noch eine Methode besitzen, die alle Unterschiede auf dem Bildschirm ausgibt. Aus der Ausgabe sollten die Positionen der Unterschiede sowie die betroffenen Daten hervorgehen.

Der in den beiden Dateien enthaltene Datentyp sollte variabel gehalten werden. Sie sollten mit Ihrer Lösung ohne Probleme imstande sein, zum Beispiel sowohl zwei Dateien mit *float*-Werten als auch zwei Dateien mit *char*-Werten zu vergleichen. Auch selbstdefinierte Klassen sollen vergleichbar sein.

MITTEL

8. Übung

Mit der Klasse *DateiVgl* sollten Sie auch in der Lage sein, zwei Dateien, die *char*-Werte enthalten, also z.B. Textdateien, miteinander zu vergleichen. Sie bräuchten dann einfach nur *DateiVgl<char>* zu benutzen. Wenn dann die Unterschiede ausgegeben werden, wird Ihnen auffallen, daß die *char*-Werte als Zeichen ausgegeben werden, wie es bei *cout* mit *char*-Werten eben üblich ist.

Was aber, wenn Sie nicht die Zeichen selbst, sondern die numerischen Werte der Zeichen ausgegeben haben möchten? Lassen Sie sich eine Möglichkeit einfallen, den Wert der unterschiedlichen *char*-Zeichen auszugeben, ohne irgendwelche Änderungen an den Klassen *DateiVgl, CmpKn, Datenpaar, Linkable* und *Liste* vorzunehmen.

MITTEL

9. Übung

Schreiben Sie eine Klasse namens *Sequenz,* die eine Sequenz von *unsigned char*-Werten repräsentieren soll. Dabei soll die Sequenz mit Hilfe von Konstruktoren aus einem String, einem *unsigned long-* oder einem *char*-Wert erzeugt werden können. Beim *unsigned long*-Wert soll unterstellt werden, daß es sich um eine 32-Bit-Zahl handelt. Diese soll dann in 4 Bytes zu je 8 Bits zerlegt werden, wobei das niedrigstwertige Byte zuerst und das höchstwertige Byte zuletzt in der Sequenz abgelegt werden soll. Eine Fehlerbehandlung soll auch nicht fehlen.

Statten Sie die Klasse mit entsprechenden Umwandlungsoperatoren aus. Dem Benutzer soll zudem die Möglichkeit gegeben werden, die Länge der Sequenz in Erfahrung zu bringen. Entwerfen Sie die Klasse so, daß sie später noch sinnvoll abgeleitet werden kann.

MITTEL

10. Übung

Erweitern Sie die Klasse *DateiImage* um eine Funktion *Search,* der eine Instanz vom Typ *Sequenz* und die Startposition der Suche übergeben wird und die dann darauf hin überprüft, ob die in der Sequenz enthaltene Bytefolge irgendwo ab der Suchposition in der Datei enthalten ist. Wenn ja, dann soll die Position der gefundenen Übereinstimmung zurückgeliefert werden.

11. Übung

LEICHT

Wir werden in den nächsten Übungen Teile eines größeren Projektes entwicklen, die wir zum Schluß dann zu einem Ganzen zusammenfügen werden. Und zwar wollen wir das bekannte Kartenspiel Mao-Mao programmieren.

Die Grundregeln des Spiels sind folgende:

- Jeder Spieler erhält fünf Karten. Dann wird eine Karte vom Stapel genommen und aufgedeckt.
- Derjenige Spieler, der an der Reihe ist, muß nun eine Karte auf die aufgedeckte Karte legen, die entweder die gleiche Farbe (Karo, Herz, Pik, Kreuz) oder das gleiche Bild (Sieben, Acht, Neun, Zehn, Dame, König, As) wie die aufgedeckte Karte hat. Besitzt der Spieler eine solche Karte nicht, dann muß er eine vom Stapel ziehen.
- Das Spiel geht so lange, bis einer der Spieler keine Karten mehr hat.

Des weiteren gibt es ein paar Karten mit besonderer Bedeutung:

- Legt ein Spieler eine Sieben auf die aufgedeckte Karte, dann muß der nächste Spieler zwei Karten ziehen. Sollte er jedoch auch eine Sieben haben, dann kann er sie auf die bereits vorhandene Sieben legen und braucht keine Karten zu ziehen. Der nächste Spieler muß dann aber vier Karten ziehen usw.
- Legt ein Spieler eine Acht auf die aufgedeckte Karte, dann wird ein Spieler übersprungen. Bei zwei Spielern ist dann derjenige, der die Acht gelegt hat, erneut an der Reihe.
- Ein Bube kann grundsätzlich auf alle Karten gelegt werden. Legt man einen Buben, darf man sich eine Farbe wünschen. Die nächste Karte, die auf den Buben gelegt wird, muß dann diese Farbe haben. Falls die Spieler diese Farbe nicht besitzen, müssen Sie eine Karte ziehen.

Die Beziehungen der zu programmierenen Klassen sehen Sie in Abbildung 9.4.

Als erstes wollen wir die Klasse *Karte* entwerfen. Die Klasse soll eine Karte aus einem aus 32 Karten bestehenden Kartenspiel repräsentieren können.

Es sollen Methoden implementiert werden, die Informationen über die Farbe und das Bild der Karte geben. Farbe und Bild sollen auch als String ausgegeben werden können.

Die *operator<<*-Methode soll so überladen werden, daß die Karte in Textform (z.B. Kreuz-Bube) ausgegeben wird.

Der *operator int()* soll auch überladen werden.

Implementieren Sie geeignete Konstruktoren.

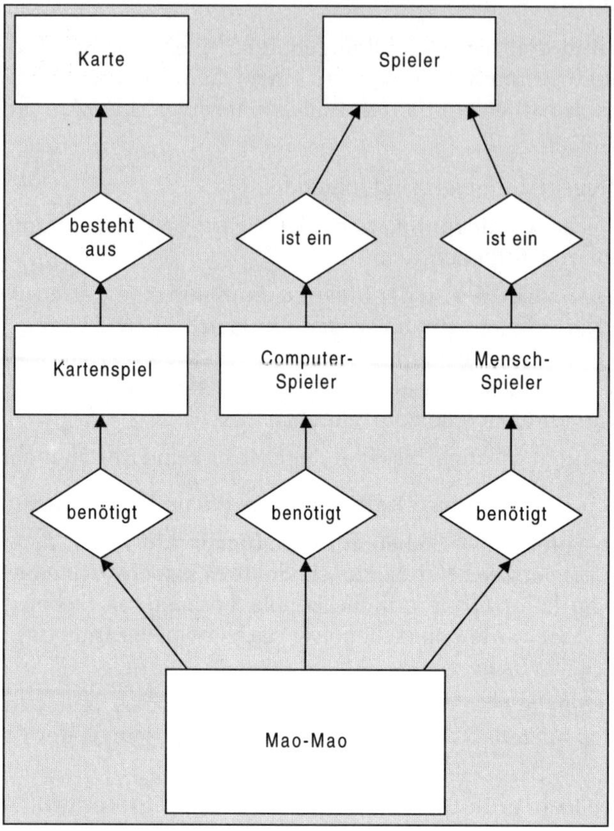

Abbildung 9.4: Die Klassen von Mao-Mao

MITTEL

12. Übung

Implementieren Sie die Klasse *Kartenspiel*. Die Klasse muß sowohl die Karten verwalten, die noch zum Kartenstapel gehören, als auch diejenigen, die von den Spielern abgelegt wurden. Wenn die Karten des Stapels verbraucht sind, dann müssen die Karten der Ablage in den Stapel verschoben und neu gemischt werden.

Dem Konstruktor soll übergeben werden, wie intensiv das Mischen durchgeführt wird. Denken Sie sich zum Mischen eine gute Methode aus.

Des weiteren soll die Klasse folgende Methoden besitzen:

- *AblageLeeren()* Die Ablage wird in den Stapel verschoben und gemischt.
- *GibKarte()* Es wird eine Karte vom Stapel genommen und über den Rückgabewert an den Aufrufer übergeben.
- *ZurAblage()* Legt eine gebrauchte Karte auf die Ablage.

SCHWER

13. Übung

Wir sind nun soweit, daß wir die Klasse *Spieler* entwerfen können, die als Basisklasse für den menschlichen Spieler und den Computer-Spieler dienen wird.

Ein Spieler muß in der Lage sein, entweder zu einer vorgegebenen Karte eine passende Karte zu finden[1] oder aber eine Karte mit einer bestimmten Farbe zu finden[2]. Sie sollten dazu zwei Versionen der Funktion *Bedienen* implementieren.

Des weiteren wird eine Funktion *Sieben* benötigt, die entsprechend auf eine Sieben reagiert[3].

Für den Fall, daß der Spieler einen Buben abgelegt hat, darf er sich eine Farbe wünschen, für die die Methode *WuenschDirWas* implementiert wird.

Weil es häufiger vorkommt, daß ein Spieler Karten ziehen muß[4], brauchen wir noch eine Methode *ZiehKarten*, der die Anzahl der zu ziehenden Karten übergeben wird.

Bei einem Spieler ist es meistens so, daß nicht wie beim Stapel des Kartenspiels die oberste Karte abgelegt wird, sondern eine beliebige. Wir brauchen dazu die Methode *Entferne*, die eine beliebige Karte aus dem Feld entfernt und dann die Konsistenz des Feldes wiederherstellt.

Damit die Spieler Namen erhalten können, soll noch eine Methode *FragNamen* programmiert werden, die den Namen des Spielers ermittelt. Um diesen Namen einfach ausgeben zu können, sollen Sie zuzsätzlich den Ausgabeoperator überladen.

Die Klasse *Spieler* soll nicht instanziiert werden können.

14. Übung

SCHWER

Implementieren Sie die Klasse *MSpieler*, die von *Spieler* abgeleitet ist und einen menschlichen Spieler repräsentiert. Überladen Sie alle rein-virtuellen Funktionen.

15. Übung

SCHWER

Implementieren Sie die Klasse *CSpieler*, die von *Spieler* abgeleitet ist und einen Computer-Spieler repräsentiert. Überladen Sie alle rein-virtuellen Funktionen.

Implementieren Sie für die Spiellogik des Computers einfache Algorithmen. Wenn alles einwandfrei läuft, können die vom Computer verfolgten Spielstrategien immer noch verfeinert werden.

16. Übung

SCHWER

Entwerfen Sie nun die Klasse *MaoMao*, die nach der Anzahl der Computer-Spieler fragt, dafür sorgt, daß jeder Spieler einen Namen erhält, und den kompletten Spielablauf verwaltet.

---

1. Dies wäre die normale Spielsituation.
2. Dies ist notwendig, wenn sich ein anderer Spieler mit einem Buben eine spezielle Farbe gewünscht hat.
3. Entweder mit einer anderen Sieben kontern oder aber die geforderte Anzahl von Karten ziehen.
4. Wegen einer Sieben oder weil er keine passende Karte ablegen kann.

9.3 Tips

Tips zu 4

- Denken Sie daran, daß die Klasse Änderungen der Datei durch den Benutzer im Speicher erkennen und an entsprechender Stelle diese Änderung wieder in die Datei schreiben muß.
- Überlegen Sie sich, welchen Operator Sie am besten für den Zugriff auf die Datei verwenden könnten.
- Benutzen Sie nicht den []-Operator, denn er liefert nur eine Referenz zurück. Sie haben keine Möglichkeit zu kontrollieren, ob der Benutzer über diesen Operator die Datei nur ausgelesen oder auch beschrieben bzw. verändert hat.

Tips zu 5

- Elemente einer doppelt verketteten Liste haben zwei Zeiger: einen auf ihren Vorgänger und einen auf ihren Nachfolger.
- Um den Einfüge-Prozeß ein wenig du verdeutlichen, sollten Sie sich Abbildung 9.5 ansehen. *pos* zeigt auf das Element, vor dem das neue Element eingefügt wird. *k* ist ein Zeiger auf das neue Element. Die Numerierungen an den Pfeilen kennzeichnen eine mögliche Initialisierungsreihenfolge der Zeiger.
- Sie sollten die beiden Dummy-Elemente fest in die Klasse *Liste* integrieren.

Abbildung 9.5: Insert bei doppelt verketteten Listen

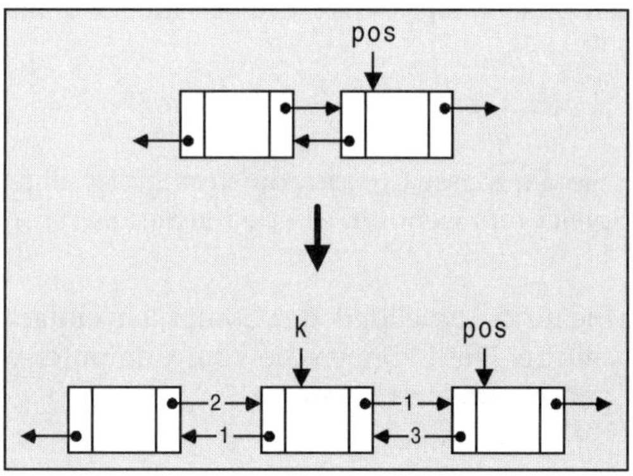

Tips zu 7

- Die Klasse *CmpKn* ist eine Erweiterung der Klasse *Datenpaar*.
- Um in einer Liste verwaltet werden zu können, muß *CmpKn* die Eigenschaften von *Linkable* besitzen.

9.4 Lösungen

Lösung zu 1

```
class GeoObjekt
{
  protected:
    long x,y;

    GeoObjekt(long a, long b) :x(a), y(b) {}

  public:
    virtual void Print(void)=0;
};
```

Attribute und Konstruktor sind als geschützt deklariert, damit von außen nicht auf sie zugegriffen werden kann. Für abgeleitete Klassen sind sie aber trotzdem zugänglich.

Die *Print*-Methode wurde als rein virtuelle Funktion definiert, um eine abstrakte Klasse zu erhalten. Von abstrakten Klassen kann keine Instanz erzeugt werden, genau wie es in der Aufgabe gefordert war.

```
class Circle : public GeoObjekt
{
  protected:
    long d;

  public:
    Circle(long a, long b, long c) : GeoObjekt(a,b), d(c) {}
    virtual void Print(void){cout << "Kreis";}
};
```

Circle ergänzt die Attribute von *GeoObjekt* und überlädt die *Print*-Methode. Dadurch ist *Circle* keine abstrakte Klasse mehr und kann instanziiert werden.

Im Konstruktor von *Circle* wird der *GeoObjekt*-Konstruktor in der Elementinitialisierungsliste aufgerufen, um die Attribute *x* und *y* zu initialisieren. Konkret für dieses Beispiel hätte man sich den Aufruf sparen können, weil *x* und *y* nur geschützte Attribute sind und daher auch für den *Circle*-Konstruktor zugänglich.

Wären *x* und *y* private Attribute von *GeoObjekt*, dann führte am Aufruf des *GeoObjekt*-Konstruktors kein Weg vorbei.

```
class Rectangle : public GeoObjekt
{
  protected:
    long w,h;

  public:
```

```
    Rectangle(long a, long b, long c, long d)
      : GeoObjekt(a,b), w(c), h(d) {}
    virtual void Print(void){cout << "Rechteck";}
};
```

Der Aufbau der Klasse *Rectangle* ist analog zu *Circle*.

Den Quellcode der Lösung finden Sie auf der Diskette unter \KAP09\01.CPP.

Lösung zu 2

Kommen wir zuerst zur Klassendefinition:

```
template <class X>
class Mem
{
  private:
    X *memhd;

  public:
    class Allokationsfehler {};
    inline Mem(unsigned long);
    inline ~Mem();
    operator X*() {return(memhd);}
};
```

Die Klasse *Allokationsfehler* wird dazu benutzt, den aufgetretenen Fehler mittels *throw* aufzuwerfen. Konstruktor und Destruktor sehen so aus:

```
template <class X>
Mem<X>::Mem(unsigned long anz)
{
  memhd=new(X[anz]);
  if(!memhd) throw(Allokationsfehler());
}

template <class X>
Mem<X>::~Mem()
{
  delete[](memhd);
}
```

Den Quellcode der Lösung finden Sie auf der Diskette im Verzeichnis \KAP09\MEM\.

Lösung zu 3

Schauen wir uns wie immer zunächst die Klassendeklaration an:

```
class Datei
{
  private:
    FILE *fhd;
```

```
    static int fanz;

  public:
    class Dateifehler
      {
        public:
          const char *name;
          Dateifehler(const char *n) :name(n) {};
      };

    Datei(const char*, const char*);
    ~Datei();
    operator FILE*() {return fhd;}
    operator int() {return fanz;}
};
```

Um über die Ausnahmebehandlung ordnungsgemäß einen Fehler aufzuwerfen, der auch noch genauere Informationen über den Ort des Geschehens enthält[1], wurde in *Datei* die Klasse *Dateifehler* implementiert, die den Namen der Datei enthält, bei deren öffnen ein Fehler geschah.

Der Umwandlungsoperator *FILE** wurde überladen, damit die Klasse auch anstelle eines Zeigers auf den Typ *FILE* stehen kann. Dadurch können alle für das File-Handling relevanten Funktionen in *stdlib.h* von bzw. mit *Datei* verwendet werden.

```
int Datei::fanz=0;
```

Durch diese Anweisung wird das statische Attribut *fanz* initialisiert, welches die geöffneten Dateien zählt.

```
Datei::Datei(const char *n, const char *m)
{
  fhd=fopen(n,m);
  if(!fhd)
    {
      Dateifehler f(n);
      throw(f);
    }
  fanz++;
}
```

Der Konstruktor öffnet die Datei und erzeugt bei Problemen eine Ausnahme.

```
Datei::~Datei()
{
  fclose(fhd);
  fanz--;
}
```

1. Denn es können ja mehrere Dateien mit der Klasse *Datei* geöffnet worden sein.

Den Quellcode der Lösung finden Sie auf der Diskette im Verzeichnis \KAP09\DATEI\.

Lösung zu 4

```
#define PUFSIZE 100000UL
class DateiImage
{
  private:
    Mem<unsigned char> mem;
    Datei *fhd;
    int changed,writable;
    unsigned long laenge,ausschnitt,groesse;
    unsigned char &operator[](unsigned long);

  public:
    class Dateiimagefehler {};
    class Bereichsfehler {};
    DateiImage(const char*);
    ~DateiImage();
    unsigned char operator()(unsigned long);
    unsigned char operator()(unsigned long, unsigned char);
    unsigned long Length(void){return(laenge);}
};
```

Die Zugriffe auf die Daten der Datei wurden über den ()-Operator realisiert. Der []-Operator hat den Nachteil, daß er nur eine Referenz auf das betroffene Datum zurückliefern kann. Dadurch ist man nicht in der Lage zu unterscheiden, ob gelesen oder geschrieben wurde. Und das ist für das tatsächliche Speichern der Änderungen wichtig. Wir wollen uns nun den Konstruktor anschauen:

```
DateiImage::DateiImage(const char *n) : mem(PUFSIZE)
{
```

Der Speicher wird schon in der Elementinitialisierungsliste angefordert. Falls bei der Konstruktion von *DateiImage* ein Fehler auftreten sollte, wird bei Beendigung des *DateiImage*-Konstruktors automatisch der Destruktor von *mem* aufgerufen, da das *mem*-Objekt schon komplett konstruiert ist.

```
  writable=1;
  try {fhd=new Datei(n,"rb+");}
  catch(Datei::Dateifehler)
    {
      writable=0;
      fhd=new Datei(n,"rb");
    }
  if(!fhd) throw(Dateiimagefehler());
```

Zuerst wird versucht, die Datei zum Lesen und Schreiben zu öffnen. Falls dies fehlschlägt, wird der Fehler aufgefangen und versucht, die Datei nur zum Lesen zu öffnen, denn sie könnte ja schreibgeschützt sein. Sollte dies auch mißlingen, dann liegen andere Probleme vor (Datei nicht vorhanden etc.). Es wird ein Fehler aufgeworfen, der den Konstruktor beendet.

```
fpos_t pos;

  try
    {
      changed=0;
      ausschnitt=0;
      if(fseek(*fhd,0,SEEK_END)) throw(Dateiimagefehler());
      if(fgetpos(*fhd,&pos)) throw(Dateiimagefehler());
      laenge=(unsigned long)(pos);
      if(fseek(*fhd,0,SEEK_SET)) throw(Dateiimagefehler());
      groesse=fread(mem,1,PUFSIZE,*fhd);
```

Zuerst wird der Dateipositionszeiger an das Ende der Datei gesetzt, um so auf einfache Weise die Länge der Datei zu ermitteln. Dann wird er wieder auf den Dateianfang gesetzt und der erste Teil der Datei geladen. Dabei wird festgehalten, an welcher Position in der Datei der geladene Block liegt (hier kann er nur bei Position 0 liegen) und wie groß der geladene Block ist. Dies ist notwendig, weil die gesamte Datei kleiner sein kann als die Größe des verwendeten Speicherblocks.

Die gesamten Zugriffe auf die Datei sind in einen Versuchsblock gepackt, weil wir uns noch im Konstruktor befinden. Da bei einem Fehler im Konstruktor der Destruktor nicht aufgerufen wird, müssen wir das Schließen der Datei selbst vornehmen und fangen den Fehler daher auf:

```
    }
  catch(Dateiimagefehler)
    {
      delete(fhd);
      throw(Dateiimagefehler());
    }
}
```

Kommen wir nun zum Destruktor. Sollte die Datei nicht schreibgeschützt und an ihr etwas geändert worden sein, dann wird der aktuell im Puffer befindliche Speicherblock in die Datei geschrieben, bevor sie geschlossen wird.

```
DateiImage::~DateiImage()
{
  if(changed&&writable)
    {
      if(fseek(*fhd,ausschnitt,SEEK_SET))
        throw(Dateiimagefehler());
      fwrite(mem,1,groesse,*fhd);
      changed=0;
    }
  delete(fhd);
}
```

Das Herzstück der Dateiverwaltung ist die *operator[]*-Funktion. Wir gehen Sie deswegen etwas detaillierter durch.

Es ist wichtig, daran zu denken, daß diese Funktion privat ist und somit nur von Methoden der Klasse verwendet werden kann. Ansonsten würde die Konsistenz der Datei nicht mehr gewährleistet sein.

```
unsigned char &DateiImage::operator[](unsigned long b)
{
  if(b>=laenge) throw(Bereichsfehler());
```

Zuerst wird darauf hin geprüft, ob *b* überhaupt ein Datum innerhalb der Datei adressiert. Ist dies nicht der Fall, wird ein Bereichsfehler aufgeworfen.

```
  if((b>=ausschnitt)&&(b<=(ausschnitt+groesse)))
    return(mem[b-ausschnitt]);
```

Sollte sich das adressierte Datum bereits im Puffer befinden, dann wird eine Referenz darauf zurückgegeben.

```
  else
    {
      if(changed&&writable)
        {
          if(fseek(*fhd,ausschnitt,SEEK_SET))
            throw(Dateiimagefehler());
          fwrite(mem,1,groesse,*fhd);
          changed=0;
        }
```

Sollte sich das adressierte Datum noch nicht im Puffer befinden, dann wird zuerst geschaut, ob Daten des aktuellen Puffers geändert wurden. Wenn ja, dann wird der Puffer zurück in die Datei geschrieben.

```
      ausschnitt=((PUFSIZE/2)>=b)?0:b-(PUFSIZE/2);
```

Hier wird die Position des Ausschnitts berechnet. Und zwar erfolgt die Berechnung so, daß das adressierte Datum nachher genau in der Mitte des Puffers liegt. Dadurch ist die Wahrscheinlichkeit geringer, daß beim nächsten Zugriff ein neuer Teil geladen werden muß.

```
      if(fseek(*fhd,ausschnitt,SEEK_SET))
        throw(Dateiimagefehler());
      groesse=fread(mem,1,PUFSIZE,*fhd);
      return(mem[b-ausschnitt]);
```

Nachdem der besagte Bereich in den Puffer geladen wurde, wird die Position des adressierten Datums in ihm ermittelt und eine Referenz zurückgegeben.

```
    }
}
```

Als nächstes kommen die für den Benutzer zugänglichen Funktionen:

```
unsigned char DateiImage::operator()(unsigned long b)
  {return((*this)[b]);}
```

Obwohl *operator[]* eine Referenz zurückliefert, wurde sie hier in eine lokale Kopie umgewandelt, damit der Benutzer mit der Lese-Funktion keine Änderungen am Puffer vornehmen kann.

```
unsigned char DateiImage::operator()(unsigned long b, unsigned char d)
{
  unsigned char c=(*this)[b];
  (*this)[b]=d;
  changed=1;
  return(c);
}
```

Bei der Schreib-Funktion wird ebenfalls *operator[]* verwendet und das adressierte Datum verändert. Des weiteren wird noch *changed* auf 1 gesetzt, damit die Pufferänderung später berücksichtigt werden kann.

Und genau das ist der Grund, warum *operator[]* nicht für den Benutzer zugänglich gemacht werden darf: *operator[]* kann nicht erkennen, ob über die zurückgelieferte Referenz das adressierte Datum geändert wurde. Deswegen muß zwischen *operator[]* und dem Benutzer eine Funktion zwischengeschaltet werden, die dies überwacht.

Man hätte natürlich auf die *operator[]*-Funktion ganz verzichten können und den Programmtext jeweils in die beiden *operator()*-Funktionen schreiben können. Das hätte aber zur Folge gehabt, daß ein großes Programmstück unnötigerweise zweimal vorkommt.

Den Quellcode der Lösung finden Sie auf der Diskette im Verzeichnis \KAP09\DATEIIMG\.

Lösung zu 5

```
class Linkable
{
  friend class Liste;

  private:
    Linkable *prev,*next;
    Linkable(Linkable*, Linkable*);
  protected:
    Linkable(void);
};

Linkable::Linkable(Linkable *p, Linkable *n) : prev(p), next(n) {}
Linkable::Linkable(void) : prev(0), next(0) {}
```

Die Zeiger *prev* und *next* wurden als privat deklariert, weil auf sie nur die Klasse *Liste* zugreifen muß und darf, und die ist als Freund deklariert. Sollte eine Klasse von *Linkable* abgeleitet sein, dann sind die Zeiger für sie gekapselt. Auch der Konstruktor, der die beiden Zeiger initialisiert, wurde als privat deklariert, weil nur *Liste* wissen kann, auf welche Elemente die Zeiger verweisen müssen.

Der Konstruktor ohne Parameter wurde jedoch als geschützt deklariert, damit eine ableitende Klasse einen Konstruktor benutzen kann. Da eine Instanz der Klasse *Linkable* keinen Sinn hat, wurde kein öffentlicher Konstruktor implementiert.

Kommen wir nun zur Klasse *Liste*:

```
class Liste
{
  private:
    Linkable bdummy,edummy;
    unsigned long anz;
    void Insert(Linkable*, Linkable*);
  public:
    class Listenfehler {};
    Liste(void);
    void BInsert(Linkable *);
    void EInsert(Linkable *);
    int Delete(Linkable *);
    Linkable *Next(Linkable*);
    Linkable *Previous(Linkable*);
    Linkable *First(void);
    Linkable *Last(void);
};
```

Die Methode *Insert* ist eine Hilfsmethode, auf die nur andere Methoden der Klasse zugreifen sollen. Die leere Klasse *Listenfehler* dient dazu, im Falle eines Fehlers eine Ausnahme aufzuwerfen. Die beiden Dummy-Elemente wurden als Instanz in die Liste aufgenommen, weil ihre Lebensdauer mit der der Liste identisch ist.

```
Liste::Liste(void) : bdummy(0,&edummy), edummy(&bdummy,0)
  {anz=0;}
```

Der Konstruktor initialisiert in der Elementinitialisierungsliste die beiden Dummy-Elemente, so daß eine leere Liste, bestehend aus zwei Elementen, entsteht.

```
Linkable *Liste::First(void){return((anz==0)?0:bdummy.next);}
Linkable *Liste::Last(void){return((anz==0)?0:edummy.prev);}
Linkable *Liste::Next(Linkable *cur)
  {return((cur->next!=&edummy)?cur->next:0);}
Linkable *Liste::Previous(Linkable *cur)
  {return((cur->prev!=&bdummy)?cur->prev:0);}

int Liste::Delete(Linkable *kn)
{
```

```
  if(!kn||!anz) return(0);
  Linkable *cur=&bdummy;
  while((cur!=&edummy)&&(cur!=kn)) cur=cur->next;
  if(cur==&edummy) return(0);
  kn->prev->next=kn->next;
  kn->next->prev=kn->prev;
  anz--;
  return(1);
}

void Liste::Insert(Linkable *pos, Linkable *kn)
{
  if(!kn||!pos) throw(ListenFehler());
  kn->next=pos;
  kn->prev=pos->prev;
  kn->next->prev=kn;
  kn->prev->next=kn;
  anz++;
}
```

Die *Insert*-Methode ist eine allgemeine Einfüge-Methode, die von *BInsert* und *EInsert* benutzt wird. Sie ist auch die einzige, bei der ein Fehler aufgeworfen wird. Bei allen anderen Methoden wird entweder ein Mißlingen durch den Rückgabewert ausgedrückt, oder aber ein Mißlingen kann gar nicht erst auftreten.

```
void Liste::BInsert(Linkable *kn)
  {Insert(bdummy.next,kn);}
void Liste::EInsert(Linkable *kn)
  {Insert(&edummy,kn);}
```

Den Quellcode der Lösung finden Sie auf der Diskette im Verzeichnis \KAP09\LISTE\.

Lösung zu 6

```
template <class X>
class Datenpaar
  {
    protected:
      unsigned long pos;
      X w1,w2;
      Datenpaar(void){}
      Datenpaar(unsigned long p, X &we1, X &we2)
        : pos(p), w1(we1), w2(we2) {}
  };
```

Den Quellcode der Lösung finden Sie auf der Diskette im Verzeichnis \KAP09\DATPAAR\.

Die Attribute und Konstruktoren wurden als geschützt deklariert, damit eine ableitende Klasse auf sie zugreifen kann.

Lösung zu 7

Schauen wir uns zuerst die Klasse *CmpKn* an:

```
template <class X>
class CmpKn : private Datenpaar<X>, private Linkable
{
  friend class DateiVgl<X>;
  private:
    CmpKn(unsigned long p, X &w1, X &w2)
      : Datenpaar<X>(p,w1,w2), Linkable(){};
};
```

CmpKn wurde als Template implementiert, um eine möglichst flexible Anwendung zu gewährleisten. Um sowohl die Attribute der Klasse *Datenpaar* zu verwenden als auch eine Verwaltung mit der Klasse *Liste* zu ermöglichen, wurde *CmpKn* sowohl von *Datenpaar* als auch von *Linkable* abgeleitet. Beide Klassen wurden als private Basisklassen deklariert, damit über eine Ableitung von *CmpKn* die Attribute nicht mehr zugänglich sind[1].

Die Klasse *DateiVgl* sieht so aus:

```
template <class X>
class DateiVgl
{
  private:
    Liste liste;
    FILE *fhd1, *fhd2;
  public:
    class Dateifehler {};
    DateiVgl(const char*, const char*);
    ~DateiVgl();
    void ShowDiffs(void);
};
```

Der Konstruktor öffnet die beiden Dateien und liest dann jeweils ein Element aus jeder Datei. Sollte sich beim Vergleich der beiden Elemente eine Ungleichheit herausstellen, dann wird ein *CmpKn*-Objekt erzeugt, in dem dann die beiden Elemente sowie deren Position gespeichert werden. Das *CmpKn*-Objekt wird danach ans Ende der Liste gehängt, damit eine Sortierung der Position nach entsteht.

Der gesamte Vorgang wird so lange wiederholt, bis bei mindestens einer der beiden Dateien das Ende erreicht wird.

Danach werden die Dateien geschlossen. Wir haben nun alle Unterschiede in unserer Listenstruktur gespeichert, und die beiden Dateien können von anderen Funktionen/Programmen geöffnet werden.

1. Bis auf die privaten Attribute einer Basisklasse, auf die auch die abgeleitete Klasse nicht zugreifen kann, werden alle Attribute einer privaten Basisklasse zu privaten Attributen der abgeleiteten Klasse.

```
template <class X>
DateiVgl<X>::DateiVgl(const char *s1, const char *s2)
{
X el1,el2;
unsigned long pos=0;

  fhd1=fopen(s1,"rb");
  fhd2=fopen(s2,"rb");
  if(!fhd1||!fhd2) throw(Dateifehler());

  fread(&el1,sizeof(X),1,fhd1);
  fread(&el2,sizeof(X),1,fhd2);

  while(!feof(fhd1)&&!feof(fhd2))
    {
      if(el1!=el2)
        liste.EInsert(new CmpKn<X>(pos,el1,el2));
      fread(&el1,sizeof(X),1,fhd1);
      fread(&el2,sizeof(X),1,fhd2);
      pos+=sizeof(X);
    }
  fclose(fhd1);
  fclose(fhd2);
}
```

Der Destruktor löst jedes *CmpKn*-Objekt einzeln aus der Liste und löscht es dann.

```
template <class X>
DateiVgl<X>::~DateiVgl()
{
  CmpKn<X> *cur;

  while(liste.Delete(cur=(CmpKn<X>*)liste.First()))
    delete(cur);
}
```

Die Ausgabefunktion ist dann wieder trivial. Die Liste wird einfach mit den zur Verfügung stehenden Operationen vom Anfang bis zum Ende durchlaufen, die Unterschiede werden entsprechend ausgegeben.

```
template <class X>
void DateiVgl<X>::ShowDiffs(void)
{
  CmpKn<X> *cur=(CmpKn<X>*)liste.First();
  if(!cur)
    cout << "Keine Unterchiede festgestellt." << endl;

  while(cur)
    {
      cout << hex << cur->pos << "   " << cur->w1;
      cout << "   " << cur->w2 << endl;
```

```
      cur=(CmpKn<X>*)liste.Next(cur);
    }
}
```

Den Quellcode der Lösung finden Sie auf der Diskette im Verzeichnis \KAP09\DATEIVGL\.

Lösung zu 8

Der Lösungsweg, der hier beschritten werden soll, führt über einen selbstdefinierten Datentyp.

Der neue Datentyp ist eine Klasse und wurde *intchar* genannt. Um eine selbstdefinierte Klasse von *DateiVgl* verwalten zu lassen, müssen alle Operatoren, die *DateiVgl* verwendet, überladen worden sein. Dazu zählt *operator<<* und *operator!=*:

```
class intchar
{
  private:
    unsigned char wert;
  public:
    intchar(unsigned char w) :wert(w) {};
    intchar(void){};
    friend ostream &operator<<(ostream &os, const intchar &ic)
      {os << (int)(ic.wert); return(os);}
    operator char(){return(wert);}
    operator int(){return((int)(wert));}
    int operator!=(const intchar &ic) {return(wert!=ic.wert);}
};
```

Den Quellcode der Lösung finden Sie auf der Diskette im Verzeichnis \KAP09\INTCHAR\.

Lösung zu 9

```
class Sequenz
{
  private:
    Mem<unsigned char> seq;
    unsigned long laenge;

  public:
    class Allokationsfehler {};
    class Bereichsfehler {};
    Sequenz(const char*);
    Sequenz(unsigned long);
    Sequenz(unsigned char);
    operator unsigned long();
    operator unsigned char();
    unsigned char operator()(unsigned long);
    unsigned long Length(void) {return(laenge);}
};
```

Der Zugriff auf die einzelnen Elemente der Sequenz erfolgt über den ()-Operator, der es gewährleistet, daß die Sequenz nicht und damit auch nicht unkontrolliert verändert werden kann.

```
Sequenz::Sequenz(const char *s) : laenge(strlen(s)),seq(laenge)
{
  if(!laenge) throw(Bereichsfehler());
  for(unsigned long x=0;x<laenge;x++)
    seq[x]=s[x];
}
```

Die Initialisierung mit einem String ist denkbar einfach. Für den Fall, daß der Sting nicht leer sein sollte, wird er ohne Endekennung in den reservierten Speicher der Sequenz kopiert.

```
Sequenz::Sequenz(unsigned long w) : seq(4), laenge(4)
{
  seq[3]=(unsigned char)((w>>24)&255);
```

Wenn man einen 32-Bit-Wert 24mal nach rechts verschiebt, dann stehen die acht hochwertigsten Bits an den Positionen, an denen vorher die niedrigwertigsten Bits standen. Um sicherzugehen, daß keine unerwünschten Bits bei der Verschiebung nach rechts in die freigewordenen Positionen rücken, werden die 24 oberen Bits nochmal mit einem bitweisen UND (*&255*) ausmaskiert.

```
  seq[2]=(unsigned char)((w>>16)&255);
  seq[1]=(unsigned char)((w>>8)&255);
  seq[0]=(unsigned char)((w)&255);
}
Sequenz::Sequenz(unsigned char w) : seq(1), laenge(1)
{seq[0]=w;}
```

Der Konstruktor für *unsigned char* ist natürlich am einfachsten zu entwerfen.

```
Sequenz::operator unsigned char() {return(seq[0]);}

Sequenz::operator unsigned long()
{
  return(((seq[3])<<24)+((seq[2])<<16)+((seq[1])<<8)+(seq[0]));
}

unsigned char Sequenz::operator()(unsigned long p)
{
  if(p>=laenge) throw(Bereichsfehler());
  return(seq[p]);
}
```

Den Quellcode der Lösung finden Sie auf der Diskette im Verzeichnis \KAP09\SEQUENZ\.

Lösung zu 10

Schauen wir uns erst einmal eine vorläufige, aber leichter verständliche Variante der Suchfunktion an:

```
unsigned long DateiImage::Search(Sequenz &s, unsigned long p)
{
  unsigned long sl=s.Length();
  if(p+sl>laenge) throw(Bereichsfehler());
```

Sollten die übergebenen Parameter ein Überschreiten des Dateiendes zur Folge haben, dann wird ein Fehler aufgeworfen.

```
  unsigned long x,y;

  for(x=p;x<=laenge-sl;x++)
    {
      for(y=0;y<sl;y++)
        if(s(y)!=(*this)[x+y]) break;
      if(y==sl) break;
    }
```

Die äußere Schleife beginnt bei der übergebenen Startposition und endet zu dem Zeitpunkt, an dem beim letzten Schleifendurchlauf das Ende der zu suchenden Sequenz auf das Ende der Datei fällt. Die innere Schleife läuft die Sequenz von Anfang bis Ende durch und vergleicht die einzelnen Sequenz-Elemente mit den entsprechenden Elementen der Datei. Sollte eine Ungleichheit festgestellt werden, dann wird die innere Schleife abgebrochen, denn ein weiteres Vergleichen wäre unnötig. Die äußere Schleife wird abgebrochen, wenn die innere Schleife komplett durchlaufen wurde, denn das bedeutet, daß keine Ungleichheiten festgestellt wurden.

```
  if(y==sl) return(x);
  return(laenge);
}
```

Sollte die Sequenz gefunden worden sein, dann wird die Position zurückgegeben. Andernfalls wird die Länge der Datei als Position zurückgegeben. Da die Sequenz dort ja nie gefunden werden kann, gilt dieser Wert als günstiger Fehlerwert.

Nun kann man die zwei verschachtelten Schleifen auch in einer Schleife komprimieren. Das sieht dann so aus:

```
unsigned long DateiImage::Search(Sequenz &s, unsigned long p)
{
  long sl=s.Length();
  if(p+sl>laenge) throw(Bereichsfehler());
  unsigned long x;
  long y;

  for(x=p,y=0;(x<=laenge-sl)&&(y<sl);x++,y++)
    if(s(y)!=(*this)[x]) {x-=y-1; y=-1;}
```

Die beiden Abbruchbedingungen der verschachtelten Schleifen aus der vorigen Variante wurden zu einer Bedingung zusammengefaßt: Die Schleife bricht ab, wenn entweder das Ende der Datei oder eine Übereinstimmung gefunden wird.

Sollte während des Vergleichens der einzelnen Elemente eine Ungleichheit auftreten, dann muß der Index für die Datei so weit zurückgesetzt werden, daß beim nächsten Durchlauf die Startposition um eins weiter gerückt ist als die vorherige Startposition. Der Zeiger der Sequenz muß auf Null gesetzt werden, damit die Sequenz wieder von Beginn an auf Übereinstimmung mit dem aktuellen Bereich der Datei hin überprüft wird. Im Beispiel werden der Dateizeiger genau auf die vorige Startposition und der Sequenzzeiger eine Position vor dem Beginn der Sequenz (–1) gesetzt, weil das Inkrementieren der beiden Zeiger innerhalb der Schleife berücksichtigt werden muß.

```
  if(y==sl) return(x-y);
  else return(laenge);
}
```

Der Rückgabewert ist genau wie in der vorigen Lösung davon abhängig, ob eine Übereinstimmung gefunden wurde oder nicht.

Den Quellcode der Lösung finden Sie auf der Diskette im Verzeichnis \KAP09\SEARCH\.

Lösung zu 11

```
class Karte
{
  friend ostream &operator<<(ostream&, const Karte&);
  private:
    static char *FARBE[];
    static char *BILD[];
    int typ;

  public:
    enum KFarbe{Karo=0,Herz,Pik,Kreuz};
    enum KBild{Sieben=0,Acht,Neun,
               Zehn,Bube,Dame,Koenig,As};

    Karte(int);
    Karte(int,int);

    KFarbe Farbe(void){return((KFarbe)(typ/8));}
    KBild Bild(void){return((KBild)(typ%8));}
    static const char *FarbeN(KFarbe f){return(FARBE[f]);}
    static const char *BildN(KBild b){return(BILD[b]);}
    operator int(){return(typ);}
};
```

Die Klasse enthält zwei statische Felder, über die später der Name der Farbe und des Bildes als String ermittelt werden kann.

Als Attribut ist *typ* vorhanden, der die Karte spezifiziert. Als Grundlage dient ein normales Kartenspiel mit 32 Karten. Es enthält vier verschiedene Farben zu jeweils acht Bildern. Das Attribut *typ* kann einen Wert von 0 bis 31 annehmen, wobei 0–7 die Bilder der Farbe „Karo" sind usw.

Es wurden zwei Konstruktoren entworfen, um einmal das Attribut *typ* direkt zu bestimmen oder *typ* über Farbe und Bild der Karte berechnen zu lassen.

Jeweils für die Farben und die Bilder wurde eine Aufzählung definiert, um Konstanten für die einzelnen Bezeichnungen zu haben.

Die Methoden *Farbe* und *Bild* berechnen jeweils die Farbe und das Bild der Karte.

FarbeN und *BildN* bestimmen die Farbe und das Bild als String. Da die beiden Methoden nicht speziell Farbe und Bild einer konkreten Instanz bestimmen, sondern von einem Parameter abhängig sind, wurden sie als *static* deklariert, um auf sie auch ohne Instanz zugreifen zu können. Folgende Schreibweise wird damit zulässig:

```
cout << Karte::FarbeN(Karte::Kreuz);
```

Tip: Statische Mehoden können auch über den Klassennamen angesprochen werden und müssen nicht über eine Instanz aufgerufen werden.

Die *operator int()*-Methode wurde überladen, um einen einfachen Zugriff auf *typ* zu besitzen.

```
char *Karte::FARBE[]={"Karo","Herz","Pik","Kreuz"};
char *Karte::BILD[]={"Sieben","Acht","Neun","Zehn","Bube",
                     "Dame","Koenig","As"};
```

Die Initialisierung der statischen Felder darf nicht in der Klassendeklaration stehen.

```
Karte::Karte(int t) : typ(t) {}
Karte::Karte(int f, int b) : typ(f*8+b) {}
```

Dies sind die beiden schon vorher erwähnten Konstruktoren.

```
ostream &operator<<(ostream &ostr, const Karte &k)
{
  ostr << k.FARBE[k.typ/8] << "-" << k.BILD[k.typ%8];
  return(ostr);
}
```

Der Ausgabe-Operator wurde ebenfalls überladen, um eine benutzergerechte Ausgabe zu ermöglichen.

Lösung zu 12

```
class Kartenspiel
{
  private:
    Karte *stapel[32];
```

```
    Karte *ablage[32];
    int stapels;
    int ablages;
    long mischfaktor;

  public:
    Kartenspiel(long);
    ~Kartenspiel();
    void Mischen();
    void AblageLeeren(void);
    Karte *GibKarte(void);
    void ZurAblage(Karte*);
};
```

Es wird jeweils ein Feld für den Stapel und die Ablage angelegt. Da ein Kartenspiel aus 32 Karten besteht, können in keinem Feld mehr als 32 Karten enthalten sein.

ablages und *stapels* geben an, wie viele Karten jeweils im Stapel und in der Ablage sind. Gleichzeitig geben sie die Einfügeposition der nächsten Karte im Feld an.

```
Kartenspiel::Kartenspiel(long m)
{
time_t tim;

  srand(time(&tim));

  for(int x=0; x<32; x++)
    stapel[x]=new Karte(x);

  stapels=32;
  ablages=0;
  mischfaktor=m;
  Mischen();
}
```

Der Konstruktor initialisiert die Zufallsfunktion mit der aktuellen Zeit, damit die Folge der Zufallszahlen nicht immer identisch ist. Dann werden die benötigten 32 Karten erzeugt und gemischt.

```
Kartenspiel::~Kartenspiel()
{
  while(stapels)
    delete(stapel[--stapels]);
  while(ablages)
    delete(ablage[--ablages]);
}
```

Der Destruktor gibt die auf dem Stapel und der Ablage befindlichen Karten frei.

```
void Kartenspiel::Mischen(void)
{
  int x1,x2;
  Karte *temp;
  long m=mischfaktor;

  while(m--)
    {
      x1=rand()%stapels;
      x2=rand()%stapels;

      temp=stapel[x1];
      stapel[x1]=stapel[x2];
      stapel[x2]=temp;
    }
}
```

Die Misch-Funktion basiert auf der Idee, daß man nur oft genug zwei zufällig gewählte Karten des Stapels vertauschen muß, um einen gut gemischten Stapel zu erhalten.

```
void Kartenspiel::AblageLeeren(void)
{
  while(ablages)
    stapel[stapels++]=ablage[--ablages];
  Mischen();
}
```

Die Methode *AblageLeeren* verschiebt alle in der Ablage befindlichen Karten in den Stapel und mischt ihn.

```
Karte *Kartenspiel::GibKarte(void)
{
  if(!stapels)
    {
      if(!ablages)
        return(0);
      else
        AblageLeeren();
    }
  return(stapel[--stapels]);
}
```

GibKarte holt eine Karte vom Stapel und benutzt sie als Rückgabeparameter. Sollte der Stapel leer sein, wird Nachschub von der Ablage geholt. Wenn auch die Ablage leer ist, kann keine Karte zurückgegeben werden.

```
void Kartenspiel::ZurAblage(Karte *k)
{
  ablage[ablages++]=k;
}
```

ZurAblage kopiert die übergebene Karte auf die Ablage.

Lösung zu 13

```
class Spieler
{
  friend ostream &operator<<(ostream&, const Spieler&);

  private:
    Kartenspiel &spiel;

  protected:
    char name[160];
    Karte *karten[32];
    int kartens;

    Spieler(Kartenspiel&);
    Karte *Entferne(int);

  public:
    ~Spieler();
    virtual void FragNamen(void)=0;
    virtual Karte *Bedienen(Karte*)=0;
    virtual Karte *Bedienen(Karte::KFarbe)=0;
    virtual Karte *Sieben(int);
    virtual Karte::KFarbe WuenschDirWas(void)=0;
    void ZiehKarten(int);
    int Kartenanzahl(void) {return(kartens);}
};
```

Damit auch die abgeleiteten Klassen einfach darauf zugreifen können, wurde der Name und das Karten aufnehmende Feld als geschützt deklariert.

All die Methoden, die sich beim menschlichen Spieler und dem Computer-Spieler unterscheiden, wurden als rein virtuelle Funktionen deklariert. Dadurch wird die Klasse abstrakt und kann deswegen nicht mehr abgeleitet werden. Zusätzlich ist gewährleistet, daß eine von *Spieler* abgeleitete Klasse alle rein virtuellen Funktion überladen muß, um nicht auch eine abstrakte Klasse zu sein.

```
Spieler::Spieler(Kartenspiel &ks) :spiel(ks)
{
  kartens=0;
}
```

Dem Konstruktor wird ein Zeiger auf das Kartenspiel übergeben, weil von ihm Karten zum Ziehen angefordert werden müssen.

```
Spieler::~Spieler()
{
  while(kartens)
    delete(karten[--kartens]);
}
```

Der Konstruktor gibt alle noch beim Spieler befindlichen Karten frei. Dieser Fall tritt nur beim Verlierer ein, denn er ist der einzige, der nach Beendigung des Spiels noch Karten besitzt (deswegen hat er ja verloren).

```
void Spieler::ZiehKarten(int k)
{
  for(int x=0;x<k;x++)
    {
      Karte *temp=spiel.GibKarte();
      if(temp)
        karten[kartens++]=temp;
    }
}
```

Die Methode *ZiehKarten* holt die übergebene Anzahl an Karten vom Kartenspiel und speichert sie im Kartenfeld des Spielers.

```
Karte *Spieler::Entferne(int p)
{
  if(p==(kartens-1))
    return(karten[--kartens]);

  Karte *temp=karten[p];
  for(int x=p;x<(kartens-1);x++)
    karten[x]=karten[x+1];
  kartens--;
  return(temp);
}
```

Der Methode *Entferne* wird die Position der zu entfernenden Karte im Feld übergeben. Die entsprechende Karte wird dann entfernt und die entstandene Lücke durch Verschieben des rechten Feldteils geschlossen.

```
Karte *Spieler::Sieben(int a)
{
  for(int x=0;x<kartens;x++)
    if(karten[x]->Bild()==Karte::Sieben)
      break;

  if(x==kartens)
    {
      ZiehKarten(a);
      return(0);
    }

  return(Entferne(x));
}
```

Die Methode *Sieben* automatisiert die Reaktion auf eine Sieben. Besitzt der Spieler noch eine Sieben, dann wird automatisch mit ihr gekontert. Andernfalls wird die geforderte Anzahl an Karten gezogen.

```
ostream &operator<<(ostream &ostr, const Spieler &s)
{
  ostr << s.name;
  return(ostr);
}
```

Die überladene *operator*<<-Funktion gibt den Namen des Spielers aus.

Lösung zu 14

```
class MSpieler : public Spieler
{
public:
    MSpieler(Kartenspiel&);
    virtual void FragNamen(void);
    virtual Karte *Bedienen(Karte*);
    virtual Karte *Bedienen(Karte::KFarbe);
    virtual Karte::KFarbe WuenschDirWas(void);
};
```

Die Klasse *MSpieler* überlädt nur die rein virtuellen Funktionen von *Spieler* und hat keine zusätzlichen Attribute oder Methoden.

```
MSpieler::MSpieler(Kartenspiel &ks) :Spieler(ks) {}
```

Der Konstruktor übergibt den Zeiger auf *Kartenspiel* an den Konstruktor der Basisklasse *Spieler*.

```
void MSpieler::FragNamen(void)
{
  cout << "Bitte Namen eingeben:";
  cin >> name;
}
```

Die Methode *FragNamen* fragt den Namen über die Tastatur ab. Es wird der >>-Operator als Eingabefunktion verwendet. Achten Sie also darauf, daß Sie nur einen Namen angeben, der nicht durch Leerzeichen getrennt ist.

```
Karte *MSpieler::Bedienen(Karte *k)
{
  int wahl;

  cout << "Sie besitzen folgende Karten:" << endl;
  for(int x=0;x<kartens;x++)
    cout << setw(2) << x+1 << " : " << *karten[x] << endl;
  cout << " 0 : Karte ziehen" << endl;
  do
    {
      cout << "Womit bedienen Sie:";
      cin >> wahl;
    } while((wahl<0)||(wahl>kartens)||((wahl!=0)&&
            (karten[wahl-1]->Farbe()!=k->Farbe())&&
            (karten[wahl-1]->Bild()!=k->Bild())&&
```

```
          (karten[wahl-1]->Bild()!=Karte::Bube)));

  if(wahl==0)
    {
      ZiehKarten(1);
      return(0);
    }

  return(Entferne(wahl-1));
}
```

Die Funktion listet alle vorhandenen Karten auf und bittet den Spieler um eine Wahl. Die zu wählende Karte muß entweder die gleiche Farbe oder das gleiche Bild haben. Ein Bube kann auch ausgewählt werden, weil er auf alles gelegt werden kann. Hat man keine passende Karte, muß man „Karte ziehen" wählen. Es wird dann eine Karte vom Stapel geholt, und der nächste Spieler ist an der Reihe.

```
Karte *MSpieler::Bedienen(Karte::KFarbe f)
{
  int wahl;

  cout << "Sie besitzen folgende Karten:" << endl;
  for(int x=0;x<kartens;x++)
    cout << setw(2) << x+1 << " : " << *karten[x] << endl;
  cout << " 0 : Karte ziehen" << endl;
  do
    {
      cout << "Womit bedienen Sie:";
      cin >> wahl;
    } while((wahl<0)||(wahl>kartens)||((wahl!=0)&&
          (karten[wahl-1]->Farbe()!=f)&&
          (karten[wahl-1]->Bild()!=Karte::Bube)));

  if(wahl==0)
    {
      ZiehKarten(1);
      return(0);
    }

  return(Entferne(wahl-1));
}
```

Diese *Bedienen*-Funktion wird aufgerufen, falls man einen Farbwunsch geäußert hat[1]. Auf diesen Wunsch kann man nur mit der passenden Farbe oder einem Buben reagieren. Andernfalls muß man eine Karte ziehen.

1. Wenn man einen Buben ablegt, darf man sich die Farbe wünschen, die als nächstes abgelegt werden muß.

```
Karte::KFarbe MSpieler::WuenschDirWas(void)
{
  int wahl;
  cout << "Wuenschen Sie sich eine Farbe:" << endl;
  for(int x=0;x<4;x++)
    cout << setw(2) << x+1 << " : " <<
Karte::FarbeN((Karte::KFarbe)(x)) << endl;
  do
    {
      cout << "Welche Farbe:";
      cin >> wahl;
    } while((wahl<1)||(wahl>4));
    return((Karte::KFarbe)(wahl-1));
}
```

Die Funktion *WuenschDirWas* läßt den Spieler eine der vier Farben auswählen. Diese Farbe muß dann als nächste abgelegt werden.

Lösung zu 15

```
class CSpieler : public Spieler
{
  private:
    static int cspielers;
    int cmpnr;

  public:
    CSpieler(Kartenspiel&);
    virtual void FragNamen(void);
    virtual Karte *Bedienen(Karte*);
    virtual Karte *Bedienen(Karte::KFarbe);
    virtual Karte::KFarbe WuenschDirWas(void);
};
```

Weil man den Computer nicht nach einem Namen fragen kann, muß man bei der Computer-Spieler-Klasse einen anderen Weg gehen. Als Lösung wurde ein statisches Attribut eingeführt, welches mitzählt, wieviel Computer-Spieler existieren. Dementsprechend werden die Computer-Spieler dann „Computer-Spieler 1" usw. genannt.

```
int CSpieler::cspielers=0;
```

Dies ist die Initialisierung des statischen Attributs.

```
CSpieler::CSpieler(Kartenspiel &ks) : Spieler(ks)
{
  cspielers++;
  cmpnr=cspielers;
}
```

Der Konstruktor gibt den Zeiger auf das Kartenspiel – genau wie der *MSpieler*-Konstruktor – an die Basisklasse weiter.

Zusätzlich erhöht er aber die Anzahl der vorhandenen Computer-Spieler und weist diesem Spieler konkret eine Nummer zu.

```
void CSpieler::FragNamen(void)
{
  sprintf(name,"Computer-Spieler %i",cmpnr);
}
```

Anhand der Nummer des Computer-Spielers wird sein Name generiert.

```
Karte *CSpieler::Bedienen(Karte *k)
{

  for(int x=0;x<kartens;x++)
    if((karten[x]->Farbe()==k->Farbe())||
       (karten[x]->Bild()==k->Bild())||
       (karten[x]->Bild()==Karte::Bube))
      break;

  if(x==kartens)
    {
      ZiehKarten(1);
      return(0);
    }

  return(Entferne(x));
}
```

Die *Bedienen*-Funktion des Computer-Spielers sucht die erste passende Karte und legt sie ab. Gibt es keine passende Karte, dann zieht er eine.

```
Karte *CSpieler::Bedienen(Karte::KFarbe f)
{

  for(int x=0;x<kartens;x++)
    if((karten[x]->Farbe()==f)||
       (karten[x]->Bild()==Karte::Bube))
      break;

  if(x==kartens)
    {
      ZiehKarten(1);
      return(0);
    }

  return(Entferne(x));
}
```

Für diese *Bedienen*-Funktion gilt das gleiche. Nur ist hier das Suchkriterium enger[1].

1. Weil durch einen Buben eine Farbe vorgegeben ist.

```
Karte::KFarbe CSpieler::WuenschDirWas(void)
{
  return(karten[0]->Farbe());
}
```

Die Funktion *WuenschDirWas* wünscht sich einfach die Farbe der ersten Karte im Kartenfeld des Computer-Spielers.

Die für den Computer-Spieler implementierten Methoden sind sehr einfach aufgebaut. Sie versetzen den Computer aber in die Lage, am Mao-Mao-Spiel teilzunehmen.

Es können allerdings seltsame Verhaltensweisen auftreten (z.B. daß er sich eine Farbe wünscht, die vorher schon da war). Sie werden aber auch feststellen, daß der Computer trotz dieser simplen „Algorithmen" nicht gerade selten gewinnt. Dies zeigt, wie sehr Kartenspiele zu den Glücksspielen zählen.

Falls Sie Interesse haben, können Sie eine weitere Klasse von Spieler ableiten, die sich intelligenter am Spiel beteiligt.

Lösung zu 16

```
class MaoMao
{
  private:
    Kartenspiel *kspiel;
    Karte *oberste;
    Spieler *spieler[6];
    int spielers;
    void Entferne(int);

  public:
    MaoMao(void);
    ~MaoMao();
    void Spielen(void);

};
MaoMao::MaoMao(void)
{
  kspiel=new Kartenspiel(1000);
  cout << "Wie viele Computer-Spieler:";
  cin >> spielers;
  spielers++;

  spieler[0]=new MSpieler(*kspiel);
  for(int x=1;x<spielers;x++)
    spieler[x]=new CSpieler(*kspiel);

  oberste=kspiel->GibKarte();
  for(x=0;x<spielers;x++)
    {
```

```
        spieler[x]->FragNamen();
        spieler[x]->ZiehKarten(5);
      }
  }
```

Der Konstruktor legt ein Kartenspiel an und fragt nach der Anzahl der Computer-Spieler. Nachdem alle Spieler erzeugt wurden, wird jeder nach seinem Namen gefragt und aufgefordert, fünf Karten zu ziehen[1].

```
MaoMao::~MaoMao(void)
{
  delete(kspiel);
  for(int x=0;x<spielers;x++)
    delete(spieler[x]);

}
```

Der Destruktor löscht das Kartenspiel und alle noch vorhandenen Spieler.

```
void MaoMao::Entferne(int p)
{
  if(p==(spielers-1))
    {
      delete(spieler[--spielers]);
      return;
    }

  delete(spieler[p]);
  for(int x=p;x<(spielers-1);x++)
    spieler[x]=spieler[x+1];
  spielers--;
}
```

Die Methode *Entferne* entfernt einen beliebigen Spieler aus der Liste. Diese Methode wird benötigt, wenn mehr als zwei Spieler spielen und einer der Spieler gewonnen hat. Der Sieger wird dann aus dem Spiel entfernt, und die restlichen Spieler spielen um den zweiten Platz.

Die nun folgende Methode verwaltet den kompletten Spielablauf:

```
void MaoMao::Spielen(void)
{
  int aktspieler=0;
  int ziehkarten=0;
  Karte::KFarbe wunschfarbe=oberste->Farbe();
  Karte *neue=oberste;

  if(oberste->Bild()==Karte::Sieben)
    ziehkarten=2;
```

1. Am Anfang des Spiels startet jeder Spieler mit fünf Karten.

```
  if(oberste->Bild()==Karte::Bube)
    wunschfarbe=spieler[aktspieler]->WuenschDirWas();
  if(oberste->Bild()==Karte::Acht)
    aktspieler++;
```

Noch bevor ein Spieler eine Karte abgelegt hat, wird die Karte, die zu Anfang aufgedeckt wird, ausgewertet.

Für den Fall, daß es eine Sieben ist, wird der erste Spieler direkt mit ihr konfrontiert. Ist es eine Acht, dann wird der erste Spieler übersprungen. Ist es ein Bube, dann darf sich der erste Spieler eine Farbe wünschen.

Die folgende Schleife läuft, solange noch mehr als ein Spieler am Spiel teilnimmt:

```
  while(spielers>1)
    {
      cout << endl << "Oberste Karte : " << *oberste << ".";

      if(oberste->Bild()==Karte::Bube)
        {
          cout << "  Gewuenschte Farbe : " <<
Karte::FarbeN(wunschfarbe) <<
            ".";
        }
      cout << endl;

      cout << "An der Reihe ist Spieler " << *spieler[aktspieler] <<
        " (" << spieler[aktspieler]->Kartenanzahl() << " Karten)" <<
endl;
```

Es wird ausgegeben, welche Karte aufgedeckt ist und welcher Spieler an der Reihe ist. Zusätzlich wird noch angegeben, wieviel Karten der Spieler noch „auf der Hand" hat, denn diese Information hat man in einem realen Spiel für gewöhnlich auch.

Sollte noch ein mit Hilfe eines Buben geäußerter Farbwunsch aktiv sein, so wird dieser auch mit ausgegeben.

```
      if((neue)&&(neue->Bild()==Karte::Sieben))
        {
          neue=spieler[aktspieler]->Sieben(ziehkarten);
          if(!neue)
            {
              cout << "Spieler " << *spieler[aktspieler] << " musste
" <<
                    ziehkarten << " Karten ziehen." << endl;
              ziehkarten=0;
            }

        }
```

War die zuletzt neu aufgedeckte Karte eine Sieben, dann wird der aktuelle Spieler damit konfrontiert. Entweder er kontert, oder er zieht Karten.

```
else
  {
    switch(oberste->Bild())
      {
        case Karte::Bube:
          neue=spieler[aktspieler]->Bedienen(wunschfarbe);
          break;

        default:
          neue=spieler[aktspieler]->Bedienen(oberste);
          break;
      }
  }
```

Die *switch*-Anweisung unterscheidet, ob es sich bei der zu bedienenden Karte um eine normale oder um einen Buben handelt. Entsprechend wird die richtige *Bedienen*-Methode aufgerufen.

```
if(spieler[aktspieler]->Kartenanzahl()==0)
  {
    cout << "Spieler " << *spieler[aktspieler] <<
      " hat das Spiel beendet!!" << endl;
    Entferne(aktspieler);
    aktspieler%=spielers;
  }
```

Wenn der aktuelle Spieler keine Karten mehr besitzt, also gerade seine letzte Karte abgelegt hat, dann hat er gewonnen und wird aus dem Spiel entfernt. Befinden sich noch mehr als zwei Spieler im Spiel, dann wird das Spiel fortgesetzt.

```
if(neue)
  {
    if(neue->Bild()==Karte::Bube)
      {
        wunschfarbe=spieler[aktspieler]->WuenschDirWas();
        cout << "Spieler " << *spieler[aktspieler] << " hat
sich " <<
              Karte::FarbeN(wunschfarbe) << " gewuenscht." <<
endl;
      }
```

Hat der Spieler einen Buben aufgedeckt, so wird er dazu aufgefordert, einen Farbwunsch zu äußern.

```
    if(neue->Bild()==Karte::Acht)
      aktspieler++;
```

Ist es eine Acht gewesen, so wird der nächste Spieler übersprungen.

```
          if(neue->Bild()==Karte::Sieben)
            ziehkarten+=2;
```

Wenn es eine Sieben war, dann erhöht sich für den nächsten Spieler die Zahl der zu ziehenden Karten um zwei, wenn er nicht kontern kann.

```
          kspiel->ZurAblage(oberste);
          oberste=neue;
        }
```

Zum Schluß wird die vom Spieler abgelegte Karte die oberste Karte. Diese muß dann wiederum der nächste Spieler bedienen.

```
      else
        {
          cout << "Spieler " << *spieler[aktspieler] <<
            " konnte nicht bedienen." << endl;
        }

      aktspieler=(aktspieler+1)%spielers;
    }
}
```

Den Quellcode des kompletten Mao-Mao-Spiels finden Sie auf der Diskette im Verzeichnis \KAP09\MAOMAO\.

10 Rekursion und Backtracking

10.1 Grundlagen

Rekursive Lösungen zeichnen sich dadurch aus, daß ein großes Problem in Teilprobleme zerlegt wird, die mit dem Hauptproblem nahezu identisch sind. Diese Zerlegung wird so lange durchgeführt, bis die triviale Lösung erreicht ist. Schauen wir uns dazu das Beispiel der Fakultät an.

Die Fakultät von *a*, auch *a!* geschrieben, wird berechnet, indem alle Zahlen von 1 bis a miteinander multipliziert werden. Die Fakultät von 4 (4!) wäre damit 1*2*3*4=24. Eine Besonderheit ist 0!, denn sie ergibt 1.

Die triviale Lösung der Fakultät ist 1! und 0!, denn sie ergibt 1. Schauen wir uns zunächst eine iterative Lösung[1] des Problems an:

```
long fakultaet(long x)
{
  if(x<0)  return(0);
  if(x<2)  return(1);

long f=1;

  while(x>1)
    f*=x--;

  return(f);
}
```

Den Quellcode finden Sie auf der Diskette unter \KAP10\BSP\BSP01.CPP.

Wir hatten in einem früheren Kapitel schon einmal eine ähnliche Übung, bei der nicht das Produkt der Zahlen, sondern die Summe gebildet werden mußte.

Mathematisch formuliert, sieht die rekursive Lösung so aus:

$x! = x^* (x-1)!$, mit $0! = 1$

Man erkennt sofort die Vereinfachung. Die Fakultät von x wird berechnet durch x multipliziert mit der Fakultät von (x–1). Dann muß die Fakultät von (x–1) berechnet werden usw., bis schließlich die triviale Lösung erreich ist: Die Fakultät von 1. Als rekursive Funktion sieht das so aus:

1. Man bezeichnet Lösungen als iterativ, wenn sie zur Lösung des Problems keine Rekursion, sondern Schleifen verwenden.

```
long rekfakultaet(long x)
{
  if(x<0)  return(0);
  if(x==0)  return(1);
  return( x * rekfakultaet(x-1) );
}
```

Den Quellcode finden Sie auf der Diskette unter \KAP10\BSP\BSP02.CPP.

Backtracking

Kommen wir nun zu einem Problemlöseverfahren, welches sich meist sehr einfach mit Hilfe der Rekursion implementieren läßt. Es geht um das sogenannte **Backtracking**, was zu deutsch soviel wie „Rückverfolgung" bedeutet.

Achtung: Backtracking ist ein einfaches Verfahren, alle Möglichkeiten einer Situation durchzuspielen.

Dame-Problem

Als Beispiel für Backtracking werden wir hier das sogenannte Dame-Problem besprechen. Es geht um die Dame beim Schach. Wenn Sie mit den Regeln des Schach-Spiels vertraut sind, wissen Sie, daß die Dame von ihrer aktuellen Position aus beliebig viele Felder in horizontaler, vertikaler oder diagonaler Richtung gehen kann. Das bedeutet, daß eine Figur, die auf der gleichen Spalte, Reihe oder Diagonalen mit einer Dame steht, von dieser Dame bedroht wird. Das Dame-Problem lautet nun folgendermaßen:

Wie müssen acht Damen auf dem Schachbrett verteilt werden, daß keine Dame eine andere bedroht?

Dieses Problem ist nicht allzu schwierig. Mit ein bißchen Ausprobieren dürfte die Lösung leicht gefunden werden. Wie jedoch müßte man einen Computer programmieren, damit er die Lösung findet? Gehen wir den Lösungsgedanken einmal Schritt für Schritt durch.

Zuerst müssen wir uns eine Methode überlegen, wie wir das Spielfeld im Computer repräsentieren, denn irgendwie müssen wir die Damen ja auch setzen und verschieben können.

Wenn wir uns die Regeln anschauen, nach denen sich Damen bewegen, fällt eins auf: Sollten sich zwei Damen auf der gleichen Zeile oder Spalte befinden, können wir nicht mehr zu einer Lösung finden, da die beiden Damen sich gegenseitig bedrohen würden. Das bedeutet, daß pro Zeile oder Spalte nur eine Dame stehen darf, um überhaupt zu einer Lösung zu kommen.

Daher reicht es voll aus, wenn wir ein eindimensionales Feld der Größe 8 benutzen, welches für die Spalten steht. Der Wert einer Spalte gibt die Position der Dame auf der Spalte an, wobei eine 0 bedeutet, daß noch keine Dame gesetzt wurde.

Nachdem das Problem der Datenstruktur gelöst ist, müssen wir uns überlegen, wann das gesamte Problem gelöst ist. Wir haben dann eine Lösung, wenn sich alle acht Damen auf dem Spielfeld befinden und keine Dame eine andere bedroht. Also schreiben wir zunächst eine Funktion, die das Spielfeld darauf hin untersucht, ob irgendwelche Bedrohungen vorhanden sind:

```
int collide(int *feld)
{
int x,y;
  for(x=0;x<7;x++)
    if(feld[x])
      for(y=x+1;y<8;y++)
        {
          if(feld[y])
            {
              if(feld[x]==feld[y]) return(1);
              if(abs(x-y)==abs(feld[x]-feld[y])) return(1);
            }
        }
  return(0);
}
```

Aufgrund der internen Repräsentation des Spielfeldes ist es unmöglich, daß sich zwei Damen in derselben Spalte befinden. Es muß allerdings noch untersucht werden, ob sich zwei Damen in derselben Reihe oder in derselben Diagonalen befinden.

Die *Dame*-Funktion selbst, in der der Backtracking-Algorithmus realisiert ist, sieht so aus:

```
int Dame(int *feld,int pos)
{
int x=1;

  while(x<=8)
    {
      feld[pos]=x;
      if(!collide(feld))
        {
          if(pos)
            {
              if(Dame(feld,pos-1)) return(1);
            }
          else
            {
              return(1);
            }
        }
      x++;
    }
  feld[pos]=0;
  return(0);
}
```

Dame wird von *main* aus mit der letzten Spalte als Parameter aufgerufen. Deswegen plaziert die Funktion die letzte Dame zuerst. Dann wird überprüft, ob eine Bedrohung vorhanden ist. Es kann natürlich keine vorhanden sein, denn es ist ja die erste Dame. Sollte die Funktion nicht gerade die letzte Spalte – also Spalte 0 – bearbeiten, ruft sie sich selbst mit der nächstniedrigeren Spalte auf. Dort wird die Dame ebenfalls in die erste Reihe gesetzt. Nun ist eine Bedrohung vorhanden, also wird die Dame in die zweite Reihe versetzt. Dort wird ebenfalls bedroht, so daß sie in die dritte Reihe verschoben wird. Dort besteht keine Bedrohung mehr, und die nächste Spalte wird bearbeitet. Sollten bei einer Spalte alle 8 Reihen bedroht sein, wird die Dame dieser Spalte weggenommen, und die Funktion gibt 0 zurück, um der vorherigen Spalte mitzuteilen, daß sie ihre Dame um eine Reihe nach unten verschieben soll usw.

Auf diese Weise muß zwangsläufig irgendwann eine Plazierung der Damen durchlaufen werden, bei der keine Bedrohung vorhanden ist. Und damit haben wir das Problem gelöst.

Um die Lösung vollständig abzudrucken, hier noch die *main*-Funktion:

```
int main()
{

int feld[8],x;

  for(x=0;x<8;x++) feld[x]=0;
  Dame(feld,7);
  for(x=0;x<8;x++)
    cout << "Dame " << x+1 << " : (" <<
    x+1 << ";" << feld[x] << ")" << endl;
}
```

Den Quellcode der kompletten Lösung finden Sie auf der Diskette unter \KAP10\BSP\BSP03.CPP.

Abbildung 10.1: Eine Lösung des Dame-Problems

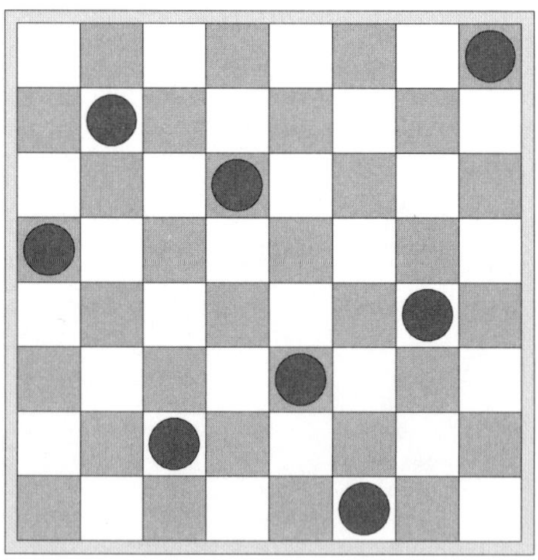

10.2 Übungen

1. Übung

LEICHT

Schreiben Sie eine Funktion *long rekfibo(long)*, die auf rekursive Weise die Fibonacci-Zahlen bestimmt. Die ersten Fibonacci-Zahlen sind 1, 1, 2, 3, 5, 8, 13. F(1) und F(2) sind gleich 1. Alle anderen Fibonacci-Zahlen bilden sich aus der Summe ihrer beiden Vorgänger.

Schreiben Sie zusätzlich eine *main*-Funktion, die die ersten 20 Fibonacci-Zahlen ausgibt.

2. Übung

MITTEL

Programmieren Sie eine Funktion *rekhanoi*, die auf rekursive Weise Lösungen für das Spiel „Türme von Hanoi" liefert. Die Anzahl der verwendeten Scheiben soll dabei variabel gehalten werden.

Das Spiel „Türme von Hanoi" besteht aus drei Stangen A, B und C. Auf Stange A befindet sich ein Turm von n Scheiben. Die Scheiben werden von unten nach oben hin immer kleiner.

Nun müssen Sie den Turm von A nach C transportieren. Sie dürfen dabei Stange B als Hilfsmittel verwenden. Sie müssen dabei drei Regeln beachten:

- Es darf immer nur eine Scheibe auf einmal bewegt werden.
- Es darf immer nur die oberste Scheibe einer Stange genommen werden.
- Es darf nie eine größere Scheibe auf einer kleineren liegen, nur kleinere auf größeren.

Abbildung 10.2 zeigt die Lösung für 3 Scheiben.

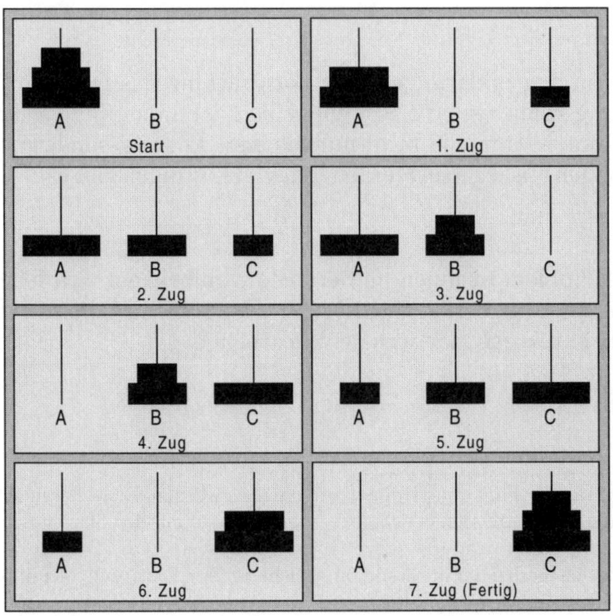

Abbildung 10.2: „Türme von Hanoi". Lösung für drei Scheiben

Die erzeugten Lösungen sollen eine konkrete Anleitung dafür sein, von welcher Stange eine Scheibe auf welche andere Stange wechseln soll. Schreiben Sie dazu eine *main*-Funktion, die *rekhanoi* bedienbar macht.

SCHWER

3. Übung

Um die häufig angekreideten Geschwindigkeitsnachteile[1] rekursiver Funktionen zu vermeiden, gibt es die Möglichkeit, rest-rekursive-Funktionen zu programmieren. Rest-rekursive Funktion zeichnen sich durch folgende Merkmale aus:

- Der Rückgabewert eines rekursiven Aufrufs wird nicht für Berechnungen benutzt.
- Hinter dem rekursiven Aufruf folgen keine Anweisungen mehr.
- Der rekursive Aufruf steht unmittelbar innerhalb einer *return*-Anweisung.

Besitzt eine rekursive Funktion diese Merkmale, dann muß kein Stack aufgebaut werden, und die Laufzeit der Funktion entspricht einer iterativen Lösung.

Ihre Aufgabe ist es nun, eine rest-rekursive Funktion für die Berechnung der Fakultät zu schreiben.

LEICHT

4. Übung

Schreiben Sie eine Funktion namens *reversstring*, der Sie einen String übergeben, der dann rückwärts ausgegeben wird. Die Funktion soll rekursiv programmiert sein. Der umgedrehte String muß nicht in einem anderen gespeichert werden. Die bloße Ausgabe desselben reicht aus.

Schreiben Sie eine *main*-Funktion, um *reversstring* überprüfen zu können.

MITTEL

5. Übung

Wir haben in den Erklärungen zum Backtracking das Dame-Problem und seine Lösung kennengelernt. Schreiben Sie die Funktion *Dame* mitsamt der *main*-Funktion so um, daß nicht nur die erste Lösung, sondern alle möglichen Lösungen ausgegeben werden. Wieviel Lösungen gibt es?

MITTEL

6. Übung

Das Dame-Problem ist Ihnen mittlerweile wohlbekannt. Schreiben Sie nun die *Dame*-Funktion, welche eine Lösung des Problems lieferte[2], so um, daß sie nicht mehr rekursiv, sondern iterativ arbeitet.

---

1. Es müssen ständig Funktionsparameter übergeben werden. Diese Parameter sowie die Rücksprungadresse müssen bei einem weiteren Aufruf auf den Stack geschrieben werden.
2. Es handelt sich hierbei um die Funktion, welche bei den Erklärungen zum Backtracking vorgestellt wurde.

7. Übung

SCHWER

Schreiben Sie ein Programm, welches das sogenannte „Springer-Problem" löst.

Der Springer im Schachspiel kann bei einem Zug immer zuerst ein Feld horizontal oder vertikal und dann ein Feld diagonal gehen. Der Springer steht zu Anfang in der unteren linken Ecke. Er muß nun so über das Schachbrett springen, daß er auf jedem Feld genau einmal war. Er darf kein Feld auslassen, und er darf auf kein Feld zweimal springen. Die Position des zuletzt angesprungenen Feldes ist egal.

Ihr Programm soll die Sprungfolge einer Lösung ausgeben. Entwerfen Sie das Programm so, daß der Benutzer vorher die Spielfeldgröße eingeben kann (Anzahl der Zeilen und Anzahl der Spalten getrennt, so daß auch rechteckige Spielfelder vom Programm bearbeitet werden können). Des weiteren soll das Programm in der Lage sein zu erkennen, wenn es keine Lösung gibt. Benutzen Sie zur Lösung die dynamische Speicherverwaltung und das Backtracking.

8. Übung

SCHWER

Sie sollen eine Klasse programmieren, die rekursiv mittels Backtrackings eine Lösung für das Spiel „Solitaire" liefert. In diesem Fall handelt es sich nicht um das Kartenspiel, sondern um das Brettspiel, wie in Abbildung 10.3 dargestellt.

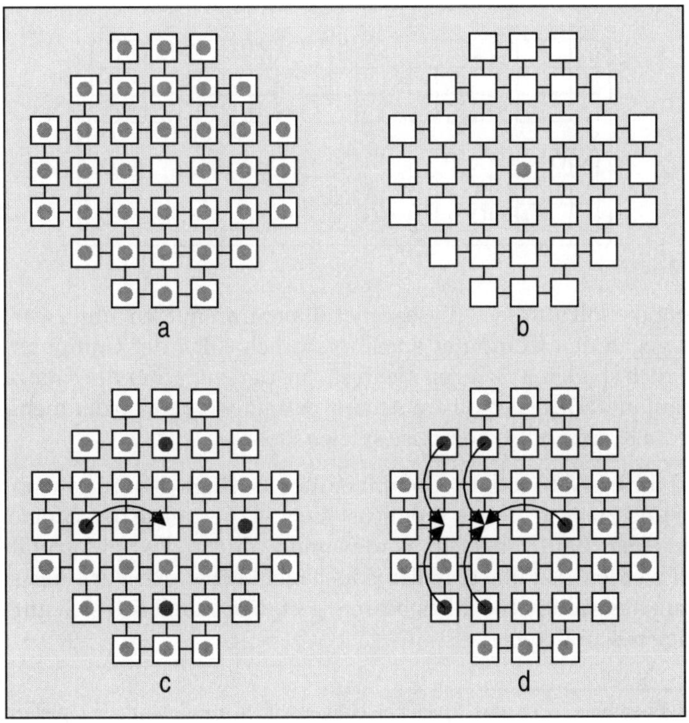

Abbildung 10.3: Solitaire

Abbildung 10.3 a zeigt die Startsituation des Spiels. Bis auf das mittlere Feld sind alle anderen Felder mit Steinen besetzt. Ziel des Spieles ist es, alle Steine bis auf den letzten, der auf dem mittleren Feld stehen muß, vom Spielfeld zu nehmen (Bild b).

Als gültige Züge gelten horizontale oder vertikale Sprünge mit einem Stein über einen anderen hinweg, wobei der übersprungene Stein aus dem Spiel herausgenommen wird. Bedingung ist natürlich, daß die Position, auf die der Stein springt, frei ist.

In Abbildung 10.3 c sehen Sie die vier Steine, die zum Spielanfang gezogen werden können. Es wird der mit dem Pfeil markierte Stein gezogen und der übersprungene Stein vom Spielfeld genommen. In Abbildung 10.3 d sehen Sie die daraus resultierenden Möglichkeiten für den nächsten Zug. Die Steine, mit denen ein Sprung möglich ist sowie das Sprungziel sind markiert.

SCHWER

9. Übung

Die nun folgende Aufgabe ist ein wenig komplexer. Und zwar geht es um das bekannte Tic-Tac-Toe-Spiel. Es wird auf einem 3*3 Felder großen Spielfeld gespielt. Ein Spieler setzt Kreuze, der andere Kreise. Ziel des Spiels ist es, drei seiner Zeichen in eine Reihe zu bekommen. Eine Reihe kann horizontal, vertikal oder diagonal gebildet werden. Die Steine dürfen auf ein beliebiges freies Feld gesetzt werden. Abbildung 10.4 zeigt den Ablauf eines typischen Tic-Tac-Toe-Spiels.

Abbildung 10.4: Eine Zugfolge bei Tic-Tac-Toe

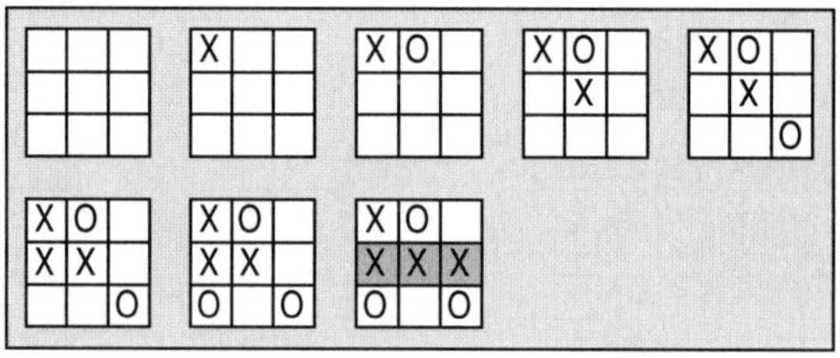

Ihre Aufgabe soll nun sein, dieses Spiel zu programmieren, und zwar so, daß man es gegen den Computer spielt. Natürlich sollte der Computer so gut wie möglich spielen. Wir legen hier fest, daß derjenige, der die Kreuze spielt, immer anfängt. Deshalb soll am Anfang gefragt werden, ob der menschliche Spieler die Kreuze oder die Kreise spielen möchte.

Anhand dieser Wahl soll der Computer nun die Züge des Spiels vorausberechenen, und zwar so, daß er möglichst nicht verliert[1]. Die berechneten Züge sollen in einem Baum abgelegt werden und während des Spiels zufällig ausgewählt werden. Zufällig soll hier jedoch nicht heißen, daß er einen schlechteren Zug auswählt, obwohl es bessere gibt. Der Zufall soll sich auf die besten Züge beschränken.

1. Genaugenommen wird das Spiel bei einigermaßen aufmerksamen Spielern immer unentschieden ausgehen.

Implementieren Sie dazu eine Klasse *TTTKnoten*, die einem Zug entspricht. Die Züge sollen von einer Klasse *TTTBaum* verwaltet werden, die als Freund von *TTTKnoten* deklariert werden soll.

10.3 Tips

Tip zu 2

- Überlegen Sie sich, wie Sie das Problem in der folgenden Art vereinfachen können: „Einen Turm mit n Scheiben verschiebe ich, indem ich ... und dann einen n–1 Scheiben großen Turm verschiebe und dann ..."

Tips zu 3

- Da rest-rekursive Funktionen, sobald sie die tiefste Rekursionsstufe erreicht haben, im allgemeinen ohne eine weitere Anweisung auszuführen, wieder aus der Rekursion heraussteigen, muß die Berechnung der Fakultät beim Hinabsteigen in die Rekursion ausgeführt werden.
- Häufig hat die Umwandlung in eine rest-rekursive Funktion einen weiteren Funktionsparameter zur Folge.

Tips zu 5

- Sie müssen herausfinden, an welcher Stelle die Lösung ausgegeben werden muß.
- Nachdem die erste Lösung gefunden wurde, darf die Suche nach Lösungen nicht wieder von vorne beginnen.

Tips zu 6

- Die Rekursion muß durch mindestens eine Schleife ersetzt werden.
- Die Funktionsparameter der rekursiven Funktion werden in der iterativen Lösung zu lokalen Variablen bzw. Zählvariablen.

Tips zu 7

- Als erstes müssen Sie eine gute Repräsentation des Spielfeldes finden.
- Achten Sie darauf, daß der Springer nicht außerhalb des Spielfeldes positioniert wird (Bereichsüberschreitung!).
- Versuchen Sie, den Springer mit möglichst wenigen Abfragen in seinen Spielfeldgrenzen zu halten. Je mehr Anweisungen, desto mehr Rechenzeit. Und gerade Backtracking-Algorithmen werden meist mehrere Millionen mal durchlaufen.

Tips zu 9

- Während es bei den bisherigen Backtracking-Algorithmen nur um ein Ausprobieren ging, kommt bei dieser Übung auch noch ein Bewerten der Situation hinzu.

- Sie müssen zuerst alle möglichen Zugfolgen, die im Spiel auftreten können, durchlaufen und registrieren. Überlegen Sie sich eine gute Datenstruktur.
- Als Datenstruktur eignet sich am besten ein Baum, wobei jeder Knoten des Baumes einer Spielkonstellation entspricht.
- Bedenken Sie, daß der Computer immer den besten Zug ermitteln sollte. Andersherum ist der beste Zug des Gegners derjenige Zug, der dem Computer am meisten schadet.

10.4 Lösungen

Lösung zu 1

```
long rekfibo(long x)
{
  if(x<3)  return(1);
  return( rekfibo(x-1) + rekfibo(x-2) );
}
```

Den Quellcode der Lösung finden Sie auf der Diskette unter \KAP10\01.CPP.

Die Lösung ist sehr einfach. Es ist quasi die direkte Umsetzung von $F_x = F_{x-1} + F_{x-2}$, mit den Ausnahmen $F_1 = F_2 = 1$

Als letztes fehlt noch die *main*-Funktion:

```
int main()
{
long x;

  for(x=1;x<=20;x++)
    cout << "F(" << x << ")=" << rekfibo(x) << endl;
}
```

Lösung zu 2

Als erstes muß die Rekursivität der Lösung erkannt werden. Das Lösungsschema sieht folgendermaßen aus. Wir bewegen einen Turm mit n Scheiben von A über B nach C, indem wir:

- Einen (n–1) Scheiben großen Turm von A über C nach B legen.
- Die verbleibende Scheibe von A nach C legen (triviale Lösung).
- Den (n–1) Scheiben großen Turm von B über A nach C legen.

In eine Funktion umgesetzt, kommt folgendes heraus:

```
void rekhanoi(int x, char a, char b, char c)
{
  if(x==1)
    {
```

```
      cout << "Eine Scheibe von " << a <<
      " nach " << c << " legen." << endl;
      return;
    }

  rekhanoi(x-1, a, c, b);
  rekhanoi(1, a, b, c);
  rekhanoi(x-1, b, a, c);
}
```

Der erste Parameter gibt die Anzahl der Scheiben an. Die drei *char*-Paramter bedeuten in gegebener Reihenfolge Startscheibe, Zielscheibe, Hilfsscheibe.

Damit der Benutzer keine Funktion mit vier Parametern aufrufen muß, setzen wir noch eine Funktion dazwischen, die das ganze kapselt:

```
void hanoi(int x)
{
  rekhanoi(x, 'A', 'B', 'C');
}
```

Zum Schluß noch die *main*-Funktion:

```
int main()
{
int x;

  cout << "Wie viele Scheiben:";
  cin >> x;
  hanoi(x);
}
```

Den Quellcode der Lösung finden Sie auf der Diskette unter \KAP10\02.CPP.

Lösung zu 3

```
long rekfakul(long x, long y)
{
  if(x==1)  return(y);
  return(rekfakul(x-1,y*(x-1)) );
}

//***************************************************************

long fakul(long x)
{
  if(x<0)  return(0);
  if(x==0)  return(1);
  return(rekfakul(x,x));
}
```

Den Quellcode der Lösung finden Sie auf der Diskette unter \KAP10\03.CPP.

Es wurde eine eigene Funktion für die Abfrage der Sonderfälle geschrieben, die auch den für den Benutzer vielleicht seltsamen Aufruf von *rekfakul* mit zwei Parametern vornimmt.

Im Gegensatz zur normal-rekursiven *rekfakul*-Funktion, die zuerst in die Rekursion hinabsteigt, um dann beim Aufstieg die Fakultät zu berechnen, ermittelt die rest-rekursive *rekfakul*-Funktion die Fakultät bereits beim Abstieg in die Rekursion. Deswegen sind auch zwei Parameter erforderlich, der eine für die aktuelle Rekursionstiefe und der andere für das bisher berechnete Zwischenergebnis.

Der Rückgabewert wird lediglich dazu verwendet, das Endergebnis von der tiefsten Stelle der Rekursion her an die Oberfläche zu befördern.

Die normal-rekursive Funktion gibt auch die Zwischenergebnisse über den Rückgabewert weiter, weshalb sie ohne zweiten Funktionsparameter auskommt.

Lösung zu 4

```
#include <iostream.h>
#include <string.h>

void reversstring(char *str)
{
  if(strlen(str)==1)
    cout << str;
  else
    {
      reversstring(str+1);
      cout << *str;
    }
}

//************************************************************

int main()
{

char s[160];

  cout << "String:";
  cin.getline(s,160);
  cout << "Umgedreht:";
  reversstring(s);
  cout << endl;
}
```

Den Quellcode der Lösung finden Sie auf der Diskette unter \KAP10\04.CPP.

Der rekursive Ansatz ist folgender: Man gibt einen n Zeichen langen String rückwärts aus, indem man zuerst die Zeichen 2 bis n rückwärts ausgibt und dann Zeichen 1.

Die triviale Lösung lautet: Einen String der Länge 1 gibt man rückwärts aus, indem man ihn ausgibt.

Lösung zu 5

Eines vorweg: Es gibt 92 Lösungen.

Nun zu den Änderungen an der *Dame*-Funktion. Es ist verständlich, daß die Ausgabe der Lösungen in die *Dame*-Funktion selbst verlagert werden muß, denn würde nach der Ausgabe der ersten Lösung *Dame* nochmals aufgerufen, dann begänne die Suche von vorne und fände wieder die gleiche Lösung.

Doch an welcher Stelle in der *Dame*-Funktion muß die Änderung vorgenommen werden? Diese Frage kann mit einer Gegenfrage beantwortet werden: An welcher Stelle innerhalb der *Dame*-Funktion wissen wir, daß wir eine Lösung gefunden haben? Genau dann, wenn die letzte Dame gesetzt wurde, ohne eine Bedrohung auszulösen. Zudem führen wir eine *static* Variable ein, damit wir die Lösungen trotz des ständigen Aufrufs von *Dame* zählen können.

Hier die abgeänderte *Dame*-Funktion[1]:

```
int Dame(int *feld,int pos)
{
static int solanz=1;
int x=1;

  while(x<=8)
    {
      feld[pos]=x;
      if(!collide(feld))
        {
          if(pos)
            {
              if(Dame(feld,pos-1)) return(1);
            }
          else
            {
              int c;
              cout << "Loesug " << setw(3) << solanz++ << ":";
              for(c=0;c<8;c++)
                cout << "  (" << c+1 << "," << feld[c] << ")";
              cout << endl;
            }
```

1. Die Ausgabe der *Dame*-Funktion verwendet den Manipulator *setw*. Vergessen Sie daher nicht, *iomanip.h* einzubinden.

```
        }
      x++;
    }
  feld[pos]=0;
  return(0);
}

int main()
{

int feld[8],x;

  for(x=0;x<8;x++) feld[x]=0;
  Dame(feld,7);

  return(0);
}
```

Den Quellcode der Lösung finden Sie auf der Diskette unter \KAP10\05.CPP.

Lösung zu 6

```
int Dame(int *feld)
{
int x=0,solution=0;

  while((!solution)&&(x>=0))
    {
      if((++feld[x])>8)
        {
          feld[x]=0;
          x--;
          continue;
        }
      if(!collide(feld)) x++;
      if(x==8) solution=1;
    }
  return(solution);
}
```

Den Quellcode der Lösung finden Sie auf der Diskette unter \KAP10\06.CPP.

Die *while*-Schleife läuft so lange, bis entweder die Lösung gefunden wurde oder *x* kleiner als Null wird, was gleichbedeutend damit ist, daß es keine Lösung gibt. Das Wechseln von einer Dame zur anderen, welches in der rekursiven Variante mit dem Abstieg in die Rekursion realisiert wurde, wird hier mit der Variablen *x* erledigt. Der Wert von *x* entspricht damit der Rekursionsstufe der rekursiven Lösung.

Lösung zu 7

Überlegen wir uns eine Lösung für das „Springer-Problem". Anders als beim Dame-Problem muß die Repräsentation des Spielfeldes tatsächlich ein zweidimensionales Feld sein.

Wir können jedoch in einem anderen Bereich eine Vereinfachung vornehmen. Ein Springer kann grundsätzlich, wenn nicht durch die Spielfeldbegrenzung eingeschränkt, von einer Position aus acht andere Positionen erreichen. Nun müssen wir beim Bewegen des Springers über das Spielfeld immer darauf achten, daß wir nur diejenigen der acht Positionen weiter berücksichtigen, die gültig sind, also innerhalb des Spielfeldes liegen.

Diese achtfache Bereichsabfrage pro Zug verschlingt erhebliche Rechenzeit, weswegen wir uns mit einem Trick behelfen. Wie weit kann sich ein Springer maximal von seinem Ausgangspunkt mit einem Zug in eine beliebige Richtung entfernen? Es sind maximal zwei Felder. Wir umrahmen unser Spielfeld nun einfach mit zwei Feldern, die für den Springer schon belegt sind. Als unbelegtes Feld nehmen wir die 0, als Rahmenfeld nehmen wir die –1. Dadurch wird das zu verwaltende Spielfeld vertikal und horizontal jeweils um vier[1] Felder größer.

Schauen wir uns zuerst die *main*-Funktion an, welche die Abfragen zur Spielfeldgröße und Startposition vornimmt:

```
int main()
{
int x,y,z,xstart,ystart;
```

Zunächst wird die gewünschte Breite und Höhe des Spielfeldes abgefragt und der für die Verwaltung nötige Rand addiert:

```
  cout << "Breite des Feldes :";
  cin >> xsize;
  cout << "Hoehe des Feldes  :";
  cin>> ysize;

  xsize+=4;
  ysize+=4;

  if(feld=new int[xsize*ysize])
    {
```

Dann wird das Spielfeld initialisiert (gültige und unbesetzte Positionen mit 0 und der Rand mit –1):

```
      for(x=0;x<xsize;x++)
        for(y=0;y<ysize;y++)
          feld[y*xsize+x]=0;

      for(x=0;x<xsize;x++)
```

1. Zwei pro Seite.

```
  {
    feld[x]=-1;
    feld[xsize+x]=-1;
    feld[((ysize-1)*xsize)+x]=-1;
    feld[((ysize-2)*xsize)+x]=-1;
  }

for(y=0;y<ysize;y++)
  {
    feld[xsize*y]=-1;
    feld[xsize*y+1]=-1;
    feld[xsize*y+x-1]=-1;
    feld[xsize*y+x-2]=-1;
  }
```

Dann wird die numerische Belegung des Spielfeldes ausgegeben:

```
cout << endl;
for(y=0;y<ysize;y++)
  {
    for(x=0;x<xsize;x++)
      cout << setw(2) << feld[y*xsize+x];
    cout << endl;
  }
cout << endl;
```

Danach wird die Startposition des Springers abgefragt:

```
do
  {
    cout << "X-Position des Springers ( 1-" << xsize-4 <<") :";
    cin >> xstart;
  } while((xstart<1)||(xstart>(xsize-4)));

do
  {
    cout << "Y-Position des Springers ( 1-" << ysize-4 <<") :";
    cin >> ystart;
  } while((ystart<1)||(ystart>(ysize-4)));

cout << endl << "Berechne Loesung fuer Feldgroesse (";
cout << xsize-4 << "," << ysize-4 << ") und Startposition (";
cout << xstart << "," << ystart << ")..." << endl << endl;
```

Zum Schluß wird die rekursive *Springer*-Funktion aufgerufen und gegebenenfalls eine Lösung ausgegeben.

```
if(!Springer(xstart+1,ystart+1,1))
  cout << "Es gibt keine Lösung!!" << endl << endl;
else
  {
    for(y=2;y<ysize-2;y++)
```

```
        {
          for(x=2;x<xsize-2;x++)
            cout << setw(3) << feld[y*xsize+x] << " ";
          cout << endl;
        }
      cout << endl;

      for(z=1;z<=(ysize-4)*(xsize-4);z++)
        for(y=2;y<ysize-2;y++)
          for(x=2;x<xsize-2;x++)
            if(feld[y*xsize+x]==z)
              cout << "(" << x-1 << "," << y-1 << ")" << endl;
    }

    delete(feld);
  }
  return(0);
}
```

Ihnen ist vielleicht aufgefallen, daß globale Variablen verwendet wurden, obwohl dies eigentlich vermieden werden sollte. Weil die Berechnung der Lösung sehr rechenintensiv ist, wurde dieser Weg begangen, um bei der rekursiven Funktion Parameter und damit Rechenzeit zu sparen. Folgende globale Variablen finden Verwendung:

```
int xsize=0,ysize=0,*feld=0;
```

Jetzt fehlt nur noch die *Springer*-Funktion:

```
int Springer(int x, int y, int pos)
{
  if(feld[y*xsize+x]) return(0);

  feld[y*xsize+x]=pos;
  if(pos!=((xsize-4)*(ysize-4)))
    if(!Springer(x+1,y-2,pos+1))
      if(!Springer(x+2,y-1,pos+1))
        if(!Springer(x+2,y+1,pos+1))
          if(!Springer(x+1,y+2,pos+1))
            if(!Springer(x-1,y+2,pos+1))
              if(!Springer(x-2,y+1,pos+1))
                if(!Springer(x-2,y-1,pos+1))
                  if(!Springer(x-1,y-2,pos+1))
                  {
                    feld[y*xsize+x]=0;
                    return(0);
                  }
  return(1);
}
```

Den Quellcode der Lösung finden Sie auf der Diskette unter \KAP10\07.CPP.

Die rekursive *Springer*-Funktion wurde so entworfen, daß jeder Zug seine Nummer an die aktuelle Position des Springers schreibt. Deswegen wird in der *Springer*-Funktion auch der Funktionsparameter *pos* benötigt. Sie könnten die Laufzeit noch verkürzen, indem Sie anstelle des Funktionsparameters *pos* eine statische Variable einführen. Aber das bleibt Ihnen als Übung überlassen.

Wenn die aktuelle Position schon belegt ist, gibt die Funktion 0 zurück. Sollte der Platz frei sein, belegt ihn die Funktion mit dem aktuellen Zug. Dann werden hintereinander alle acht Zugmöglichkeiten des Springers durchprobiert. Die Verschachtelung der *if*-Anweisungen deshalb, weil der nachfolgende Versuch nur dann ausgeführt werden muß, wenn der vorherige fehlgeschlagen ist. Die erste der verschachtelten *if*-Anweisungen prüft, ob die Positionsnummer gleich der Anzahl der vorhandenen Felder ist. Ist dies der Fall, bedeutet es, daß alle Felder belegt sind. Denn wenn bei x Feldern der Springer auf x Positionen war, war er überall, und das wäre eine Lösung. Abbildung 10.5 zeigt eine gültige Lösung des Springer-Problems.

Abbildung 10.5: Eine Lösung des Springer-Problems

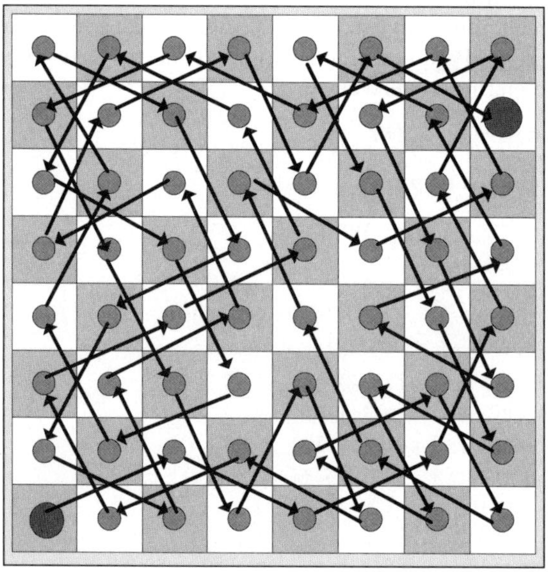

Lösung zu 8

Zuerst muß man sich überlegen, wie das Spielfeld als Datenstruktur im Programm repräsentiert werden kann. Man sollte bemüht sein, die Backtracking-Funktion so einfach und effizient wie möglich zu halten. Auch wenn dies einen höheren Aufwand an anderer Stelle bedeutet.

Die Backtracking-Funktion ist die bei weitem am häufigsten während der Lösungssuche mittels rekursiver Aufrufe verwendete Funktion. In unserem konkreten Fall wird sie vermutlich mehrere Milliarden mal aufgerufen. Deswegen führt eine klitzekleine Verbesserung der Laufzeit, mit dem Faktor 10^9 betrachtet, zu einer erheblichen Verbesserung.

Ein wesentliches Problem im Falle des Solitair-Spiels birgt die Prüfung eines jeden Zuges auf seine Gültigkeit hin. Dies liegt in der etwas ungewöhnlichen Gestaltung des Spielfeldes begründet.

Nehmen wir an, wir wollten mit einem Stein einen Zug nach links machen. Dann muß zuerst dahingehend geprüft werden, ob die beiden Felder links vom Stein überhaupt noch zum Spielfeld gehören. Erst dann, wenn wir sicher sind, nicht ins Leere zu schauen, kann überprüft werden, ob das Feld eine Position links des zu ziehenden Steins besetzt und das Feld zwei Positionen links des zu ziehenden Steins frei ist. Für die anderen drei Richtungen wird analog vorgegangen.

Um die Züge einheitlich zu gestalten, müssen wir dafür sorgen, daß sich auch ein Zug, der den Stein normalerweise außerhalb des Spielfeldes plazieren würde, für unser Programm immer noch innerhalb der gewählten Datenstruktur befindet. Wir könnten dazu ein zweidimensionales Feld wählen, in welchem die Unebenheiten ausgebügelt sind. Abbildung 10.6 zeigt diesen Ansatz.

Abbildung 10.6: Ein erster Ansatz

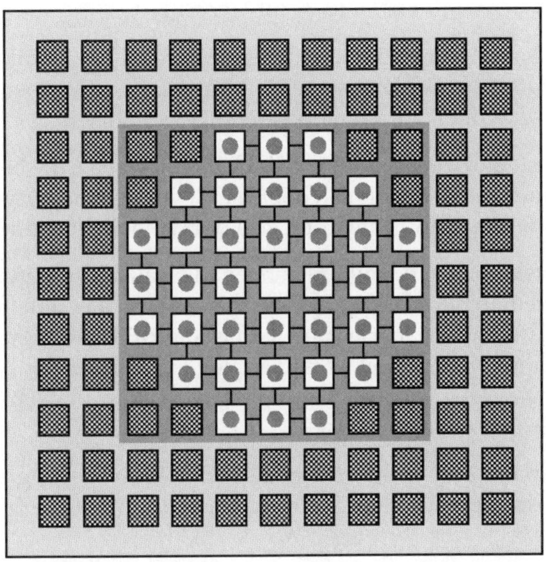

Wir legen ein 11*11 Elemente großes zweidimensionales Feld an, in dem das Solitair-Spielfeld mittig plaziert wird. Alle Felder, die nicht zum Spielfeld gehören[1], werden als ungültige Steinpositionen markiert.

Da ein Zug einen Stein immer um zwei Felder in die entsprechende Richtung bewegt, ist es von jeder Position in jede Richtung gewährleistet, daß die Zielposition entweder ungültig, besetzt oder frei ist. Wenn man zugrunde

1. In der Abbildung kariert dargestellte Felder.

legt, daß eine ungültige Position mit –1, eine freie mit 0 und eine besetzte Position mit 1 markiert wird, dann würde die Initialisierungsroutine für das Feld folgendermaßen aussehen:

```
int x,y;
for(x=0;x<11;x++)
  {
    feld[0][x]=-1;  feld[1][x]=-1;
    feld[9][x]=-1;  feld[10][x]=-1;
    feld[x][0]=-1;  feld[x][1]=-1;
    feld[x][9]=-1;  feld[x][10]=-1;
  }
for(y=2;y<9;y++)
  for(x=2;x<9;x++)
    feld[y][x]=1;

feld[5][5]=0;

feld[2][2]=-1; feld[2][3]=-1; feld[3][2]=-1;
feld[2][8]=-1; feld[2][7]=-1; feld[3][8]=-1;
feld[8][2]=-1; feld[8][3]=-1; feld[7][2]=-1;
feld[8][8]=-1; feld[7][8]=-1; feld[8][7]=-1;
```

Der tatsächlich auf Steine zu untersuchende Bereich beschränkt sich auf das in Abbildung 10.6 dunkel unterlegte Quadrat. Nur dort können sich tatsächlich Steine für eventuell vorzunehmende Züge befinden.

Der Nachteil ist, daß trotz der erheblich kleineren Fläche, die betrachtet werden muß, immer zwölf Positionen dabei sind, von denen wir von vorneherein wissen, daß sie ungültig sind und sich dort kein Stein befinden kann.

Wir greifen deshalb zu einer auf den ersten Blick aufwendigeren, aber in der Laufzeit effizienteren Lösung. Und zwar legen wir das Spielfeld in einem eindimensionalen Array ab. Das Spielfeld ist dann 38 Felder groß, wobei Position 0 die ungültige Position ist und analog zur vorherigen Lösung mit –1 belegt wird. Die Relation zwischen Spielfeldposition und Feldindex ist in Abbildung 10.7 dargestellt.

Auf den ersten Blick sieht diese Darstellung etwas ungünstig aus, denn die Bestimmung der neuen Position eines Steines nach einem Zug scheint erschwert.

Der Trick liegt darin, die Orientierung im Spielfeld vorher zu bestimmen. Nehmen wir als Beispiel einmal die Situation, daß wir von einer beliebigen Position aus ein Feld nach oben wollten. Von Position 6 aus landeten wir bei einem Schritt nach oben auf Position 2. Von Position 27 aus kämen wir nach 20, und von Position 3 aus wäre es ein ungültiger Zug. Wir legen dazu ein Feld namens *hoch* an, welches an Position 6 den Wert 2 hat (weil wir von Position 6 nach Position 2 kommen, wenn wir nach oben gehen). An Position 3 enthält es den Wert 0 (weil von dort ein Zug nach oben ungültig wäre) und an Position 27 den Wert 20.

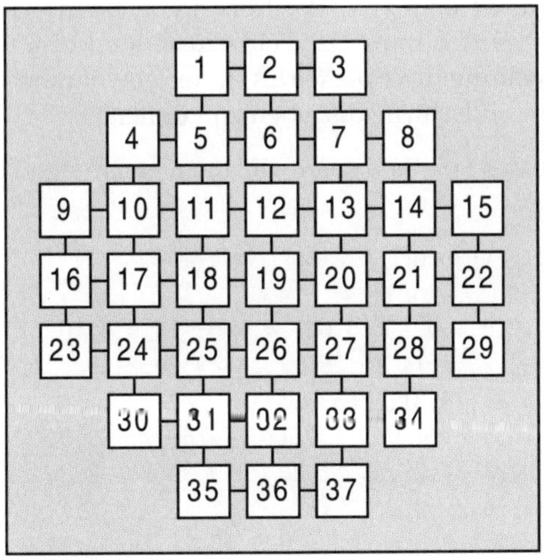

Abbildung 10.7: Ein zweiter, besserer Ansatz

Die Klasse dazu sieht folgendermaßen aus:

```
#define LINKS 1
#define RECHTS 2
#define HOCH 4
#define RUNTER 8

class Solitaire
{
  friend ostream &operator<<(ostream&, const Solitaire&);

  private:
    int feld[38];
    int hoch[38];
    int runter[38];
    int links[38];
    int rechts[38];
    int hoch2[38];
    int runter2[38];
    int links2[38];
    int rechts2[38];
    int d2tod1[7][7];
    int steinanz;

    void Init(void);

  public:
    Solitaire(void);
    void Backtrack(void);
};
```

Zusätzlich zu den Feldern *hoch, runter, links* und *rechts* werden noch die Felder *hoch2, runter2, links2* und *rechts2* angelegt, weil bei unseren Betrachtungen auch das Feld, welches zwei Positionen von einem Stein entfernt ist, in Betracht gezogen werden muß. Das Feld *d2tod1* wird benötigt, um die eindimensionale Darstellung des Spielfeldes in der gewohnten zweidimensionalen Weise auf dem Bildschirm ausgeben zu können.

Die Funktion, die das Spielfeld sowie die oben genannten Felder initialisiert, sieht wie folgt aus:

```
void Solitaire::Init(void)
{
  int vhoch[]={0,0,0,0,0,1,2,3,0,0,4,5,6,7,8,0,9,10,
               11,12,13,14,15,16,17,18,19,20,21,22,24,25,
               26,27,28,31,32,33};
  int vrunter[]={0,5,6,7,10,11,12,13,14,16,17,18,19,20,21,
               22,23,24,25,26,27,28,29,0,30,31,32,33,34,0,0,
               35,36,37,0,0,0,0};
  int vlinks[]={0,0,1,2,0,4,5,6,7,0,9,10,11,12,13,14,0,16,17,
               18,19,20,21,0,23,24,25,26,27,28,0,30,31,32,33,
               0,35,36};
  int vrechts[]={0,2,3,0,5,6,7,8,0,10,11,12,13,14,15,0,17,18,
               19,20,21,22,0,24,25,26,27,28,29,0,31,32,33,34,
               0,36,37,0};
  int vd2tod1[]={0,0,1,2,3,0,0,0,4,5,6,7,8,0,9,10,11,12,13,14,
               15,16,17,18,19,20,21,22,23,24,25,26,27,28,29,0,
               30,31,32,33,34,0,0,0,35,36,37,0,0};
  int x;
  for(x=1;x<38;x++)
    feld[x]=1;
  feld[19]=0;
  feld[0]=-1;

  for(x=0;x<49;x++)
    d2tod1[x/7][x%7]=vd2tod1[x];

  for(x=0;x<38;x++)
    {
      hoch[x]=vhoch[x];
      runter[x]=vrunter[x];
      links[x]=vlinks[x];
      rechts[x]=vrechts[x];
    }
  for(x=0;x<38;x++)
    {
      hoch2[x]=hoch[hoch[x]];
      runter2[x]=runter[runter[x]];
      links2[x]=links[links[x]];
      rechts2[x]=rechts[rechts[x]];
    }
  steinanz=36;
}
```

Schauen wir uns nun die Funktion *Backtrack* an, die das Backtracking auf das Solitaire-Spiel anwendet, um eine gültige Lösung zu finden. Obwohl das Backtracking ein rekursives Verfahren ist, wurde bei dieser Funktion aus Gründen der Effizienz der rekursive Charakter durch einen Stack simuliert, der mit einem einfachen Feld und einem Positionszeiger realisiert wurde.

```
void Solitaire::Backtrack(void)
{
  int stpos[100],st=0;

  int x=0,solution=0;
  unsigned long c1=2000000,c2=0;
  do
    {
      if(!c1--)
        {
          c2+=2;
          c1=2000000;
          cout << c2 << ", " << flush;
        }
      while(x<37)
        {
          x++;
          if(feld[x]==1)
            {
```

Nun kommt der Programmtext, um zu überprüfen, ob ein Zug nach links möglich ist. Wenn ja wird er ausgeführt und ein nächster Zug gesucht.

```
              if((feld[links[x]]==1)&&(feld[links2[x]]==0))
                {
                  feld[x]=0;
                  feld[links[x]]=0;
                  feld[links2[x]]=1;
                  steinanz--;
                  stpos[st++]=LINKS;
                  stpos[st++]=x;
                    if((steinanz==1)&&(feld[19]==1))
                      {
                        solution=1;
                        break;
                      }
                    else
                      {
                        x=0;
                        continue;
                      }
                }
```

Hier kämen jetzt noch die Anweisungen für die anderen drei Richtungen. Da diese aber nahezu identisch sind mit dem Zug nach links, wurden sie hier nicht aufgenommen.

```
if(steinanz==1)
  cout << "\n\n" << *this << endl;
```

Diese kleine Anweisung gibt das Spielfeld aus, wenn nur noch ein Stein übrig ist. Dabei spielt es keine Rolle, ob der letzte Stein in der Mitte steht oder nicht.

```
if(!solution)
  {
    if(!st)
      break;
    x=stpos[--st];
    feld[x]=1;
    steinanz++;
    switch(stpos[--st])
      {
        case LINKS:
          feld[links[x]]=1;
          feld[links2[x]]=0;
          break;
        case RECHTS:
          feld[rechts[x]]=1;
          feld[rechts2[x]]=0;
          break;
        case HOCH:
          feld[hoch[x]]=1;
          feld[hoch2[x]]=0;
          break;
        case RUNTER:
          feld[runter[x]]=1;
          feld[runter2[x]]=0;
          break;
      }
  }
```

Das vorherige Programmstück stellt die letzte Spielsituation wieder her. Dies kommt einem Rücksprung aus der Funktion in der rekursiven Lösung gleich.

```
} while(!solution);
```

An dieser Stelle steht jetzt noch die Ausgabe der Lösung. Dies können Sie aber im Originalprogramm nachlesen.

```
}
```

Den Quellcode der Lösung finden Sie auf der Diskette im Verzeichnis \KAP10\SOLITAIR\.

Da das Solitaire-Spiel ziemlich viele Kombinationen an Zugreihenfolgen besitzt, wird Ihr Rechner einige Stunden (um nicht zu sagen: Tage) mit der Berechnung der Lösung beschäftigt sein.

Lösung zu 9

Schauen wir uns zunächst die Deklaration von *TTTKnoten* an:

```
class TTTKnoten
{
  friend class TTTBaum;

  private:
    TTTKnoten *soehne[3][3];
    int bewertung[3][3];

  public:
    TTTKnoten(void);
};
```

Jeder Knoten repräsentiert eine Situation auf dem Spielfeld. Wenn z.B. auf das obere linke Feld ein Stein gesetzt wird, dann finden wir die neue Repräsentation in dem Knoten, auf den bei *soehne[0][0]* verwiesen wird. Abbildung 10.8 zeigt einen Ausschnitt aus dem Tic-Tac-Toe-Baum.

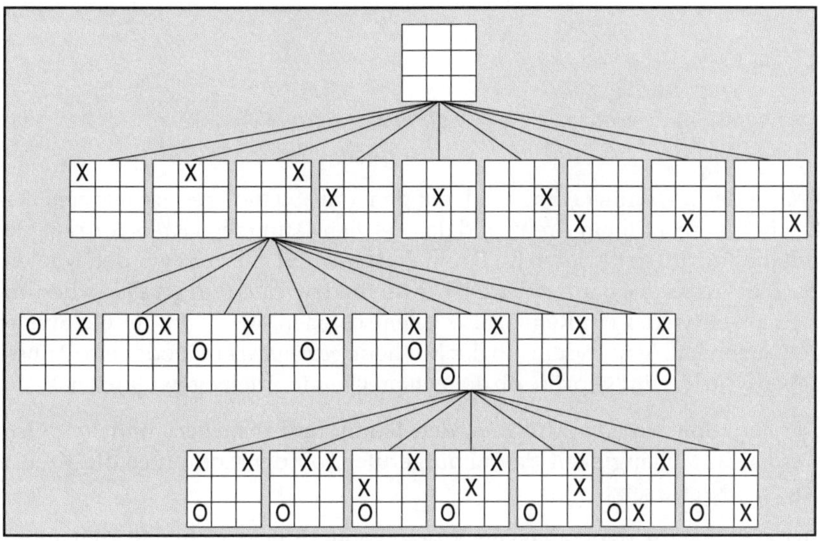

Abbildung 10.8: Ausschnitt aus dem Tic-Tac-Toe-Baum

Obwohl natürlich ein Knoten, der eine Spielsituation mit 4 bereits gesetzten Steinen repräsentiert, nur noch 5 Söhne haben kann, wurde trotzdem für die Söhne eines jeden Knotens ein 3*3-Feld angelegt, weil so anhand der Position des Zeigers auf den letzten Zug zurückgeschlossen werden kann.

Der Konstruktor des Knotens ist trivial. Die Bewertung wird auf –1 gesetzt, weil dies ein Wert ist, der in unserem Programm nicht auftreten kann.

```
TTTKnoten::TTTKnoten(void)
{
int x,y;

  for(x=0;x<3;x++)
    for(y=0;y<3;y++)
      {
        soehne[y][x]=0;
        bewertung[y][x]=-1;
      }
}
```

Kommen wir nun zur Klasse *TTTBaum*:

```
class TTTBaum
{
  private:
    char sfeld[3][3];
    long anz;
    TTTKnoten *wurzel;
    int remis(void);
    int gewonnen(char);
    int berechne(TTTKnoten *kn, char, char);
    void computerx(void);
    void computero(void);

  public:
    TTTBaum(void);
    friend ostream &operator<<(ostream&, const TTTBaum&);
};
```

sfeld ist das tatsächliche Spielfeld, auf dem die „Steine" gesetzt werden. Das Zeichen X steht für ein Kreuz und das Zeichen O für einen Kreis. *anzahl* spiegelt die Anzahl der Knoten im Baum wider. *wurzel* verweist auf den Knoten, der die Wurzel des Baumes bildet. Die Methoden *remis* und *gewonnen* bestimmen, ob entweder ein Remis, also Unentschieden, vorliegt oder ein Spieler gewonnen hat. Je nachdem, ob der Methode *gewonnen* ein X oder ein O übergeben wurde, wird geprüft, ob der entsprechende Spieler gewonnen hat.

Die Funktion *berechne* berechnet den Baum, und *computerx* und *computero* werden in Abhängigkeit davon aufgerufen, ob der Computer die Kreuze oder die Kreise setzt.

Der Konstruktor, der bereits den Wurzelknoten anlegt, sieht wie folgt aus:

```
TTTBaum::TTTBaum(void)
{
int x,y,inp;
  for(x=0;x<3;x++)
    for(y=0;y<3;y++)
      sfeld[y][x]=' ';
```

```
  wurzel=new TTTKnoten;
  assert(wurzel);
  anz=0;
```

Hier käme jetzt die Abfrage, ob der Computer mit den Kreuzen oder Kreisen spielen soll.

```
}
```

Zunächst schauen wir uns die beiden Funktionen *remis* und *gewonnen* an, zu denen ein weiterer Kommentar sich erübrigt:

```
int TTTBaum::gewonnen(char pl)
{
  if((sfeld[0][0]==pl)&&(sfeld[0][1]==pl)&&(sfeld[0][2]==pl))
    return(1);
  if((sfeld[1][0]==pl)&&(sfeld[1][1]==pl)&&(sfeld[1][2]==pl))
    return(1);
  if((sfeld[2][0]==pl)&&(sfeld[2][1]==pl)&&(sfeld[2][2]==pl))
    return(1);
  if((sfeld[0][0]==pl)&&(sfeld[1][0]==pl)&&(sfeld[2][0]==pl))
    return(1);
  if((sfeld[0][1]==pl)&&(sfeld[1][1]==pl)&&(sfeld[2][1]==pl))
    return(1);
  if((sfeld[0][2]==pl)&&(sfeld[1][2]==pl)&&(sfeld[2][2]==pl))
    return(1);
  if((sfeld[0][0]==pl)&&(sfeld[1][1]==pl)&&(sfeld[2][2]==pl))
    return(1);
  if((sfeld[0][2]==pl)&&(sfeld[1][1]==pl)&&(sfeld[2][0]==pl))
    return(1);
  return(0);
}

int TTTBaum::remis(void)
{
int x,y;
  for(x=0;x<3;x++)
    for(y=0;y<3;y++)
      if(sfeld[y][x]==' ')
        return(0);
  return(1);
}
```

Als nächstes besprechen wir das Herzstück des Spiels: Die Funktion, die die Züge für den Computer berechnet. Dieser Funktion wird der aktuell zu bearbeitende Knoten übergeben. Des weiteren wird der Funktion noch mitgeteilt, welchen Steintyp der Computer spielt und wer gerade am Zug ist.

```
int TTTBaum::berechne(TTTKnoten *kn, char splr, char zug)
{
  int gew=0,verl=0,rem=0;
```

```
anz++;
if(!(anz%10000))
  cout << anz << endl;

int x,y;
char nzug;

if(zug=='X')
  nzug='O';
else
  nzug='X';
```

Diese *if*-Anweisung bestimmt, welcher Spieler den nächsten Zug macht. Die folgenden zwei verschachtelten Schleifen überprüfen jeden der 9 möglichen Söhne darauf hin, ob sie eine gültige Spielsituation darstellen (dann werden sie angelegt) oder nicht. Wenn möglich, wird der aktuelle Zug bereits bewertet.

```
for(x=0;x<3;x++)
  {
    for(y=0;y<3;y++)
      {
        if(sfeld[y][x]==' ')
```

Um die aktuelle Spielsituation für den jeweiligen Knoten jederzeit präsent zu haben, setzt die Funktion die einzelnen Züge auf dem Spielfeld der Klasse. Ist ein Feld frei, dann ist dies ein potentieller Zug.

```
          {
            sfeld[y][x]=zug;
            if(gewonnen(zug))
```

Nachdem der Stein auf die aktuelle Position im Spielfeld gesetzt wurde, wird ermittelt, ob dieser Zug den Sieg brachte.

```
              {
                sfeld[y][x]=' ';
```

Da der Knoten schon als Sieg bewertet wurde, wird der Zug im Spielfeld gelöscht, um der aufrufenden Funktion das Spielfeld so zu hinterlassen, wie sie es selbst diesem Aufruf übergeben hatte.

```
                if(splr==zug)
                  {
                    kn->bewertung[y][x]=3;
                    return(3);
```

Wenn der Computer derjenige war, der durch diesen Zug gewonnen hätte, dann bekommt dieser Zug die höchste Bewertung (3), denn sollte der Computer in diese Situation kommen, dann soll er den Siegeszug auf jeden Fall ausführen.

```
        }
      else
        {return(-2);}
```

Sollte der betrachtete Zug ein Zug sein, den der Gegner hätte machen können, dann bekommt er die schlechteste Wertung (–2).

```
    }
    if(remis())
      {
        sfeld[y][x]=' ';
```

Auch hier erfolgt das Zurücksetzen des Spielfeldes in den ursprünglichen Zustand (ursprünglich aus der lokalen Sicht der Funktion).

```
        kn->bewertung[y][x]=1;
        return(1);
```

Sollte der Zug ein Unentschieden eingebracht haben, dann bekommt der Zug eine mittelmäßige Bewertung. Er ist nicht so schlecht wie der, auf den eine Niederlage, aber auch nicht so gut wie der, auf den ein Sieg folgt.

```
      }
    kn->soehne[y][x]=new TTTKnoten;
    assert(kn->soehne[y][x]);
    anz++;
    if(!(anz%10000))
      cout << anz << endl;
    kn->bewertung[y][x]=berechne(kn-
>soehne[y][x],splr,nzug);
    sfeld[y][x]=' ';
```

Sollte der Zug noch keine Entscheidung zwischen Sieg, Unentschieden und Niederlage gebracht haben, muß die aktuelle Situation weiterverfolgt werden. Deswegen wird *berechne* mit der neuen Spielsituation aufgerufen und das Ergebnis der Berechnung im Feld *bewertung* abgelegt.

```
    if(kn->bewertung[y][x]>=2)
      gew++;

    if(kn->bewertung[y][x]==1)
      rem++;

    if(kn->bewertung[y][x]==-2)
      verl++;
```

Da es meistens mehrere Möglichkeiten für einen Zug gibt, wird hier gezählt, wie viele Siege, Niederlagen und Unentschieden als Ergebnis des jeweils betrachteten Zuges aufgetreten sind.

```
   }
  }
 }
```

Wenn die Funktion an dieser Stelle angelangt ist, weiß sie, daß die augenblickliche Spielsituation keine Endsituation ist. Das kann wiederum bedeuten, daß mehrere Züge möglich waren. Der nun folgende Programmabschnitt beschäftigt sich damit, wie anhand der Ergebnisse, die die in der augenblicklichen Situation möglichen Züge liefern, die jetzige Spielsituation bewertet werden kann.

```
if(splr==zug)
  {
```

Zuerst wird der Fall betrachtet, daß die aktuelle Spielsituation eine Situation ist, in der wir einen Zug machen müssen. Wenn wir am Zug sind, bedeutet dies, daß wir wählen können, welchen Stein wir setzen. Deswegen nehmen wir von den möglichen Zügen natürlich den, bei dem die Chance am größten ist, zu gewinnen. Deswegen wird zuerst geprüft, ob es in der jetzigen Situation einen Zug gibt, bei dem wir gewinnen können. Wenn ja, wird der Wert 2 als Gewinnmöglichkeit zurückgegeben. Ist dies nicht der Fall, wird ermittelt, ob es einen Zug gibt, der ein Remis verursacht, und dieser gegebenenfalls mit 1 bewertet.

Sollte keiner der beiden letzten Fälle eingetreten sein, dann scheint es nur Züge zu geben, bei denen wir verlieren werden. Es wird deswegen der Wert –2 zurückgegeben.

```
    if(gew>0)
      return(2);
    if(rem>0)
      return(1);
    if(verl>0)
      return(-2);
  }
else
  {
```

Hier wird der Fall betrachtet, daß die aktuelle Spielsituation eine Situation ist, in der der Gegner ziehen muß. Deswegen müssen wir vom Schlimmsten ausgehen.

Gibt es für den Gegner einen Zug, der zur Folge hat, daß wir später verlieren werden, dann müssen wir davon ausgehen, daß er diesen Zug auch ausführen wird, und bewerten die Situation mit –2 für Niederlage.

Gibt es für den Gegner keinen Zug, mit dem er sich einem Sieg oder einem Unentschieden nähern kann, dann kann er sich nur seiner Niederlage nähern, welche unser Gewinn ist. Wir bewerten die Situaion mit 2.

Gibt es jedoch für den Gegner die Wahl zwischen einer Niederlage und einem Unentschieden, dann müssen wir davon ausgehen, daß er sich für das Unentschieden entscheidet, und bewerten die Situation mit 1.

```
    if(verl>0) return(-2);
    if((verl==0)&&(rem==0)&&(gew>0)) return(2);
    if((verl==0)&&((rem>0)||(gew>0))) return(1);
  }
```

Sollte die Funktion an diesen Punkt gelangen, dann muß irgendwo ein Fehler aufgetreten sein.

```
  return(0);
}
```

Anstatt in jeden Knoten die Bewertung aller Folgezüge aufzunehmen, hätte man auch nur den besten Zug speichern können. Jedoch wäre man dann im Spiel nicht in der Lage, auf eine gleiche Situation unterschiedlich zu reagieren, ohne einen Zug zu riskieren, der eine Niederlage zur Folge hätte.

Es ist noch anzumerken, daß diese Strategie nur dann funktioniert, wenn der komplette Suchbaum generiert wird. Für den Fall, daß Sie Zug für Zug beispielsweise immer nur 3 Züge im voraus hätten berechnen müssen, wäre eine andere Strategie vonnöten.

Zum Schluß schauen wir uns noch den Auschnitt aus der *computerx*-Funktion an, der den nächsten Zug bestimmt:

```
zug=gew=rem=verl=won=-1;
for(x=0;x<3;x++)
  for(y=0;y<3;y++)
    {
```

Die Variablen werden folgendermaßen gesetzt:

- *won*, wenn der Zug den sofortigen Sieg zum Ergebnis hat.
- *gew*, wenn der Zug ein Schritt zum späteren Sieg ist.
- *rem*, wenn der Zug bestenfalls ein späteres oder sofortiges Unentschieden bewirken kann.
- *verl*, wenn der Zug früher oder später in die Niederlage führt.

```
      if(spielpos->bewertung[y][x]==3)
        won=y*3+x;
```

Sobald ein Zug gefunden wird, der den sofortigen Gewinn herbeiführt, wird er genommen.

```
      if(spielpos->bewertung[y][x]==2)
        if(gew==-1) gew=y*3+x;
        else if(time(&t)%2) gew=y*3+x;
```

Wenn die Bedingungen zum Setzen von *gew* erfüllt sind, dann wird zuerst geschaut, ob *gew* schon einen Zug besitzt. Wenn nicht, wird der jetzige Zug auf jeden Fall in *gew* gespeichert. Sollte *gew* aber schon einen Zug besitzen, dann entscheidet der Zufall, ob der neue Zug genommen oder der alte beibehalten wird. Analog hierzu werden auch die folgenden Entscheidungen getroffen.

```
      if(spielpos->bewertung[y][x]==1)
        if(rem==-1) rem=y*3+x;
        else if(time(&t)%2) rem=y*3+x;

      if(spielpos->bewertung[y][x]==-2)
```

```
        if(verl==-1) verl=y*3+x;
        else if(time(&t)%2) verl=y*3+x;
    }
```

Nun wird entschieden, welche der vier Varianten genommen wird. Es ist klar, daß zuerst die besten Züge gesetzt werden, deswegen sind die Abfragen absteigend ihrer Attraktivität nach geordnet.

```
if(won>=0)  zug=won;
else if(gew>=0)  zug=gew;
else if(rem>=0)  zug=rem;
else if(verl>=0)  zug=verl;
```

Der Zug selbst wird dann später so gesetzt:

```
sfeld[zug/3][zug%3]='X';
```

Den Quellcode der Lösung finden Sie auf der Diskette im Verzeichnis \KAP10\TTT\.

Glossar

Abgeleitete Klasse: Als abgeleitete Klasse bezeichnet man eine Klasse, die von einer anderen Klasse geerbt hat. Die vererbende Klasse ist dann die Basisklasse der erbenden Klasse.

Abstrakte Klasse: Eine Klasse mit einer oder mehreren rein virtuellen Funktionen. Abstrakte Klassen können nicht instanziiert werden. Man kann also keine Instanz von ihr erzeugen. Um die Klasse aber dennoch nutzen zu können, muß sie abgeleitet und die rein virtuellen Funktionen durch normale (virtuelle) Funktionen gleichen Namens mit gleichen Parametern ersetzt werden.

Abstrakter Datentyp: Ein Abstrakter Datentyp besteht aus einer bestimmten Form der Datenorganisation sowie Operationen, die dem Benutzer zwecks Verwaltung der Daten zur Verfügung stehen. Ein Stack mit den Operationen Push und Pop ist zum Beispiel ein ADT. Ein ADT sagt im allgemeinen nichts über die verwendete Datenstruktur aus. Ob ein Stack nun mit Hilfe eines Feldes, einer Liste oder gar eines Baumes realisiert worden ist, ist keine dem ADT Stack inhärente Information.

ADT: Siehe Abstrakter Datentyp.

Anweisungsblock: In C/C++ eine Folge von Anweisungen, die von geschweiften Klammern eingeschlossen sind. Anweisungsblöcke können verschachtelt werden.

Attribut: Bezeichnung für Variablen, die einer Klasse zugehören. Attribute entsprechen den Elementen der Strukturen.

Basisklasse: Die Klasse, die an eine andere Klasse vererbt. Die erbende Klasse ist die von der Basisklasse abgeleitete Klasse.

Bedingung: Als Bedingung bezeichnet man einen Ausdruck, der entweder wahr oder falsch sein kann. Bedingungen werden benötigt, um den Programmablauf zu beeinflussen.

call-by-reference: Im Gegensatz zum call-by-value wird hier ein tatsächlicher Verweis auf das Objekt übergeben. Der Zugriff erfolgt in genau der gleichen Schreibweise wie beim Zugriff auf das Originalobjekt. Die Änderungen werden am Originalobjekt vorgenommen. C++ bietet eine Möglichkeit des call-by-reference durch den &-Operator. In C wurde das call-by-reference durch die Übergabe eines Zeigers simluliert, der in der Funktion dann dereferenziert wurde. Allerding ist dies trotzdem noch ein call-by-value, weil die übergebene Adresse ebenfalls ein Wert ist.

call-by-value: Im Gegensatz zum call-by-reference wird hier eine Kopie des Wertes angefertigt und diese dann übergeben. Alle in der Funktion ausgeführten Änderungen betreffen allein die Kopie und nicht den Originalwert.

Datenkapselung: Ein Konzept, bei dem Daten (Attribute/Methoden) so gekapselt werden, daß nur dazu befugte Funktionen auf sie zugreifen können.

Datenstruktur: Eine Datenstruktur ist eine bestimmte Organisationsform von Daten. Datenstrukturen könnten sein Listen, Felder, Bäume, Heaps etc. Datenstrukturen werden häufig dazu eingesetzt, um abstrakte Datentypen zu implementieren.

Datentyp: Der Datentyp bestimmt den Typ des von einer Konstanten oder Variablen repräsentierten Wertes. Die elementaren Datentypen sind in C++ zum Beispiel Ganzzahlen (int, long), Fließkommazahlen (float, double) Zeichen (char), boolesche Variablen (bool) und Zeiger. Die komplexeren Datentypen fassen mehrere Variablen und Konstanten zusammen, wobei unterschieden wird, ob die zusammengefaßten Objekte vom gleichen Datentyp sein müssen (Felder) oder unterschiedlichen Typs sein können (Strukturen, Klassen, Unions).

Dereferenzierung: Bei Zeigern, die anstelle eines Wertes eine Speicheradresse beinhalten, ermöglicht die Dereferenzierung den Zugriff auf den Wert, der an der vom Zeiger gespeicherten Adresse abgelegt ist. In C/C++ ist der Dereferenzierungsoperator das '*'-Zeichen.

Destruktor: Der Destruktor ist eine besondere Methode der Klasse, die immer dann automatisch aufgerufen wird, wenn eine Instanz gelöscht wird. Er wird meist für die Freigabe von Ressourcen benutzt.

Dynamische Speicherverwaltung: Fordert man während der Laufzeit des Programms Speicher an, ist dies eine dynamische Speicherverwaltung. Man benutzt dynamische Speicherverwaltung dann, wenn die Größe des benötigten Speichers zur Kompilationszeit gar nicht oder nur ungenau bestimmt werden kann.

Dynamische Typüberprüfung: Obwohl ein Zeiger vom Typ der Basisklasse ist, kann mittels der virtuellen Funktionen dafür gesorgt werden, daß für den Fall, daß der Zeiger auf eine abgeleitete Klasse verweist, die Funktion der abgeleiteten Klasse und nicht die der Basisklasse verwendet wird.

Elementfunktion: Eine in C++ übliche Bezeichnung für Methoden.

Elementinitialisierungsliste: Sie wird meist bei Kontruktoren benutzt und dient dort der Inititalisierung einzelner Attribute oder dem expliziten Aufruf eines oder mehrerer Basisklassen-Konstruktoren.

FIFO: „First In First Out". Datenstrukturen, bei denen die Elemente genau in der Reihenfolge aus der Struktur entfernt werden, in der sie in die Struktur geschrieben wurden. Typisches Beispiel für FIFO ist die Queue.

Funktion: In C/C++ sind Funktionen Unterprogramme, denen Parameter übergeben werden können. Funktionen sind in der Lage, einen Parameter zurückzuliefern.

Generalisierung: Das Bilden eines Oberbegriffs für sinngemäß ähnliche Unterbegriffe nennt man Generalisierung. In der OOP entspricht die Generalisierung dem Entwurf einer Basisklasse für verschiedene davon abzuleitende Klassen. Zum Beispiel möchte man die Klassen Katze, Hund, Mensch und Schwein definieren. Eine Generalisierung wäre es, die Gemeinsamkeiten der Klassen zum Beispiel in einer Klasse namens Säugetier zusammenzufassen.

global: Globale Variablen und Konstanten sind von jeder Stelle des Programms her ansprechbar. Globale Variablen werden außerhalb von Funktionen definiert.

Information Hiding: Siehe Datenkapselung.

Instanz: Als Instanz bezeichnet man ein konkretes Objekt einer Klasse. Das Erzeugen einer Instanz von einer Klasse nennt man Instanziieren.

Iteration: Im Gegensatz zur Rekursion werden Wiederholungen von Programmteilen durch Schleifen realisiert.

Kapselung: Siehe Datenkapselung.

Klasse: In der OOP bezeichnet man als Klasse den Grundtypen einer aus verschiedenen Individuen bestehenden Art. Die einzelnen Individuen einer Klasse unterscheiden sich nicht durch ihre Attribute, sondern durch die Werte, welche diese Attribute besitzen.

Konstante: Eine Konstante hat alle Eigenschaften einer Variablen, bis auf die Einschränkungen, die sich aus ihrer Unveränderlichkeit ergeben. Ihr Wert wird einmalig festgelegt und kann dann nur noch gelesen werden.

Konstruktor: Der Konstruktor ist eine besondere Methode, die bei der Erzeugung einer Instanz aufgerufen wird. Im allgemeinen sorgt er für die Initialisierung der Attribute und die Bereitstellung eventuell benötigter Ressourcen.

Last-call-Optimierung: Bei der Last-call-Optimierung ist der Compiler in der Lage, rest-rekursive Funktionen zu erkennen und die daraus resultierenden Vorteile zu nutzen.

lokal: Lokale Variablen oder Konstanten haben nur eine auf ihren Bezugsrahmen begrenzte Lebensdauer. Auf sie kann außerhalb ihres Bezugsrahmens nicht zugegriffen werden.

LIFO: „Last In First Out". Strukturen, bei denen das zuletzt gespeicherte Element das erste ist, welches wieder entfernt wird. Typisches Beispiel: Stack.

Mehrfachvererbung: Besitzt eine abgeleitete Klasse mehrere Basisklassen, so spricht man von Mehrfachvererbung.

Methode: Eine in der OOP der Klasse zugehörige Funktion. Methoden haben durch die Zugehörigkeit zu einer Klasse – bezogen auf diese Klasse – bestimmte Privilegien bezüglich der Zugriffserlaubnis auf Attribute und andere Methoden der Klasse.

Modulo: Die Modulo-Operation steht in C/C++ für die Restbildung bei der Division von Ganzzahlen. Der Modulo-Operator ist das %. Zum Beispiel ergibt *11%6* den Wert 5, weil *11/6* als Ergebnis 1 mit dem Rest 5 ergibt.

Objektorientierte Programmierung: Ein Konzept, welches im Gegensatz zur prozeduralen Programmierung das Objekt in den Mittelpunkt stellt. Das Objekt besitzt Funktionen, die es verändern.

OOP: Abk. für Objektorientierte Programmierung.

Operand: Ein Operand ist ein Objekt (Funktion, Variable, Konstante), auf welches eine spezielle Operation angewandt wird. Die Addition zum Beispiel benötigt zwei Operanden: Operand+Operand.

Operator: Ein Operator ist in C/C++ ein bestimmtes Zeichen, welches für eine auszuführende Operation steht. Zum Beispiel steht der +-Operator für die Addition und der *-Operator für die Dereferenzierung.

Polymorphismus: Der Tatsache, daß eine abgeleitete Klasse nichts anderes ist als die um Eigenschaften erweiterte Basisklasse, trägt Polymorphismus in der Weise Rechnung, daß ein Zeiger vom Typ der Basisklasse auch auf eine Instanz der abgeleiteten Klasse zeigen kann, nicht jedoch umgekehrt.

Präprozessor: Der Präprozessor arbeitet textorientiert und wird vor dem Start des eigentlichen Compilers aufgerufen. Er stellt Befehle zum Einbinden von Textdateien, zum bedingten Kompilieren und zum Erstellen von Makros und Konstanten zur Verfügung. Da dies alles auf Textbasis geschieht, sind ihm die C++-Befehle *inline* und *const* überlegen.

Prozedurale Programmierung: Ein Konzept, welches im Gegensatz zur objektorientierten Programmierung die Funktion/Prozedur in den Mittelpunkt stellt. Man entwickelt Funktionen, denen dann die zu manipulierenden Daten übergeben werden.

Queue: Auf deutsch auch „Schlange" oder „Warteschlange" genannt. Ein ADT mit den Operationen Enqueue und Dequeue. Enqueue hängt ein Element an die Queue an, und Dequeue entfernt ein Element aus der Queue. Queues sind sogenannte FIFO-Strukturen.

Rechenoperator: In C/C++ die Operatoren, die eine bestimmte Rechnung definieren. Dazu zählen zum Beispiel die arithmetischen und binären Operatoren.

Rein virtuelle Funktion: Eine leere Funktion, die in einer abgeleiteten Klasse durch eine neue Funktion ersetzt werden muß. Klassen mit rein-virtuellen Funktion sind abstrakte Klassen.

Rekursion: Im Gegensatz zur Iteration werden Wiederholungen von Programmteilen dadurch erreicht, daß sich Funktionen kontrolliert selbst aufrufen.

Ressource: Als Ressource bezeichnet man Kapazitäten des Systems, die man sich zunutze macht. Als da wären Prozessorzeit, Arbeitsspeicher, Dateizugriff etc.

Rest-Rekursivität: Eine besondere Eigenschaft rekursiver Funktionen, bei der für die Rekursion kein Stack benötigt wird und daher auch vom Compiler kein Stack aufgebaut wird (falls er Rest-Rekursivität erkennt).

Schlange: Siehe Queue.

Spezialisierung: Wenn ein Oberbegriff durch die Bildung von Unterbegriffen verfeinert wird, dann spricht man von Spezialisierung. Das Ableiten einer Klasse ist ebenfalls eine Spezialisierung.

Stack: Auf deutsch auch „Stapel" genannt. Ein ADT mit den Operationen Push und Pop. Push legt ein Element auf den Stack, Pop holt es wieder von ihm herunter. Stacks sind sogenannte LIFO-Strukturen.

Stapel: Siehe Stack.

Statische Variable: Eine lokale Variable einer Funktion, die das Ende der Funktion überlebt und bei erneutem Aufruf der Funktion noch ihren alten Wert besitzt.

Überladen: Als Überladen bezeichnet man das Definieren mehrerer gleichnamiger Funktionen, die sich in ihrer Parameterliste und/oder ihrem Rückgabewert unterscheiden. Um eine Funktion zu überladen, reicht ein Unterschied allein im Rückgabewert nicht aus.

Variable: Eine Variable ist ein Bezeichner, der einen bestimmten Wert repräsentiert. Der Wert, für den die Variable steht, kann während der Laufzeit des Programms verändert werden. Der Typ des repräsentierten Wertes hängt vom benutzten Datentyp ab.

Vererbung: Das Weitergeben der Eigenschaften und der Funktionalität an eine andere Klasse, die diese dann erweitern kann, nennt man Vererbung. Damit eine Klasse erbt, muß sie von der Basisklasse abgeleitet werden.

Vergleichsoperator: In C/C++ die Operatoren, mit denen zwei Werte verglichen werden können. Zum Beispiel ==, != <, > oder >=.

Virtuelle Funktion: Eine Funktion, die bei Bedarf in einer abgeleiteten Klasse durch eine neue Funktion gleichen Namens und mit gleichen Paramtern ersetzt werden kann. Virtuelle Funktionen sind notwendig für die dynamische Typüberprüfung.

Zugriffs-Deklaration: Beim Ableiten die Möglichkeit, den Bezugsrahmen einzelner Attribute oder Methoden einzuengen.

Zuweisungsoperator: In C/C++ Operatoren, mit denen einer Variable ein bestimmter Wert zugewiesen werden kann. Dabei gibt es in C/C++ Zuweisungsoperatoren, denen auch eine Rechenoperation inhärent ist. Zum Beispiel *x+=5*, was ausführlich formuliert *x=x+5* bedeutet.

Stichwortverzeichnis